Abgründe

SALIM GÜLER

Abgründe

BE

Belle Époque Verlag

Salim Güler

https://www.salim-gueler.de
https://www.facebook.com/salim.gueler.autor
https://www.instagram.com/salimgueler

Lizenzausgabe des Belle Époque Verlags, Inh. G. Pahlberg,
Wiesenstr. 7, 72135 Dettenhausen, mit freundlicher Genehmigung
des Autors.

Lektorat: Christiane Saathoff, www.lektorat-saathoff.de
Innenlayout und Schriftsatz: Hans-Jürgen Maurer
Covergestaltung: Holland Design

Herstellung: Custom Printing, Wał Miedzeszyński 217/1,
04-987 Warszawa, Polen

ISBN: 978-3-96357-295-1

1

Köln, 18. Juni

»Jungs, das war die beste Idee.« Walter schob seinen Löffel genüsslich in den Sahneberg auf seinem Eisbecher.

»Bei dem Wetter kann man nur draußen sitzen und Eis essen«, pflichtete ihm Emre Aydin bei.

»Wenn man bedenkt, dass wir vor einer Woche noch fünfzehn Grad hatten, ist das schon brutal. Wie soll sich der Körper so schnell an die Temperaturen gewöhnen? Als ich noch klein war …«

»… was verdammt lange her ist«, unterbrach Lasse Brandt den Freund. »Es fällt mir schon schwer, mir dich als kleinen Bub vorzustellen.«

»Ich war wirklich süß«, konterte der großgewachsene, rundliche Imbissbudenbesitzer, dessen Arme zahlreiche Tattoos schmückten. »Ich hatte runde Bäckchen und die Omis haben mich geliebt, sie haben mir immer Süßigkeiten zugesteckt.« Sein Blick wirkte für einen Moment verklärt, dann schaute er zu Brandt. »Aber darum geht es ja gar nicht. Damals hatten wir nicht diese großen Temperaturunterschiede, das ist echt nicht mehr schön.«

»Möchtet ihr noch etwas?«, unterbrach die Kellnerin die drei Freunde.

»Eine Flasche stilles Wasser bitte«, antwortete Brandt. Die Kellnerin schaute in die Runde, und da niemand etwas sagte, entfernte sie sich.

»Da hast du recht. Das ist der Klimawandel, das wird die nächsten Jahre noch schlimmer, wenn wir nicht endlich gegensteuern«, pflichtete Aydin, Brandts Dienstpartner bei der Kripo Köln, ihm bei.

»Möglich. Aber ich fürchte, es wird nicht reichen, wenn Deutschland die gesamte Last trägt und alleine vorprescht«, wandte Brandt ein.

Für einen Moment herrschte Stille, wie es schien, dachten Walter und Aydin ähnlich.

»Bevor wir es vergessen. Hast du für August schon Pläne?«, fragte Aydin und schaute dabei Walter an.

»Nicht wirklich. Warum?«

»Lasse und ich haben da unseren Jahresurlaub und ein oder zwei Wochen wollten wir im Norden verbringen. Wenn du magst, würden wir uns freuen, wenn du dich uns anschließt.«

»Was für eine Frage, ich bin sehr gerne dabei!« Walters Augen strahlten.

Brandt lächelte, er hatte mit keiner anderen Antwort gerechnet. »Sehr schön. Wegen der Details komme ich noch auf dich zu. Wollen wir hoffen, dass uns zu dem Zeitpunkt keine Ermittlungen im Weg stehen.«

»Ich drücke die Daumen. Aber ihr meintet ja, derzeit wäre es ruhig.«

»Derzeit. Sag das nicht zu laut, meistens klingelt genau dann das Handy von Kollege Brandt und die Chefin ist am anderen Ende der Leitung.«

»Entspannt euch. Das ist eben unser Job. Mit jedem Dreckskerl, den wir verhaften, läuft ein Verbrecher weniger frei herum und kann keine unschuldigen Menschen mehr töten.«

»Nicht immer ist der Psycho ein Mann«, gab Walter zu bedenken.

Brandt nickte nur. Die Erinnerungen an ihren letzten Fall waren noch sehr präsent. Die Täterin hatte Brandt kurz vor ihrer Festnahme angegriffen und nur mit enorm viel Glück hatte er die Messerattacke schwer verletzt überlebt. Offensichtlich dachte auch Aydin wieder daran, denn er warf

Brandt einen nachdenklichen Blick zu, sagte aber nichts.

Inzwischen hatte die Kellnerin die Flasche Wasser gebracht und Aydin schenkte allen drei ein.

»Woran arbeitet ihr gerade?«, erkundigte sich Walter.

Brandt sah ihm an, dass er schnell das Thema wechseln wollte. Walter und Aydin hatten schwer daran zu knapsen gehabt, ihn schwer verletzt auf der Intensivstation liegen zu sehen, da sie Sorge hatten, er könnte sterben. Aber so weit war es glücklicherweise nicht gekommen, dafür war er jeden Tag außerordentlich dankbar. Und dafür, dass er so gute Freunde wie Walter und Aydin hatte.

»Wir haben gerade nichts Spektakuläres«, erwiderte Aydin. »Es geht um einen Einbruch.«

»Es ist halt zu warm für Verbrechen«, bemerkte Walter und lächelte schief.

Da mag was dran sein, dachte Brandt. Ihm war das nur recht. Jeder Tag, an dem sie keinen Mörder jagen mussten, war ein guter Tag.

»Wollen wir noch ein bisschen am Rhein spazieren gehen oder musst du in den Imbiss?«, fragte Aydin.

»Sehr gerne. Jede Minute mit meinen besten Freunden ist unbezahlbar. Ich denke, mein Chef wird nichts dagegen haben.« Walter zwinkerte ihm zu, schließlich war er sein eigener Chef.

»Sicher? Öffnest du nicht in einer Stunde?«, fragte Brandt.

»Egal, Jungs. Nur damit ich selbst entscheide, wann ich öffne und wann nicht, bin ich überhaupt Chef geworden. Ganz ehrlich …« Walter senkte die Stimme ein wenig, wodurch sie deutlich weicher klang. »Seit du schwer verletzt auf der Intensivstation gelegen hast und ich zugegebenermaßen wirklich Angst hatte, dass du es nicht schaffst, sind mir die Momente mit euch beiden noch unbezahlbarer. Wir wissen nie, was passieren kann. Das Leben belohnt uns nicht nur mit schönen Überraschungen. Da verzichte ich gerne auf ein, zwei Stunden Umsatz, wenn ich dafür eure Gesellschaft habe.«

Brandt schmunzelte. Es tat gut, diese Worte von Walter zu hören, dem man rein vom Äußeren her so viel Feingefühl nicht zutrauen würde. Aydin klopfte ihm anerkennend auf die Schulter.

»Möchtet ihr noch was?«, unterbrach die Kellnerin die sentimentale Stimmung.

»Nein, die Rechnung bitte«, antwortete Brandt.

»Ich zahle.«

»Nein, Walter, ich übernehme«, entgegnete Brandt.

»Keine Widerrede. Ich zahle«, beharrte Walter und wandte sich der Kellnerin zu. »Ich zahle.« Er zückte einen Hunderteuroschein und reichte ihn der Kellnerin, die etwas überfordert wirkte, weil sie es vermutlich nicht oft erlebte, dass man sich um die Rechnung stritt.

»Danke«, antworteten Aydin und Brandt fast synchron.

»Dafür doch nicht. Es ist ein wunderbarer Tag, die Sonne scheint, wir haben Eis gegessen und jetzt kommt ein schöner entspannter Spaziergang am Rhein, bevor ich wieder die leckersten Würstchen Kölns grillen darf.«

Aydin lachte, Brandt blieb in seiner nachdenklichen Stimmung gefangen. Er wusste nicht warum, aber in diesem Moment machte er sich einmal wieder viele Gedanken über das Leben, den Sinn und Freundschaften.

Walter gab der Kellnerin ein großzügiges Trinkgeld, dann standen alle auf und gingen Richtung Rhein. Ein leichter Wind wehte, was die Temperaturen erträglicher machte.

»Jemand ein Kaugummi?«, fragte Walter.

»Ich nehme einen.« Aydin streckte seine Hand vor.

Walter fischte eine Packung Kaugummis aus der Hemdtasche und drückte Aydin einen in die Hand, den letzten nahm er selbst und trat an einen Abfalleimer, um die Verpackung hineinzuwerfen. Doch unwillkürlich hielt er mitten in der Bewegung inne.

»Was ist das?«

»Wie bitte?«

Brandt und Aydin traten zu ihm.

»Dieser Stoffbeutel im Müll, ist das Blut?«

Brandt nahm ihn genauer in Augenschein. Kein Zweifel, das war Blut. Walter öffnete den Beutel und wurde kreidebleich.

»Alles klar?«, fragte Aydin.

Walter war zu keiner Regung fähig. Als Brandt ebenfalls hineinschaute, drehte sich ihm der Magen um. Ein abgetrennter Frauenkopf lag darin.

2

Noch eben hatten sie geflachst, einen schönen Tag zusammen verbracht und keine dunkle Wolke hatte ihre Gedanken getrübt. Doch der Fund des Stoffbeutels änderte alles.

So schnell konnte es manchmal gehen. Das Leben war unbarmherzig und brutal, das wurde Brandt wieder einmal klar. Er kannte die Frau nicht, deren Leben ein so barbarisches Ende gefunden hatte, doch ihr Schicksal berührte ihn ungemein – auch wenn er als langjähriger Kriminalpolizist schon viele schlimme Dinge gesehen hatte. Wie sehr musste es erst die Verwandten und Freunde dieser Frau berühren?

»Alles okay?«, holte Aydin ihn aus seinen Gedanken.

Brandt nickte kurz, auch wenn es in seinem Inneren anders aussah. Er wollte nicht, dass sich sein bester Freund und Partner Sorgen machte. Vor allem, weil Aydin eigentlich der Feinfühligere von ihnen beiden war.

»Wenn du was hast, kannst du es mir sagen, das weißt du.«

»Ja, das weiß ich. Ich war nur in Gedanken.«

»Und woran hast du gedacht?«

»An den Fall, woran sonst? Was für ein perverser Psychopath wirft den Kopf seines Opfers in einen Abfalleimer?«

»Gute Frage. Dabei hatte der Tag so schön angefangen. Ein Glück, dass ich den Kopf nicht gesehen habe, mein Magen hätte das nicht mitgemacht.«

»Allerdings.« Brandt war froh, dass Aydin nicht weiter nachbohrte. Sein jüngerer Kollege hatte nicht in die Tasche geschaut, da Brandt es ihm untersagt hatte, er wusste schließlich um Aydins empfindlichen Magen. Es reichte, wenn er gleich in der Besprechung die Fotos sehen würde.

»Walter meinte, es sah aus, als hätte man den Kopf abgesägt.«

»Ja, aber da möchte ich mich nicht festlegen, das soll Rech gleich machen.« Brandts Augen formten sich zu Schlitzen.

»Noch fünf Minuten. Was hältst du davon, wenn wir nachher bei Walter vorbeischauen?«, fragte Aydin.

»Das wollte ich auch vorschlagen. Er tut zwar immer so taff, aber wir wissen ja, wie empfindlich der Berg von Mann ist. Und er sah verdammt blass aus.« Brandt war nicht entgangen, dass Walter arg mit sich zu kämpfen gehabt hatte, schließlich sah man nicht jeden Tag einen Kopf ohne Körper. Der Imbissbudenbesitzer hatte zwar beteuert, dass alles gut wäre, aber wirklich abgenommen hatte Brandt ihm das nicht.

»Ich kenne da übrigens noch jemanden, der sich schwer damit tut, seine Gefühle ehrlich zu zeigen«, neckte Aydin.

»Komm, lass uns zur Besprechung gehen, bevor wir wieder zu spät sind.« Brandt verstand die Anspielung, wollte aber nicht darauf eingehen.

»Wie ich sehe, sind wir vollzählig«, sagte Kristina Bender, die Chefin des K-11 im Polizeipräsidium Köln.

Brandt und Aydin grüßten kurz in die Runde und nahmen Platz.

Aydin schenkte Brandt und sich Kaffee ein. Eugen Kramer, der Fallanalytiker, warf Aydin einen prüfenden Blick zu. Als er bemerkte, dass Brandt ihn anschaute, wandte Kramer seinen Blick ab.

»Für die, die nicht am Tatort waren: Brandt und Aydin haben in einem öffentlichen Abfalleimer in Köln Porz, die genauen Koordinaten stehen auf dem Zettel vor euren Plätzen, einen Frauenkopf gefunden. Die Identität der Person ist noch unklar«, begann Bender und schaute zu Fischer. »Oder hat die Datenbanksuche bereits etwas ergeben?«

Lutz Fischer aus der IT-Abteilung sah auf den Bildschirm seines Laptops. »Leider nicht. Aber wir können bis jetzt ausschließen, dass die Tote als vermisst gemeldet wurde.«

»Danke.« Bender massierte einen Moment ihre Stirn. »Das heißt, wir haben es nach jetzigem Stand mit einer unbekannten Leiche zu tun, von der wir nur den Kopf gefunden haben. Die Tote dürfte Anfang zwanzig sein. Eine öffentliche Fahndung anhand einer Phantomzeichnung ist angedacht, falls es Fischer bis morgen früh nicht gelingt, die Identität der jungen Frau herauszufinden. Wobei hier natürlich noch die Zustimmung des Präsidiums sowie weitere Kriterien abgewartet werden müssen.« Bender holte kurz Luft. »Rech, möchtest du bitte fortfahren?«

Alexander Rech, der Leiter der Spurensicherung, schob sich gerade einen Keks in den Mund, als Bender ihn ansprach.

»Gerne.« Er kaute schnell und schluckte. »Wir haben einige Spuren sichern können, aber leider wissen wir nicht, wie viele davon brauchbar sind. Da der Abfallbehälter an einem öffentlichen Platz steht, werden jede Menge nicht verwertbarer Spuren darunter sein.«

»Dass niemand gesehen hat, wie jemand einen Stoffbeutel mit einem Kopf darin in den Mülleimer wirft – es gehen doch dauernd so viele Leute am Rhein spazieren«, meldete sich Maike Schmoll zu Wort. Sie wirkte fassungslos.

»Hätte Walter das Blut nicht bemerkt, hätte er gar nicht erst in die Tasche geschaut«, erklärte Brandt. »Die Menschen sind doch abgestumpft. Wer schaut heute schon in den Abfalleimer, wenn er etwas wegwirft? Und die Stelle, wo wir spazieren gegangen sind, ist nicht so stark frequentiert. Wenn jemand eine Tüte in einen öffentlichen Mülleimer wirft, wird das kaum registriert.«

Sicherlich hätte früher oder später auch ein anderer Passant den Kopf gefunden, weil allein der Verwesungsgeruch mit jeder Stunde zugenommen hätte. Walter hatte so gesehen einfach nur Pech gehabt.

Wirklich Pech hatte die arme junge Frau, korrigierte Brandt seinen Gedanken.

»Kaum …?«, warf nun Kramer einen Einwand in den Ring. »Das könnte exakt der kleine Hinweis sein, der beweist, dass wir es mit einem Amateur zu tun haben, und uns deshalb zu dem Mörder führt.«

»Können wir bitte erst Rech aussprechen lassen, bevor wir alle unseren Senf dazugeben?«, ermahnte Bender ihn.

»Wie gesagt, viel haben wir nicht«, fuhr Rech ungerührt fort. »Der Kopf liegt bereits bei der Rechtsmedizin. Morgen ist die Obduktion. Er dürfte seit mindestens einem Tag vom Torso abgetrennt sein, aber auch hier bitte ich noch um Geduld. Wir müssen die Obduktion abwarten. Was wir jedoch mit Sicherheit sagen können, ist, dass der Kopf mit einer Säge, vermutlich einer Kreissäge, abgeschnitten wurde.«

»Eine gewöhnliche Säge? Da sind doch Halswirbelknochen zu durchtrennen. Ich stelle mir das mit einer Säge ziemlich kompliziert vor.«

»Eine gute Kreissäge schafft das recht mühelos, der Knochen selbst wird ja nicht zersägt. Vielleicht erinnert ihr euch an den Fall aus München aus dem Jahr 2017, wo eine Pädagogin ihrem Freund beim Sex den Kopf abgeschnitten hat.«

»Daran erinnere ich mich noch sehr gut«, antwortete Aydin. »Am Ende kam aber heraus, dass die Frau ihren Freund ans Bett gefesselt und mit mehreren Messerstichen tödlich verletzt hat. Erst nachdem er tot war, hat sie ihm den Kopf mit der Säge abgeschnitten. Glaubst du, wir haben es hier wieder mit einer sexuell motivierten Tat zu tun?«

»Da der restliche Körper fehlt, glaube ich derzeit gar nichts«, antwortete Rech.

Brandt hatte damals ebenfalls von dem heimtückischen Mord gehört. Dass sie es hier mit einem ähnlich gelagerten Fall zu tun hatten, wollte er nicht glauben, obwohl genau das aus ermittlungstaktischen Gründen von Vorteil gewesen wäre, denn damit würde die Liste der Verdächtigen überschaubar sein, sobald sie die Identität der Toten hätten.

»Hast du noch was?«, fragte Bender.

»Leider nicht. Wie gesagt, wir haben jede Menge Fingerabdrücke gefunden, aber die Wahrscheinlichkeit, dass keiner davon zum Täter gehört, wird sehr hoch sein.«

»Was ist mit der Tasche?«

»Ein gewöhnlicher Stoffbeutel. Ob wir Hinweise darauf finden, wird man sehen. Ich hoffe, dass die ersten Ergebnisse vom Labor morgen eintreffen.«

»Halte uns bitte auf dem Laufenden.« Benders Blick wanderte zu Fischer, der keine Reaktion zeigte, dann zu Brandt und Aydin. »Was ist mit euch? Ist euch irgendetwas aufgefallen?«

»Leider nicht. Es war purer Zufall, dass wir den Kopf gefunden haben. Es war auch niemand in der Nähe, der sich merkwürdig verhalten hat. Sicherlich lag der Kopf schon einige Zeit in dem Abfallbehälter«, antwortete Brandt. »Es würde mich nicht wundern, wenn der Täter den Kopf am Vorabend im Schutz der Dunkelheit in dem Abfalleimer entsorgt hat. Was immerhin zu Rechs Annahme passen würde, dass der Kopf bereits längere Zeit vom Körper abgetrennt ist.«

»Aber warum geht der Täter dieses Risiko überhaupt ein? Er hätte ihn doch auch in den Rhein werfen oder im Wald entsorgen können«, überlegte Schmoll laut.

»Möglicherweise hat Kramer dazu gleich eine Einschätzung«, antwortete Rech.

»Die habe ich in der Tat«, gab sich Kramer betont selbstsicher.

»Es wäre sinnvoll, wenn die Kollegen von der Streife die Anwohner der umliegenden Häuser befragen, ob sie etwas Verdächtiges beobachtet haben«, schlug Aydin vor.

»Ich kümmere mich darum.« Bender nickte, während Schmoll, die ihr direkt zuarbeitete, sich Notizen machte. »Was ist mit Walter? Wie steckt er das weg? Braucht er eine Seelsorge?«

»Das machen wir schon mit ihm«, antwortete Brandt. Er rechnete es Bender aber hoch an, dass sie nach Walters Wohlbefinden fragte.

»Gut, wenn er eine psychologische Begleitung braucht, leitet das bitte in die Wege. Habt ihr noch was für uns?«

»Derzeit leider nicht.«

»Kramer, wie ist deine Einschätzung?« Bender sah zu Kramer, dann ging ihr Blick zur Wanduhr. Sie wirkte müde und erschöpft.

Kramer richtete sich auf, beugte sich nach vorne, rückte seine Brille zurecht und ließ den Blick durch die Runde schweifen. Dieser Moment gehörte ihm und das genoss er in vollen Zügen. Fehlte nur noch, dass er sich wie gewohnt gegen die Stuhllehne fallen lassen und sein gekünsteltes Lächeln aufsetzen würde. Wie oft hatte er das bei Besprechungen schon getan. Mindestens genauso oft hatte Brandt ihn dafür in Gedanken verflucht.

Doch diesmal verharrte Kramer in dieser Position.

»Eine Leiche ohne Torso begegnet einem nicht alle Tage«, begann er mit einem Spruch, den keiner der Anwesenden lustig fand, daher erstarb Kramers Lächeln schnell. »Wie ihr habe ich von dem Fall aus dem Jahr 2017 gehört. Es gibt jedoch noch jede Menge anderer Fälle, wo der Kopf einer Leiche abgetrennt und einzeln versteckt wurde. Viel mehr, als man glauben mag, obwohl ein solches Vorgehen besonders abscheulich ist. Jemanden zu töten, kann im Affekt schon mal passieren, aber einer Person den Kopf abzu-

15

schneiden oder, wie in diesem Fall, abzusägen, das zeugt von einer außerordentlichen Skrupellosigkeit und beweist, dass wir es hier nicht mit einer Affekthandlung zu tun haben. Die Person wollte das Opfer nicht nur töten, sondern über den Tod hinaus demütigen, die Leiche schänden.«

Kramer machte eine kurze Pause und holte Luft, wieder wanderte sein Blick durch die Runde und verharrte bei Brandt, als erwartete er eine Erwiderung, aber niemand sagte etwas. Kramer fuhr sich mit der Hand über die Glatze, seine Augen wurden noch schmaler, als sie es ohnehin waren.

»Ohne zu wissen, wer die Person ist, und ohne die Hintergründe zu kennen, kann ich mir trotzdem schwer vorstellen, dass wir es mit einem Sexualdelikt zu tun haben. Die Person, die die junge Frau ermordet hat, will ein Zeichen setzen. Sexualstraftäter machen sich nicht die Mühe und werfen den Kopf ihres Opfers in einen öffentlichen Abfalleimer.«

»Was für eine kranke Botschaft soll das bitte sein?«, fragte Schmoll, sie wirkte, als wäre sie mit Kramers Bewertung nicht zufrieden.

»Um dafür eine objektive Einschätzung zu geben, ist es zu früh, aber mir fallen einige Motive ein. Allein wenn wir uns an unseren letzten Fall erinnern, wo die Mörderin ihre Opfer nach ihrem Tod bloßgestellt hat, indem sie die Leichen in entwürdigender Position zur Schau stellte.«

»Unser aktueller Mörder glaubt also, sein Opfer wäre nichts wert«, überlegte Aydin laut.

»Wenn der Täter männlich ist. Es könnte ebenso gut eine Frau sein, was ich gefühlsmäßig für sehr unwahrscheinlich halte, auch wenn der letzte Fall uns eines Besseren belehrt hat, genauso wie der Fall aus dem Jahr 2017. Einer Frau den Kopf abzuschneiden, würde man einer Frau kaum zutrauen. Davon abgesehen teile ich deine Einschätzung.« Kramer lächelte kurz und Brandt meinte, etwas wie Anerkennung in diesem Lächeln zu erkennen. Es war ein offenes Geheimnis, dass Kramer sich Aydin überlegen fühlte.

»Suchen wir dann jemanden aus dem Bekanntenkreis? Müssen wir keine Sorge haben, dass wir es mit einem durchgeknallten Psychopathen zu tun haben, der Jagd auf junge Frauen macht?«, wiederholte Schmoll zweifelnd.

»Beides ist möglich. Vielleicht hat der Täter ein Problem mit jungen, hübschen Frauen und dies ist seine erste Tat. Möglicherweise hat er Gefallen daran gefunden«, antwortete Kramer.

Brandt registrierte im Stillen, dass Kramer nun doch von »dem Täter« sprach und nicht von einer Person. Augenscheinlich hatte Kramer sich festgelegt, dass sie einen Mann suchten, und auch Brandt war davon überzeugt, dass sie einen männlichen Täter jagten. Ob dieser das Opfer nun gekannt hatte oder nicht, konnte er nicht einschätzen.

»Ohne die Identität des Opfers können wir nur spekulieren, das bringt uns keinen Schritt weiter«, gab Rech zu bedenken. Er hatte sich den letzten Keks vom Teller geschnappt und war damit Aydin zuvorgekommen. »Möchtest du ihn?«

»Nein, passt schon. Lass es dir schmecken.«

»Keine Sorge, ich bringe morgen wieder welche mit. Meine Frau liebt das Backen.«

»Danke.«

Bender schüttelte kurz verständnislos den Kopf, sagte aber nichts weiter.

»Ich glaube, ich habe was«, machte sich Fischer da bemerkbar.

»Was hast du?«

3

Irgendwo, 18. Juni

Ich bin doch kein Mörder!

Mein Atem geht schwer, der Gedanke an die Tat treibt mir den Schweiß auf die Stirn und ich fühle eine Ohnmacht, eine plötzliche Müdigkeit. Gleichzeitig spüre ich aber auch eine so große Erleichterung, dass ich sie nicht in Worte fassen kann. Ich weiß, was ich getan habe. Es fühlt sich seltsam an. Ein Gefühl, das ich nicht erklären kann.

Den ganzen Tag habe ich im Bett verbracht, meine Beine sind zu schwer, um aufzustehen. Ich muss gestehen, irgendwie hatte ich mir das Ganze anders vorgestellt. Eher wie einen Befreiungsschlag und nicht wie einen Akt, der noch viel mehr Fragen über mich hereinbrechen lässt.

Fragen, auf die ich keine Antwort habe, nicht haben kann, dabei gab es doch schon vorher jede Menge dieser quälenden Fragen, auf die ich keine Antwort habe.

Ist damit nicht irgendwann mal Schluss?

Sie hat es verdient, zu sterben.

Sie war längst tot, nur wusste sie nicht, wann der Zeitpunkt gekommen sein würde.

Warum fühle ich mich trotzdem so elend? Warum ist mir, als würde ein Stein in meinem Magen liegen?

Verdammt!

Ich müsste doch glücklich sein. Schließlich hat alles nach Plan geklappt.

Plan?

Nein, ich schüttele den Kopf, weil ich es hasse, mich zu belügen.

Lüge? Wahrheit? Was ist was? Wer definiert, was Lüge ist und was Wahrheit?

Ich weiß es nicht und ich möchte es nicht wissen. All diese Fragen, sie sollen mich in Ruhe lassen.

Ich möchte am liebsten meinen Kopf öffnen und diese überflüssigen, belastenden Fragen ausschütten, aber so einfach ist das leider nicht.

Ein Mensch zu sein, ist kompliziert.

Ich hasse es oft, ein Mensch zu sein, genauso wie ich die Menschen an sich hasse.

Die Sonne scheint in mein Schlafzimmer, es ist sehr warm. Ich muss aufstehen, muss zurück in den Alltag, schließlich darf ich mir nichts anmerken lassen. Das hier muss leider mein kleines Geheimnis bleiben, dabei möchte ich in die Welt hinausposaunen, dass ich es getan habe. Weil ich es tun musste, weil es sich richtig angefühlt hat und weil ich es genossen habe. Ich war im Recht, sie zu töten.

Und warum fühle ich mich dann so schlecht?

Irgendetwas stimmt nicht mit mir, aber was?

Oder liegt es daran, dass ich ein bisschen Zeit brauche, um endlich zu realisieren und zu akzeptieren, dass ich es tun musste? Dass ich nur durch ihren Tod meine Freiheit erlangen konnte.

Zu lange war ich eine Geisel.

Wirklich?

Ich weiß es nicht. Zu viele Fragen, zu viele Gedanken. Ich sollte endlich aufstehen und duschen. All den Dreck und diese Gedanken abwaschen, das könnte helfen.

Nur eines weiß ich: Ich bin kein Mörder. Ich bin jemand, den man mag, das jedenfalls nehme ich an.

4

Auf Fischer war Verlass. Er hatte die Identität der Toten herausgefunden. Brandt und Aydin hatten sich gleich auf den Weg zu ihren Eltern gemacht, legten jedoch einen kurzen Zwischenstopp bei Walter ein. Ursprünglich hatten sie vorgehabt, ihn später aufzusuchen, aber nach Benders Worten war in Brandt die Überzeugung gereift, dass es besser war, ihn gleich zu besuchen.

»Der Imbiss ist auf«, sagte Aydin, als Brandt den Wagen vor Walters Bude parkte. »Ist doch ein gutes Zeichen, oder?«

»Ablenkung ist das Beste, was Walter jetzt haben kann«, pflichtete Brandt ihm bei.

Sie betraten den Imbiss.

»Moin, Jungs«, grüßte Walter die beiden auf die norddeutsche Art. Er stand gerade am Grill und wendete ein paar Würstchen. »Mit euch hätte ich jetzt nicht gerechnet.«

»Moin. Sind nur auf dem Sprung. Ich dachte, wir schauen mal kurz vorbei, um zu sehen, ob du was brauchst.«

»Was soll ich denn brauchen? Ich habe alles hier. Ihr werdet doch Zeit für ein Würstchen haben?«

Aydin schaute zu Brandt.

»Klar, eine Currywurst geht.« Brandt wollte jetzt kein Spielverderber sein, er sah Walter an, wie er sich freute, dass sie bei ihm waren. Aber etwas an ihm war anders als sonst, er wirkte deutlich angespannter, auch wenn er versuchte, sich locker zu geben. Leider war Walter ein ganz schlechter Schauspieler, seine Körpersprache verriet ihn.

Brandt und Aydin nahmen Platz und Walter trat an den Kühlschrank, um drei Bier herauszuholen – zwei Kölsch und ein Pils. Er öffnete die Flaschen, reichte Aydin sein Kölsch und Brandt sein Pils.

»Ganz ehrlich, Jungs, schön, dass ihr hier seid. Auch wenn das kein angenehmer Anblick war vorhin, ihr braucht euch keine Sorgen machen. Der alte Walter steckt das weg. Immerhin habe ich mich lange Zeit in der Unterwelt herumgetrieben.«

»Jetzt übertreib mal nicht, du warst nur der gutmütige Handlanger für dunkle Gestalten«, korrigierte Brandt seinen Freund. »Man muss sich nicht dafür schämen, wenn einem so etwas nahegeht. Schau dir Emre an, der hat sich den Kopf nicht angeschaut, weil er sich sonst übergeben hätte.«

»Ich hätte ihn mir angesehen, wenn du mich gelassen hättest«, widersprach Aydin, doch seine Worte klangen nicht glaubhaft.

»Ganz sicher? Wir alle haben unsere Schwächen, aber das ist okay. Als Freunde sollte es unsere Aufgabe sein, die Schwächen des anderen auszubügeln, füreinander da zu sein«, sagte Brandt.

»Sagt ausgerechnet der, der selten über seine Gefühle spricht«, entgegnete Aydin und setzte die Flasche an die Lippen. Er traf damit einen wunden Punkt bei Brandt.

»Mir geht es wirklich gut. Ja, ich gestehe, ich stand unter Schock, immerhin habe ich noch nie einen abgetrennten Kopf gesehen. Die Frau war vermutlich sehr jung und sie hat ihr Leben viel zu früh verloren. Sie wird nie wieder lachen, sich an den einfachen Dingen erfreuen können, dagegen ist mein kleiner Schock nicht der Rede wert. Ich möchte mir gar nicht ausmalen, was die Eltern, die Verwandten und ihre Liebsten gerade durchmachen. In solchen Momenten beneide ich euch nicht um euren Job. Ich hoffe, ihr findet dieses Monster rasch, bevor weitere schlimme Dinge passieren. Aber ich wiederhole mich: Ihr müsst euch um den guten alten Walter keine Sorgen machen.«

Brandt wollte ihm gerne glauben. Vielleicht hatte er sich tatsächlich geirrt und der sensible Hüne steckte das Ganze besser weg, als sie ahnten. Vor allem, weil er keinen persönlichen Bezug zu der Toten hatte.

»Ich glaube dir. Aber wenn was ist, sagst du uns sofort Bescheid«, mahnte Aydin, während Walter ihnen je eine Currywurst und eine Rindswurst servierte.

»Sowieso, Jungs. Ich vertraue euch blind. Wahrscheinlich müssen wir den Urlaub verschieben, oder?«

»So ein Quatsch. Bis August kann noch viel passieren.« Aydin schnitt ein Stück von seiner Rindswurst ab und ließ sie in seinem Mund verschwinden.

»Wäre wirklich schön, wenn das klappt, ich bin echt urlaubsreif.«

»Nicht nur du«, pflichtete Brandt ihm bei, allerdings war er weniger optimistisch als Aydin. Die Ermittlungsarbeit war unberechenbar. Manchmal dauerte sie nur wenige Tage, manchmal zog sie sich wie Kaugummi, und Bender würde ihnen sicherlich keinen Urlaub genehmigen, ehe sie den Täter gefasst hätten. Aber das musste Walter nicht wissen, für diese Info würde noch Zeit sein, wenn es so weit wäre.

Brandt steckte sich ein Stück Currywurst in den Mund. Die Geschmacksexplosion ließ ihn kurz vergessen, dass sie einen Wahnsinnigen jagten, der einer jungen Frau den Kopf abgeschnitten hatte.

»Wisst ihr schon, wer das Opfer ist?«, erkundigte sich Walter.

»Fischer hat ihre Identität festgestellt. Es handelt sich um Gesa Storm. Sie wurde vorhin als vermisst gemeldet«, antwortete Brandt. Dass er mit Walter so offen über ihre Ermittlungen sprach, war eine große Ausnahme. Er und Aydin vertrauten ihrem Freund blind, zudem hatte er ihnen aufgrund seiner Kontakte zur Unterwelt schon hin und wieder wichtige Hinweise für ihre Ermittlungen verschaffen können.

Bevor er sich mit seiner Imbissbude eine neue Existenz aufgebaut hatte, hatte er sich als Kleinkrimineller über Wasser gehalten.

»Vorhin? Hat denn niemand mitbekommen, dass sie weg war? Dem Verwesungsgeruch nach zu urteilen, lag der Kopf schon einige Zeit in dem Mülleimer.« Walter schüttelte verständnislos den Kopf.

»Wir sind auf dem Weg zu ihren Eltern, um das herauszufinden. Es ist leider nichts Ungewöhnliches, dass manchmal Tage vergehen, bevor eine Vermisstenanzeige bei der Polizei erfolgt. Gerade bei Volljährigen. Oftmals wohnen sie nicht mehr bei den Eltern, leben alleine und telefonieren nicht regelmäßig mit ihnen. Meistens sind es sogar die Freunde, die den Anstoß geben, die Polizei einzuschalten.«

»Diesmal auch?«

»Nein, es war der Partner.«

»Und warum fahrt ihr nicht zu ihm?«

»Er wohnt in derselben Ecke wie die Eltern und wir möchten sie zuerst befragen, falls der Freund sich in Widersprüche verstrickt.«

»Verdächtigt ihr den Freund?«

»Nein, für Verdächtigungen ist es noch zu früh. Aber die Erfahrung zeigt leider, dass es häufig jemand aus dem Bekanntenkreis ist. Ich stelle mir nämlich die Frage, warum er erst jetzt die Polizei informiert hat.«

»Also wissen die Eltern noch nicht, dass ihre Tochter brutal ermordet wurde?«

»Davon gehen wir aus. Wir haben den Freund ebenfalls nicht darüber informiert, dass wir auf dem Weg zu ihm sind, Emre und ich möchten das persönlich machen und sehen, wie er sich dabei verhält.«

»Es sei denn, die Presse kommt euch zuvor.«

»Bis jetzt ist keine Information an die Presse durchgesickert«, antwortete Brandt und hoffte, dass es so blieb, denn er hatte einige Fragen, die er beantwortet haben wollte, bevor der Freund und die Eltern Kenntnis von Gesas Tod erlangten. Er konnte sich zwar schwer vorstellen, dass die Eltern ihre Tochter ermordet hatten, aber ausschließen konnte er zu diesem Zeitpunkt nichts.

»Kranke Welt. Da wird einem manchmal angst und bange, wenn man sieht, wie brutal einige Menschen sind.«

»Leider«, stimmte Aydin zu und steckte sich das letzte Stück Rindswurst in den Mund.

»Wir müssen los.« Brandt hatte seinen Teller schon leer gegessen. »Was kriegst du? Ich zahle für Emre mit.«

»Seht zu, dass ihr den Mörder findet und wir an die Ostsee können.«

»Walter …«

»Nix da. Oder soll ich sauer werden? Ihr wart hier und habt euch nach meinem Wohlbefinden erkundigt, da soll ich euch zum Dank eine Rechnung servieren?«

»Das eine hat doch mit dem anderen nichts zu tun. Mir ist das unangenehm, dass du uns so oft einlädst.«

»Genau deswegen mache ich das. Gut, dass sich dein Gewissen mal zeigt«, brummte Walter. »Bitte keine weitere Diskussion.«

»Na gut, danke.«

»Danke«, antwortete auch Aydin.

Dreißig Minuten später parkten sie vor der Zielanschrift. Brandt betätigte die Klingel des Einfamilienhauses und spürte, wie sein Herzschlag sich beschleunigte. Es war nie leicht, den Eltern die Nachricht vom Tod ihres Kindes zu überbringen, egal wie lange man diesen Job schon machte und wusste, dass auch das dazugehörte.

»Ja, bitte?« Ein Mann, seinem Äußeren nach zu urteilen etwas älter als Brandt, öffnete die Tür.

»Guten Abend. Wir sind von der Kölner Kriminalpolizei.

Mein Name ist Lasse Brandt und das ist mein Kollege Emre Aydin«, begann Brandt die Vorstellung. »Sind Sie Norbert Storm?«

»Ja, der bin ich. Worum geht es denn?«

Brandt sah ihm an, dass er nicht die geringste Ahnung hatte, warum die Polizei ihn aufsuchte. »Können wir das bitte drinnen besprechen? Es geht um Ihre Tochter.«

»Um Gesa?« Storm wirkte irritiert, doch dann berappelte er sich. »Kommen Sie bitte rein.«

Die beiden Beamten folgten dem Vater ins Wohnzimmer, Aydin blieb etwas hinter Brandt stehen. Ein deutliches Zeichen, dass er wollte, dass Brandt die niederschmetternde Nachricht überbrachte.

»Was ist mit Gesa?«, erkundigte sich der Vater.

»Wir müssen Ihnen leider mitteilen, dass Ihre Tochter ermordet wurde. Es tut uns sehr leid.«

»Ermordet?« Der Vater wirkte irritiert, als könnte er nicht glauben, was er gerade hörte. Er wirkte überraschenderweise sehr gefasst. »Sind Sie ganz sicher, dass es sich um Gesa handelt?«

»Leider. Ihr Freund hat heute eine Vermisstenanzeige aufgegeben. Wir haben Gesa Storm eindeutig identifiziert.«

»Heute?«

»Ja, heute.«

»Wieso hat Lars die Vermisstenanzeige erst heute aufgegeben, wenn Sie die Leiche bereits haben, oder bringe ich da etwas durcheinander?« Noch immer wirkte der Vater gefasst, aber seine Augen begannen feucht zu glänzen, da sich Tränen in ihnen sammelten.

»Sie haben es richtig aufgefasst. Wir wissen nicht, warum der Freund sie erst heute als vermisst gemeldet hat. Wissen Sie, wie das Verhältnis zwischen den beiden war?«

»Das Verhältnis?« Storms Stimme klang ruhig, aber Brandt erkannte eine Veränderung im Gesicht des Mannes, so langsam schien er zu realisieren, was wirklich vorgefallen war. Dass seine Tochter tot war.

»Genau.« Mehr sagte Brandt nicht, er wollte Storm nicht verlieren. Zu oft hatte er beobachtet, wie rein äußerlich gefasste Personen zusammenbrachen, wenn sie realisierten, dass ein geliebter Mensch tot war und nie zurückkehren würde.

»Eigentlich gut.« Der Vater schluckte.

Irgendetwas stimmte hier nicht. Brandt zögerte keine Sekunde und griff nach Storm, dem im selben Moment die Beine wegsackten.

»Ich habe Sie. Sie sollten sich setzen.« Brandt half ihm, auf der Couch Platz zu nehmen.

»Sie sollten etwas Wasser trinken. Haben Sie im Kühlschrank welches?«, fragte Aydin.

Der Vater nickte nur und Aydin betrat die große Wohnküche, die sich an das Wohnzimmer anschloss.

»Wer tut meiner Tochter so etwas Schlimmes an?« Storm schluckte und zog die Nase hoch, nun wanderten die ersten Tränen seine Wangen herunter.

»Das wollen wir herausfinden.«

Aydin kam mit einem Glas Wasser zurück und reichte es Storm. Dieser wischte sich zuerst die Tränen vom Gesicht, dann griff er nach dem Glas und nahm einen Schluck. Er atmete hörbar durch die Nase aus.

»Wann haben Sie Ihre Tochter das letzte Mal gesehen?« Brandt entschied, seine Taktik zu ändern, er würde die Fragen über den Freund später stellen.

»Das war letzte Woche. Ich glaube Dienstag.«

Die Antwort überraschte Brandt. Immerhin wohnten Tochter und Eltern in Flittard, würde man sich da nicht öfter sehen?

Zerrüttetes Verhältnis?, überlegte er.

»Wie war sie drauf?«, fragte er weiter.

»Normal, warum?«

»Hatte sie vielleicht Probleme mit jemandem? Streit?«

»Nein, nicht dass ich wüsste. Warum sollte sie mit jemandem streiten? Meine Tochter ist eher der ruhige Typ, zurückhaltend. Keine, die den Konflikt sucht.«

Dass Angehörige immer noch in der Gegenwartsform von soeben Verstorbenen sprachen, war nichts Neues für Brandt. Gerade für Eltern war es unglaublich schwer, zu begreifen, dass ihr Kind wirklich tot war. Dieser Prozess würde auch bei den Storms noch einige Tage dauern.

»Worüber haben Sie gesprochen?«

»Das weiß ich gar nicht. Sie war nicht lange da. Hat nur was abgeholt.«

»Gab es Streit zwischen Gesa und ihrem Freund?«

»Streit?«

Brandt nickte. Aydin verhielt sich noch immer als stiller Beobachter und machte sich Notizen.

»Ich glaube nicht. Gesa hat nicht viel über ihre Beziehung gesprochen, ich sagte ja, sie war eher der ruhige Typ. Jedenfalls hatte ich nie das Gefühl, dass es ernste Probleme in der Beziehung gab.«

»Aber es gab Kabbeleien?« Immerhin hatte der Vater von ernsten Problemen gesprochen, somit war nicht auszuschließen, dass es einen zunächst einfachen Streit gegeben hatte. Manchmal waren es Nichtigkeiten, die zu einem Mord führten.

»Möglich.« Der Vater trank einen Schluck Wasser. »Ich weiß das nicht genau. Gesa hat, wie gesagt, nie über ihre Beziehung gesprochen und ich habe nie danach gefragt. Lars hat ihr gutgetan.«

»Wie lange waren die beiden ein Paar?«, ließ sich Aydin vernehmen.

»Ein Jahr so.«

Brandt wunderte es nicht, dass der Vater das nicht genau

wusste. Zu oft hatte er schon erlebt, dass gerade die Väter wenig über die Beziehung ihrer Kinder wussten, die Mütter waren da informierter.

»Kennen Sie den Freundeskreis Ihrer Tochter?«

»Sie hat nur eine Freundin, ihre Kindergartenfreundin Mei.«

»Ist Mei dann ihre beste Freundin?«

»Ja, ich glaube schon. Als Gesa noch hier gewohnt hat, haben sie täglich telefoniert, obwohl sie nur ein paar Minuten voneinander entfernt wohnen. Ich habe nie verstanden, warum man sich nicht besucht, sondern immer nur am Handy miteinander redet.«

»Also wohnt sie ebenfalls hier?« Brandt wollte ganz sichergehen, auch wenn er die Antwort kannte.

»Ja.«

»Können Sie uns die Anschrift nennen?«

Der Vater nannte die Kontaktdaten und Aydin notierte sie. Dass Mei und Gesa sich seit dem Kindergarten kannten und ständig telefonierten, konnte von Vorteil sein. Möglich, dass sie sich alles erzählten. Sie mussten sich unbedingt mit dieser Mei unterhalten. Ob sie es noch heute schaffen würden, hing vom Gesprächsverlauf mit dem Freund ab.

Dass der Vater etwas mit dem brutalen Mord an seiner Tochter zu tun haben könnte, schloss Brandt momentan aus. Storm wirkte niedergeschlagen, die Körpersprache und seine Stimme deuteten nicht darauf hin, dass er schauspielerte.

»Seit wann lebte Ihre Tochter bei Lars Zoller?«

»Letztes Jahr im November sind sie zusammengezogen, das weiß ich ganz genau, ich habe beim Umzug geholfen.«

Wirklich nützliche Hinweise über die Beziehung zwischen der Tochter und Zoller hatten sie bis jetzt nicht erhalten, aber vielleicht wusste die Mutter mehr. Brandt hoffte, dass sie im Haus war, obwohl – hätte sie sich nicht gezeigt, wenn sie da wäre?

»Wir würden gerne noch mit Ihrer Frau sprechen.«

»Mit meiner Frau?«

»Genau.«

Norbert Storm wirkte überrumpelt und plötzlich sehr unsicher, als hätte Brandt eine unangenehme Frage gestellt. Seine Hand zitterte. Als er bemerkte, dass Brandt das sah, legte er die Hand hinter seinen Rücken.

Warum reagiert er so nervös?, war Brandts erster Gedanke.

»Sie können nicht mit meiner Frau sprechen«, antwortete er dann zu Brandts Überraschung.

5

»Was hältst du davon, wenn wir zuerst diese Mei aufsuchen?«, fragte Aydin, als sie wieder draußen auf der Straße standen.

»Warum?«

»Na ja, dein Plan, erst den Vater zu befragen, um Informationen über den Freund zu sammeln, ist nicht aufgegangen und Mei soll Gesas beste Freundin gewesen sein.«

»Punkt an dich. Lass uns diese Mei aufsuchen. Schau mal bei Google Maps, ob sie fußläufig wohnt. Etwas die Beine vertreten wäre nicht schlecht.«

»Gewissensbisse, weil du eine Currywurst gegessen hast und heute nicht dein Cheatday ist?«

»Überhaupt nicht. Ich denke eher an dich, du hast wieder etwas zugenommen«, reagierte Brandt trocken und versuchte, das Schmunzeln zu unterdrücken, weil er wusste, was jetzt folgen würde. Aydin zog den Bauch unbewusst ein.

»Das macht das Shirt, es ist nicht so gut geschnitten.«

Brandt hatte noch einen Spruch auf Lager, aber den verkniff er sich. »Und, wo wohnt sie?«

»Keine fünfhundert Meter entfernt von hier.«

»Das sollte machbar sein, oder?«

Statt zu antworten, schritt Aydin voran.

»Glaubst du dem Vater?«, fragte Brandt und schloss zu ihm auf.

»Wegen der Mutter?«

»Ja.«

»Ich bin geneigt, es zu tun. Warum sollte er wegen der Krankheit seiner Frau lügen?«

»Weil er nicht möchte, dass wir mit ihr reden. Ist dir nicht aufgefallen, wie nervös er wurde, als wir über seine Frau gesprochen haben?«

»Doch, ist mir aufgefallen. Aber vermutlich nur, weil er in Sorge um sie ist. Multiple Sklerose, damit ist nicht zu spaßen. Und wenn sie heute den ganzen Tag nur in ihrem Bett verbracht hat, weil es ihr schlecht ging, wäre die Nachricht über den Tod ihrer Tochter sicherlich alles andere als förderlich gewesen.« Aydin fuhr sich mit der Hand über seinen Sechstagebart. Im Gegensatz zu Brandt, der immer frisch rasiert war, trug Aydin seinen Bart mit Stolz.

»Förderlich?«

»Ja, förderlich. Oder hast du an diesem Wort was auszusetzen?«

»Das nicht, aber solche Wörter gehören eigentlich nicht zu deinem Wortschatz. Wo hast du es denn aufgeschnappt?«

»Witzig.«

Hundegebell unterbrach ihre Unterhaltung. Es kam von einem Mops, der plötzlich vor ihnen stand und mit dem Schwanz wedelte.

Aydin bückte sich und streichelte den Hund, der das sichtlich genoss. »Wo ist denn dein Herrchen?«

Der gleiche Gedanke schoss auch Brandt durch den Kopf. Er schaute sich um, konnte aber niemanden sehen. Das Halsband des Hundes verriet jedoch, dass es ein Herrchen geben musste.

»Glaubst du, der süße Fratz ist abgehauen?«

»Möglich. Sieht jedenfalls nicht nach einem Straßenhund aus.«

»Wenn ich mehr Zeit hätte, würde ich mir auch einen Mops holen.«

»Apple, da bist du ja«, hörte Brandt jemanden hektisch rufen. Eine junge Frau lief auf sie zu. »Verzeihen Sie, das tut mir sehr leid. Apple hat einfach Reißaus genommen.«

»Haben Sie ihn nicht angeleint?«, fragte Brandt. Aydin konnte sich nur schwer von Apple lösen.

»Doch, hatte ich …« Die Frau hielt inne. »Nein, ehrlich gesagt nicht. Wir waren dahinten. Sie wollte sich nur erleichtern, keine Ahnung, warum sie weggelaufen ist. So ist sie eigentlich nicht. Das tut mir schrecklich leid.«

»Sie sollten vorsichtiger sein. Stellen Sie sich mal vor, ein Auto wäre vorbeigefahren und hätte Ihren Hund …«

»Sprechen Sie das bloß nicht aus. Ich will an so etwas Schreckliches gar nicht denken.«

»Wie heißen Sie?«

»Warum?« Die junge Frau gab sich reserviert, was nur allzu verständlich war, immerhin kannte sie die beiden fremden Männer nicht. Aber Brandt hatte eine Idee.

»Wir sind von der Kölner Kriminalpolizei …«

»Was? Kriege ich jetzt eine Anzeige, weil mein Mops nicht angeleint war? Erst geblitzt werden und dann auch noch das. Ich bin echt bedient. Was kostet der Spaß?«

»Heißen Sie Mei Knorr?«

»Woher kennen Sie meinen Namen?«

Da die junge Frau südostasiatische Gesichtszüge hatte, war es für Brandt naheliegend, dass sie die gesuchte Mei war, zumal sie hier in der Nähe mit ihrem Mops Gassi ging.

»Wir müssen mit Ihnen reden. Es geht um Ihre Freundin Gesa.«

»Was ist mit Gesa?«

»Wohnen Sie hier in der Nähe?« Brandt kannte zwar die Anschrift, wollte da Mei gerade nicht auf die Nase binden.

»Ja, direkt da.« Sie zeigte auf den gegenüberliegenden Wohnblock.

»Wir würden das gerne in Ihrer Wohnung besprechen.«

»Was ist mit ihr? Ist ihr was zugestoßen? Sie hat sich gestern nicht bei mir gemeldet, da habe ich mir schon Gedanken gemacht.«

»Wir würden gerne in Ihrer Wohnung darüber reden.«

»Oh mein Gott, ich will mir gar nicht ausmalen, was passiert ist.« Ihre Stimme wurde schrill, offensichtlich ahnte sie, was nun kommen würde.

Brandt und Aydin folgten ihr schweigend, Mei war die steigende Nervosität anzumerken. Brandt hätte ihr auch hier draußen die Wahrheit sagen können, aber für den Fall, dass sie einen Nervenzusammenbruch erlitte, war es ratsamer, wenn sie in ihrer Wohnung wären.

»Sagen Sie mir endlich, was mit Gesa los ist«, platzte Mei heraus, als sie in ihrem Wohnzimmer standen. Sie räusperte sich und schluckte. Der Mops war plötzlich sehr still, als ahnte er, dass dunkle, sehr dunkle Wolken aufzogen.

»Es tut uns furchtbar leid, aber wir müssen Ihnen mitteilen, dass Ihre Freundin ermordet wurde.«

»Fuck«, entfuhr es ihr. »Ich hatte schon so ein verdammtes Bauchgefühl. Wie kann das sein? Oder ist das ein dämlicher Scherz? Sie können sich doch sicherlich ausweisen.«

»Das können wir. Wir scherzen bei Mord nie.« Brandt und Aydin zückten ihre Dienstausweise und zeigten sie der jungen Frau, die sichtlich aufgewühlt war.

Hoffentlich klappt sie mir nicht zusammen, dachte Brandt. Sie wirkte etwas hysterisch, aber so richtig konnte er sie noch nicht einschätzen.

Meis Blick war starr auf die Dienstausweise gerichtet. Sie schien endlich zu realisieren, dass das hier kein schlechter Scherz war, sondern bittere Realität.

»Wer macht so etwas Schreckliches?«

»Genau das möchten wir herausfinden, dafür benötigen wir Ihre Hilfe.«

»Meine Hilfe? Wie kann ich Ihnen denn helfen?«

»Indem Sie unsere Fragen beantworten. Jeder noch so unwichtige kleine Hinweis kann uns dem Mörder einen wichtigen Schritt näher bringen«, antwortete Aydin. »Gesas Vater meinte, dass Sie beste Freundinnen waren, sich seit dem Kindergarten kannten.«

»Ja, wir kannten uns von klein auf, aber ob wir nun beste Freundinnen waren, weiß ich nicht. Väter übertreiben gerne.«

Brandt überraschte diese Antwort. »Was wollen Sie damit sagen?«

»Gesa und ich sind gemeinsam aufgewachsen, ja. Aber sie blieb gerne zu Hause, während ich lieber auf Achse bin. Nicht falsch verstehen, wir haben uns sehr gut verstanden. Aber ist man deswegen beste Freunde? Seit sie mit Lars zusammen ist, war sie auch ein bisschen reservierter.«

»Reservierter?«, hakte Brandt nach. Etwas gefiel ihm an dieser Mei nicht. Noch eben hatte sie ziemlich angeschlagen gewirkt und jetzt wollte sie ihnen glauben machen, dass sie keine enge Bindung zu der Toten gehabt habe.

»Ja, reservierter.« Mei schaute zu Brandt auf, sie war mit knapp eins sechzig deutlich kleiner als er. »Ist ja auch nicht schlimm. Lars war ihr erster Freund und somit ihre große Liebe. Seit sie zusammen wohnten, hat sie sich noch mehr auf ihn fokussiert. Manche Frauen sind halt so. Aber ich habe ihr das nie krummgenommen.«

»Wie war das Verhältnis zwischen Gesa und Lars?«

»Gut, sonst wären sie kaum zusammengezogen.« Ihre Stimme gewann ein wenig an Schärfe und fast war es Brandt, als würde etwas in ihren Augen funkeln.

»Und wie war Ihr Verhältnis zu ihm?«

»Meins?« Ihr Kopf zuckte kaum merklich zurück, als würde sie die Frage überraschen.

»Ja Ihres. Soweit wir wissen, waren Sie die einzige Freundin von Gesa, und sie wird Ihnen sicherlich ihren Freund vorgestellt haben.«

»Das hat sie. Er ist ganz nett. Hat sich mir gegenüber immer fair verhalten. Ich weiß aber ehrlich gesagt nicht, wie diese Fragen Ihnen helfen sollen, den Mörder von Gesa zu finden.«

»Das lassen Sie bitte unsere Sorge sein«, stellte Brandt klar. »Wann haben Sie Gesa das letzte Mal getroffen?«

»Das war am Sonntag. Wir sind zusammen am Rhein spazieren gegangen.«

»Hat sie etwas von Problemen erzählt?«

»Nein, welche Probleme sollte sie haben? Sie wirkte ausgeglichen.«

»Über was haben Sie denn gesprochen?«

»Keine Ahnung, über dies und das. Frauenkram halt. Ich verstehe Ihre Fragen echt nicht«, wurde sie wieder giftig.

»Antworten Sie einfach darauf«, blieb Brandt gelassen. Dass sie emotional wurde, war ihm nur recht, aufgewühlte Menschen neigten eher dazu, unüberlegte Äußerungen zu machen.

»Wir haben über Belangloses gesprochen. Über Klamotten, Kosmetik und dass sie auch gerne einen Hund haben möchte. Nichts, was nützlich wäre, den Mörder zu finden. Ich kann Ihnen wirklich nicht helfen.«

»Versuchen Sie sich bitte zu erinnern. Vielleicht hat Gesa in einem kleinen Nebensatz erwähnt, dass sie sich unwohl fühlt oder dass jemand sie in den sozialen Medien stalkt …«

»Soziale Medien? Gesa?«, fiel Mei Aydin ins Wort und lachte kurz auf. »Sie hasste Instagram und Facebook. Außer WhatsApp hatte sie keine Online-Profile, soviel ich weiß.«

Diese Antwort überraschte Brandt, kannte er doch keinen jungen Menschen, der nicht aktiv in den sozialen Medien unterwegs war.

»Wie war Gesas Verhältnis zu ihren Eltern?«

»So wie es bei Twens halt ist.«

»Und wie wäre das?«, übernahm Brandt wieder die Gesprächsführung, die patzige bis leicht zickige Art von Mei gefiel ihm nicht.

»Na ja, man ist oft nicht derselben Meinung.«

»Ist das bei Ihnen und Ihren Eltern auch so?«

»Deswegen bin ich ausgezogen. Dieses ewige Rumkommandieren ging mir total gegen den Strich. Und ich glaube, das war am Ende auch der Grund, warum Gesa zu Lars gezogen ist.«

»Nicht aus Liebe?«

»Das auch. Aber gleichzeitig war sie froh, dass sie endlich von zu Hause wegkam. Eine eigene Wohnung konnte sie sich nicht leisten.«

Eine weitere Information, die Brandt überraschte. War das Verhältnis zu den Eltern doch zerrütteter, als der Vater sie glauben lassen wollte?

»War das Verhältnis zum Vater oder zur Mutter schwieriger?«

»Ganz klar zur Mutter. Die ist so eine Helikoptermama, die Gesa am liebsten alles verboten hätte. Der Vater ist recht nett, kann sich aber gegen seine Frau nicht durchsetzen, ein typisches Frauenopfer.«

»Soweit wir wissen, ist die Mutter krank.«

»Auf jeden Fall.« Mei riss die Augen auf und nickte eifrig mit dem Kopf, es sah irgendwie skurril aus, bestätigte aber die Worte des Vaters. Wie es schien, hatte Norbert Storm nicht gelogen. »Sie müssen mich kurz entschuldigen, ich muss rasch ins Bad.«

Mei wartete die Antwort der beiden Beamten nicht ab, sondern entfernte sich. Der Mops lief ihr bellend hinterher.

»Die hat Haare auf den Zähnen«, konnte sich Aydin einen Kommentar nicht verkneifen.

»Das stimmt. Aber etwas verschweigt sie.«

»Wie kommst du darauf?«

»So ein Gefühl.«

6

»Die war echt spooky«, sagte Aydin, als sie wieder draußen waren und zur Anschrift von Lars Zoller gingen.

»Etwas überdreht und launisch. Was mich aber mehr erstaunt hat, war ihre Sprunghaftigkeit.«

»Wie meinst du das?«

»Tja, sie hat immerhin eine sehr gute Freundin verloren, die sie seit dem Kindergarten kennt. Zunächst wirkte sie deshalb auch recht betroffen, aber im weiteren Verlauf des Gesprächs hatte ich den Eindruck, dass es ihr ziemlich egal war, dass ihre Freundin ermordet wurde.«

»Ist mir auch aufgefallen. Möglich, dass sie das anders verarbeitet als andere Menschen. Sie ist mit achtzehn von zu Hause ausgezogen und das Verhältnis zu ihren Eltern ist zerrüttet«, antwortete Aydin. Mei hatte ihnen noch einiges erzählt, auch von ihrer kaputten Kindheit. Aber nichts, was ihnen half, die Ermittlungen voranzubringen. »Immerhin hat sie etwas Licht ins Dunkel gebracht, was die Beziehung der Eltern zu Gesa anbelangt. Wie es scheint, war es doch nicht so harmonisch, wie der Vater uns glauben lassen wollte.«

»Wenn Mei die Wahrheit erzählt hat«, entgegnete Brandt. Er konnte die junge Frau nicht so recht einschätzen.

»Ich denke schon, warum sollte sie lügen? Sie hat auch bestätigt, dass die Mutter krank ist. Oder verdächtigst du die Eltern?«

»Nein, es ist zu früh, um überhaupt jemanden zu verdächtigen, das solltest du als Kriminalpolizist doch besser wissen.«

Aydin schaute zur Seite und ging auf Brandts Einwand nicht ein. »Da müsste es sein«, sagte er dann, als sie den Wohnblock erreichten, wo Lars Zoller wohnte.

Warum Gesa und Zoller so nah am Wohnort von Gesas Eltern lebten, wenn doch das Verhältnis zu ihnen nicht das beste war? Würde man da nicht eher in einen anderen Stadtteil ziehen? Brandt beschloss, sie erneut aufzusuchen und Fischer darum zu bitten, Informationen über sie einzuholen.

Aydin betätigte die Klingel, aber niemand öffnete.

»Ausgeflogen?«

»Sollte man nicht zu Hause sein, wenn die Freundin vermisst wird?«

»Wir kennen ja die Umstände nicht.« Aydin klingelte ein zweites Mal. Vergeblich. »Soll ich ihn anrufen?« Fischer hatte ihnen die Mobilfunknummer von Zoller mitgegeben.

»Zu wem wollen Sie?«, sprach sie da ein älterer Mann an, der gerade an die Tür trat.

»Zu Lars Zoller.«

»Verstehe. Der ist um diese Zeit meistens in der Kneipe.«

»In welcher Kneipe?«

»Na, die an der nächsten Kreuzung.«

»Und die heißt?«

»Das Veedel. Wer sind Sie überhaupt? Hoffentlich keine Versicherungsfuzzis.«

»Wir sind von der Kriminalpolizei.«

»Polizei? Was wollen Sie denn von Lars? Ist er zu schnell gefahren?«

»Sie scheinen Herrn Zoller gut zu kennen.«

»Das kann man sagen. Wenn man Fußballfan ist, kennt man Lars.«

»Inwiefern?«

»Der war mal ein großes Talent. Wäre diese fiese Verletzung nicht gewesen, wäre er jetzt Profi beim FC. Guter Junge, aber auch etwas chaotisch. Was wollen Sie von ihm?«

Der Mann schien redselig und gut informiert. Nur seine Augen wirkten seltsam leer, was im Hinblick auf seine äußere Erscheinung einen befremdlichen Eindruck machte. Vielleicht war es ein glücklicher Zufall, dass sie ihm begegnet waren.

»Es geht um seine Freundin Gesa Storm. Sie wurde ermordet«, antwortete Brandt. Spätestens morgen würde es ohnehin ganz Köln aus der Presse erfahren, also konnte er dem Mann ruhig die Wahrheit sagen.

»Nein, wie schrecklich. Unsere Gesa? Sicher, dass da kein Irrtum vorliegt?«

»Leider nicht. Wie gut kannten Sie Frau Storm?«

»Wie man seine Nachbarn halt kennt. Sie war freundlich. Lars und sie waren ein schönes Paar, und sie hat es geschafft, ihm die Flausen auszutreiben.«

»Wie meinen Sie das?«

»Als Fußballer ist man vielen Versuchungen ausgesetzt. Vor Gesa habe ich ihn oft mit anderen Frauen gesehen, aber seit sie in sein Leben getreten ist, hat er nur Augen für sie. Weiß er schon von der schrecklichen Nachricht?«

»Noch nicht, deswegen sind wir hier«, antwortete nun Aydin.

»Das wird dem Armen den Boden unter den Füßen wegreißen. Sie waren so ein tolles Paar.«

»Gab es nie Streit zwischen den beiden?«, fragte Brandt. Die Äußerungen des Mannes, was die Beziehung des jungen Paares anbelangte, waren ihm zu überschwänglich.

»Ich habe jedenfalls keinen mitbekommen. Sie ist doch erst im November zu ihm gezogen.«

Damit war die Frage beantwortet, warum Gesa hier wohnte: Sie hatten keine neue Wohnung bezogen, sondern sie war bei ihm eingezogen. Vermutlich hatten dabei unter anderem die Kosten eine Rolle gespielt. Rückblickend fand Brandt es etwas merkwürdig, dass der Vater das nicht so erzählt hatte, aber sie hatten ja auch nicht ernsthaft nachgebohrt.

»Sagt Ihnen der Name Mei Knorr etwas?«

»Nein, wer soll das sein?«

»Eine Freundin von Gesa, knapp einen Meter sechzig groß, mit südostasiatischen Gesichtszügen.«

»Sie meinen eine Thaifrau? Nein, so eine habe ich hier noch nie gesehen.«

Dass Mei die Freundin nicht in der gemeinsamen Wohnung besucht hatte, wunderte Brandt. Würde man das nicht tun? Allerdings war es auch möglich, dass der Mann Mei einfach nur nicht gesehen hatte.

»Können Sie uns bitte Ihren Namen verraten?«, bat Brandt.

»Verzeihen Sie, wie unaufmerksam von mir. Ich heiße Bruno Pawlowski.«

»Herr Pawlowski, wissen Sie, wann Sie Gesa Storm das letzte Mal gesehen haben?«

Pawlowski antwortete nicht sofort, er hielt die Hand vors Kinn und überlegte kurz, als wollte er Zeit schinden, vielleicht um sich interessanter zu machen. »Ich denke, das war letzte Woche.«

»Wissen Sie, ob sie Probleme in der Nachbarschaft hatte?«

»Nein, ganz sicher nicht. Ich kenne die Nachbarn hier sehr gut. Einige leben seit vielen Jahren hier. Gute und anständige Leute. Da gibt es …«

»Hallo, Bruno«, wurde er unterbrochen. Ein junger Mann trat zu ihnen.

»Hallo, Lars. Die Herren wollen zu dir.«

»Zu mir?«

»Guten Abend. Wir sind von der Kriminalpolizei, es geht um Ihre Freundin Gesa Storm«, antwortete Brandt. »Dürfen wir in Ihrer Wohnung weitersprechen?«

»Ja, klar. Kommen Sie doch bitte rein.« Zoller wirkte plötzlich auffallend nervös. Er fischte seinen Schlüsselbund aus der Hosentasche. Seine Hand zitterte, als er den Schlüssel in das Schloss steckte. Pawlowski sagte nichts, was Brandt nur recht war. Er wollte die schreckliche Nachricht selbst überbringen.

Brandt und Aydin folgten dem jungen Mann in den zweiten Stock, wo seine Wohnung lag. Laut Fischers Informationen war Zoller siebenundzwanzig Jahre alt.

»Was ist mit Gesa?«, fragte er, als sie in seinem Wohnzimmer standen.

»Wir müssen Ihnen leider mitteilen, dass Ihre Freundin ermordet wurde.«

Zoller wurde auf einen Schlag extrem blass, sein Gesicht wurde kalkweiß. So eine plötzliche Veränderung hatte Brandt selten bei einem Menschen beobachtet und sie war ein deutliches Zeichen dafür, dass sein Kreislauf in Kürze zusammenbrechen würde. Zoller taumelte. Diesmal war es Aydin, der den Sturz durch ein beherztes und schnelles Eingreifen abwenden konnte. Er half Zoller, sich zu setzen.

»Das kann nicht sein …«, stammelte er, als er sich wieder einigermaßen im Griff hatte. Vor ihm auf dem Tisch stand eine Flasche Wasser, daneben lag eine Schachtel Zigaretten. Aydin öffnete die Flasche und reichte sie Zoller, der gönnte sich einen Schluck und stellte sie zurück auf den Tisch. Dann nahm er den Deckel und schraubte ihn auffallend bedächtig auf die Flasche.

Brandt gab ihm ein paar Sekunden, um sich zu sammeln. Einige der nächsten Fragen würden nicht erfreulich für den jungen Mann sein. Vor allem eine brannte ihm auf der Zunge, aber diese würde er später stellen. Einen subtilen Angriff musste man sorgsam beginnen.

»Nur für unseren Datenabgleich: Sie haben heute die Vermisstenanzeige bei der Polizei aufgegeben, richtig?«

Zoller nickte. Die Farbe war in sein Gesicht zurückgekehrt, jetzt rollten ihm Tränen die Wangen herunter, er wischte sie weg. »Wie ist sie gestorben? Wurde sie missbraucht?«

Die beiden Fragen überraschten Brandt, sie kamen etwas zu abrupt.

»Ihr wurde der Kopf abgeschnitten«, erklärte Brandt sachlich.

Kaum hatte er das ausgesprochen, sah er, wie Zoller würgte. Er versuchte noch, sich die Hand vor den Mund zu halten, schaffte es aber nicht und übergab sich.

Reagierte so jemand, der etwas mit dem Mord an seiner Freundin zu tun hatte?

Nicht wirklich.

Aber auch das hatte nicht viel zu sagen. Gerade Menschen, die aus irgendeinem Grund zum Mörder geworden waren, die Lust am Töten jedoch nicht in sich trugen, zeigten solche Reaktionen nicht selten, denn diese Täter verdrängten den Gedanken an ihre abscheuliche Tat. Wenn sie dann wieder daran erinnert wurden, konnte der Körper schon mal überreagieren.

Oder er ist wirklich unschuldig, dachte Brandt erneut.

»Ich helfe Ihnen«, sagte Aydin und reichte Zoller die Hand, um ihn ins Bad zu begleiten, wo er sich sauber machen konnte.

»Das ist mir furchtbar peinlich. Ich fühle mich nicht gut.«

Aydin und der junge Mann entfernten sich, Brandt blieb allein zurück. Er selbst hätte Zoller nicht wie Aydin ins Bad begleitet, er war da nun mal anders gestrickt.

Während er nebenan das Wasser rauschen hörte, schaute er sich im Wohnzimmer um. Es war modern gestaltet, nichts Ausgefallenes, aber die Einrichtung harmonierte. Dem Alter der Möbel nach zu urteilen, waren sie schon längere Zeit in der Wohnung und zeigten somit den Einrichtungsstil von

Zoller und nicht von Gesa. Der junge Mann hatte Geschmack.

Auf dem Lowboard stand ein großer LED-Fernseher, daneben ein Foto, auf dem Zoller mit Gesa zu sehen war. Sie wirkten glücklich. Zoller hatte seine Arme um sie gelegt, Gesa schaute etwas schüchtern in die Kamera. Zollers Gesichtsausdruck wirkte, als wollte er der Welt sagen, dass er sie für immer beschützen und für sie da sein würde.

Ein schönes Foto.

Es war das einzige Bild im Wohnzimmer, das das junge Pärchen gemeinsam zeigte. Brandt dachte an seine Freundin Ylva und daran, dass es von ihnen auch nur ein Pärchenfoto im Wohnzimmer gab.

Aydin und Zoller kamen zurück. Zoller hatte einen Putzlappen und einen Eimer dabei, er wischte das Erbrochene weg und entfernte sich wortlos.

»Sollen wir das Gespräch abbrechen?«, fragte Aydin Brandt leise.

»Abbrechen? Warum denn das?«

»Du siehst doch, dass er völlig neben der Spur ist.«

»Na und? Interessiert es dich nicht, warum er ausgerechnet heute, an dem Tag, an dem wir den Kopf der Leiche finden, die Polizei informiert? Wer weiß, wie lange Gesa schon tot ist.«

»Ja, natürlich, aber wir können ihn doch auch morgen befragen. Der ist voll das Weichei, der hat nie im Leben seine Freundin getötet.«

»Sag niemals nie.«

Bevor Aydin etwas erwidern konnte, kam Zoller zurück.

»Es tut mir sehr leid.«

»Das muss es nicht. So eine schlimme Nachricht muss man erst mal verdauen«, sagte Aydin. Brandt sah ihm an, dass er mit seinem Entschluss, die Befragung nicht abzubrechen, alles andere als zufrieden war.

»Was soll denn jetzt aus mir werden? Gesa war mein Fels in der Brandung.«

»Sie haben den Kollegen gegenüber ausgesagt, dass Gesa seit einem Tag nicht auf Ihre Anrufe und Nachrichten reagieren würde. Ist das so?« Brandt ging auf Zollers Jammern nicht ein, es brachte in seinen Augen nichts, ihm Mut zuzusprechen, dafür waren sie nicht hier.

»Ja. Ihr Handy war ausgeschaltet, jedenfalls hatte ich nie ein Freizeichen, wenn ich sie anrief, was ihr überhaupt nicht ähnlich sieht.«

»Wann haben Sie Gesa das letzte Mal gesehen?«

»Das war am Vierzehnten.«

»Am Montag?« Brandt war überrascht.

»Nein, am Fünfzehnten, am Dienstag haben wir uns das letzte Mal gesehen.«

»Am Dienstag? Gesa lebt doch bei Ihnen, richtig?«

»Ja, richtig.« Zoller klang plötzlich gereizt.

»Wo hat sie dann die letzten Tage übernachtet?«

»Woher soll ich das wissen?«, reagierte er leicht aufbrausend.

»Als der Lebensgefährte sollte man doch wissen, wo die eigene Freundin ist«, antwortete nun Aydin. »Warum haben Sie erst heute die Anzeige aufgegeben?«

»Weil ich mir Sorgen gemacht habe.«

»Und warum wussten Sie nicht, wo sich Ihre Freundin aufhält?«

»Weil wir uns gestritten haben und sie weggerannt ist«, brach es aus ihm heraus.

7

Irgendwo, 19. Juni

»Wer ist dieses Monster?«, lese ich laut, als ich im Büdchen stehe. Zum wiederholten Mal lese ich nun einen solchen Aufmacher in der Tageszeitung, diesmal ist es der Kölner Express.

»Furchtbare Sache und das bei uns im Veedel. Hier sagt sich doch sonst Fuchs und Hase gute Nacht. Nirgends ist man mehr sicher. Schlimme Welt, sie wird immer schrecklicher«, antwortet Birgül, die hier im Büdchen arbeitet.

»Wenn der Mörder denn aus unserem Veedel kommt.«

»Das stimmt. Hoffentlich nicht. Ich hoffe, sie schnappen das Monster schnell.«

»Warum Monster?«

»Welcher normale Mensch macht denn so was? Das kann doch nur so ein durchgeknallter Psychopath sein. Nicht so nette Menschen wie du und ich.«

»Wir kennen die Hintergründe nicht«, wage ich mich einen Schritt vor, obwohl ich auf keinen Fall den Verdacht erwecken will, dass ich dieses Monster bin. Aber ich weiß, dass Birgül niemals glauben würde, dass ich hinter der Tat auf der Titelseite stecke, dass ich die Person bin, die ganz Köln jagt. Der Gedanke erregt mich. Dieses Spiel mit dem Feuer hat was. Etwas Erhabenes.

Nein, es ist etwas anderes: das Gefühl von Macht, das Gefühl, dass ich doch jemand bin.

»Hast du den Artikel schon gelesen?«, frage ich.

»Ja, leider. Mir hat sich fast der Magen umgedreht. Schlimm genug, dass man eine junge Frau töten muss, aber ihr dann noch den Kopf abzuschneiden – wie krank ist das bitte?«

»Weiß man, wer sie ist?«

»Nein, nur, dass sie aus Flittard stammt. Möchte mir gar nicht vorstellen, dass ich sie auch noch kennen könnte.«

Fast wäre mir ein Schmunzeln übers Gesicht gehuscht. Natürlich kennt Birgül die Tote, aber das muss ich ihr ja nicht gleich auf die Nase binden, weil ich weiß, dass das Gespräch damit in Bahnen gelenkt würde, die ich gerade überhaupt nicht gebrauchen kann.

»Und was glaubst du, würde das in der Türkei auch so passieren?«, fährt Birgül fort.

»Was?«

»Na, wie man das in Deutschland handhabt. Was passiert, wenn sie das Monster verhaften? Sie stecken ihn ins Gefängnis oder in irgendein Krankenhaus, damit er seine psychischen Probleme heilen lassen kann. Ein guter Anwalt wird dafür sorgen, dass er als psychisch labil dargestellt wird. In meiner Heimat würden wir diesem Arschloch die Eier abschneiden und kurzen Prozess machen, es würde gar nicht erst zu einer Anklage kommen.«

Ich reagiere nicht auf ihre Vorstellung von Selbstjustiz, ertappe ich mich doch bei einem Gedanken, der mir nicht schmeckt. Nach außen hin sieht man nicht, was in meinem Inneren vor sich geht. Schon lange brodelt es in mir, nur weiß das niemand, weil die Menschen nur diese Hülle sehen und daraufhin ihre Rückschlüsse auf meine Persönlichkeit ziehen. Lange Zeit hat mich das extrem genervt, aber in diesem Moment freue ich mich, weil diese Hülle mein bestes Alibi ist.

»Anderes Land, andere Sitten«, bemerke ich vielsagend.

»Ich nehme einmal den Express.« Ich möchte den Artikel in Ruhe zu Hause lesen, muss wissen, was die Medien über mich in Erfahrung gebracht haben, ob ich mir Sorgen machen muss. »Und eine Tüte Gummibärchen.«

Irgendwie habe ich Hunger auf etwas Süßes, dabei bin ich gar keine so große Naschkatze. Heute muss es sein.

»Möchtest noch was anderes?«

»Nein, das wars. Danke«, antworte ich. Doch dann füge ich hinzu: »Ach, ich nehme noch eine Schachtel Marlboro.«

Birgül nennt mir die Summe, ich zahle bar.

»Glaubst du, wir haben es mit einem Psychopathen zu tun?«

»Woher soll ich das wissen?«, rutscht es mir lauter heraus, als beabsichtigt. Sie schaut mich etwas schräg an, weil sie mich eigentlich anders kennt. Wobei kennen übertrieben wäre. Wir kennen uns nicht wirklich. Ich bin ihr Kunde, das wars. Aber als sie das Wort »Psychopath« sagt, so abwertend, wird etwas in mir zu einem Vulkan, das ist neu für mich.

Ich bin kein Psychopath!

Birgül gibt mir das Wechselgeld. Ihr liegt etwas auf der Zunge, aber sie sagt nichts, vermutlich, weil ich eben so schroff reagiert habe. Ich hoffe, es bleibt dabei. Ich möchte eigentlich auch gar nicht mit dieser einfältigen, einfachen und ungebildeten Frau sprechen, die sich ihr Wissen aus der Bild-Zeitung oder dem Express holt.

Nicht mein Niveau.

Ich verabschiede mich von ihr und verlasse das Büdchen. Birgül nuschelt etwas auf Türkisch, was ich nicht verstehe, aber vermutlich ist es gegen mich gerichtet, warum sonst sollte sie Türkisch reden?

Überhaupt ist irgendetwas anders heute. Das Veedel wirkt verunsichert, einige Passanten, die mir über den Weg laufen, wirken nachdenklich, in den Augen anderer sehe ich Sorge. Wie es scheint, haben alle von dem Mord erfahren und benehmen sich deshalb so eigenartig.

Oder bilde ich mir das nur ein?

Ich weiß es nicht, ist mir am Ende auch egal. Ich habe genug eigene Sorgen. Was soll ich mich da noch um die Sorgen Fremder kümmern?

So in Gedanken erreiche ich mein Zuhause, endlich kann ich die Tür hinter mir abschließen und habe meine Ruhe.

Ich ziehe die Schuhe aus, gehe ins Wohnzimmer und setze mich auf die Couch. Es wird heute wieder ein sehr warmer Tag werden und natürlich hat meine Wohnung wie die vielen Millionen anderer Wohnungen keine Klimaanlage. Freundliches Schwitzen ist angesagt. Danke, Klimawandel, wenn es dich denn wirklich gibt.

Heute ist es schwer, fast unmöglich, die Wahrheit von der Lüge zu trennen. Alle versuchen, uns zu manipulieren, die Medien, die Politik und natürlich die Wirtschaft, damit wir fleißig konsumieren. Denn nur im Konsum gründet die Erhaltung unseres Wohlstandes. Wie lächerlich.

Egal. Ich möchte endlich lesen, was der Express über mich schreibt. Doch bevor ich anfange, öffne ich die Tüte mit den Gummibärchen, fische drei heraus und stecke sie mir in den Mund. Der Zucker beruhigt.

Dann fange ich an zu lesen. Einige Male muss ich unterbrechen. Dieser Redakteur ist ein Vollpfosten, was weiß er über mich? Nichts!

Trotzdem schreibt er, als würde er mich und meine Beweggründe kennen, als wäre ich kein Mensch, sondern ein Monster, ohne Herz und Verstand, nur darauf abgerichtet, brutal zu töten.

»So ein Unfug«, werde ich laut und schleudere die Zeitung quer durch den Raum. »Ihr wisst nichts. Gar nichts.« Eigentlich sollte ich froh darüber sein, weil es bedeutet, dass auch die Polizei nichts weiß, schließlich haben die Medien beste Kontakte dorthin, das weiß jeder. Und wenn die Polizei nichts weiß, kann sie ermitteln, so viel sie will. Sie werden nie auf mich kommen, weil alle Welt glaubt, dass ein Monster die Frau getötet hat und nicht eine freundliche Person wie ich.

Ein besseres Alibi gibt es nicht, oder?

Trotzdem beruhigt mich dieser Gedanke nicht. Es macht mich wütend, als Monster und Psychopath dargestellt zu werden, weil ich beides nicht bin. Alle sollten doch wissen, dass jede Medaille ihre zwei Seiten hat, und niemand kennt meine Geschichte.

8

Köln, 19. Juni

Es würde wieder ein sehr warmer Tag werden, an dem das Thermometer über 30 Grad anzeigen würde.

Brandt war früh im Büro. Er nahm an seinem Schreibtisch Platz, startete seinen Laptop und ging dann in die Küche, um sich einen Kaffee zu holen.

»Du bist heute aber früh«, hörte er Rech sagen, der kurz nach ihm die Küche betrat.

»War früh wach und sogar schon im Gym. Bei der Hitze schläft sichs nicht so leicht.«

»Damit müssen wir uns abfinden. Die Welt wird wärmer, auch wenn mancher den Klimawandel nicht akzeptieren will.«

»Glaubst du an den von Menschen verursachten Klimawandel?«

»Ohne Ausnahme. Ist doch kein Geheimnis, dass wir verantwortlich dafür sind. Sieh dir bloß an, was wir in den letzten Jahrhunderten alles an Dreck in die Umwelt gepustet haben. Schon heute übersteigt die von Menschen produzierte Masse die der Biomasse. Das muss man sich erst mal vor Augen führen.«

»Und der Konsumhunger ist längst nicht gestillt.« Brandt holte zwei Kaffeebecher aus dem Hängeschrank.

»Leider. Aber das ist nicht das einzige Problem. Wir werden auch immer mehr und älter. Es gibt Schätzungen, dass wir bis ins Jahr 2050 zehn Milliarden Menschen sein werden, und die wollen alle konsumieren. Den Rest kannst du dir denken.« Rech schüttelte den Kopf. »Wenigstens bleibt der FC erstklassig.«

»Ich gönne es euch. War eine schwere Saison, aber Kiel hätte ich es noch mehr gegönnt. Höchste Zeit, dass sie erstklassig werden. Der FC wird es nicht leicht haben diese Saison.«

Brandt reichte Rech einen Becher mit frisch gebrühtem Kaffee.

»Da irrst du dich. Ich traue denen eine gute Saison zu.«

»Darauf würde ich nicht wetten.«

»Du wirst dich noch an meine Worte erinnern.«

»Ich merke sie mir.« Brandt schmunzelte. »Hast du Neuigkeiten?«

»Nicht wirklich. Ich bin um 11 Uhr in der Rechtsmedizin, mal schauen. Der Abgleich der bisher gesicherten Spuren wie Fingerabdrücke und so weiter mit der Datenbank hat nichts ergeben. Wobei vieles dafürspricht, dass wir es hier mit einem Ersttäter zu tun haben.«

»Das denke ich auch. Was ist mit Fasern und Hautpartikeln?«

»Da fehlen noch die Ergebnisse aus dem Labor. Möglich, dass die gefundenen Hautpartikel vom Täter stammen, weil er ihren Kopf berührt hat.«

»Informiere mich …«

»… sobald ich was habe, aber sicher.« Diesmal schmunzelte Rech. »Und wie immer bitte ich um Geduld.«

»Du weißt doch, Geduld war nie meine Stärke.«

»Ich weiß. Wir sehen uns, und danke für den Kaffee.«

Rech verließ die Küche. Brandt lehnte sich kurz gegen die Arbeitsfläche der Küchenzeile und trank einen Schluck, dann verließ auch er die Küche und wäre fast mit Aydin zusammengestoßen. »Verdammt, wo hast du deine Augen?«

»Komm, du bist einfach aus der Küche gerannt. Ich hatte Vorfahrt.«

»Vorfahrt? Auf dem Flur? Träumst du?«

»Ja, Vorfahrt. Und wo ist mein Kaffee?«

»Woher soll ich wissen, dass du früher kommst. Du bist doch sonst derjenige, der auf die Minute pünktlich ist.«

»Diesmal nicht. Aber gut, ich mache mir selber einen.« Aydin bog in die Küche ab, während Brandt weiter Richtung Büro ging, doch dann blieb er stehen, machte kehrt und betrat erneut die Küche.

»Ich wollte dich nicht so angehen.«

»Habe ich nicht so aufgenommen.«

»Gut. Ich war in Gedanken.«

»Habe ich bemerkt.«

Aydin nahm sich einen Becher und füllte ihn mit Kaffee.

»Wir sollten Fischer auch einen machen, dann können wir gleich zu ihm gehen.«

»Gute Idee. Du bist heute echt sehr früh hier.«

»Habe nicht so gut geschlafen, war einfach zu heiß. Aber im Gegensatz zu dir war ich sogar schon im Gym.«

»Das mit der Hitze war bei mir nicht anders, allerdings habe ich eine kleine Tochter, deren liebstes Hobby es bei der Wärme ist, ihren Vater mitten in der Nacht aufzuwecken.«

»Nichts gegen meine Patentochter. Bei mir hat sie Narrenfreiheit, das weißt du.«

»Du kannst sie gerne eine Woche haben.«

Brandt wusste, dass Aydin das nur so dahinsagte. Er war ein Familienmensch durch und durch und seine Tochter Leah bedeutete ihm alles.

»Leah ist immer willkommen.«

Aydin grinste. »Du würdest schon nach einem Tag die Nerven verlieren, die Kleine ist wahnsinnig aktiv und der Jüngste bist du auch nicht mehr mit deinen fünfzig Jahren.«

»Witzig, dich stecke ich allemal in die Tasche.« Brandt spannte seinen Bizeps an, der sich unter dem kurzen Ärmel seines Polohemdes deutlich abzeichnete. »Möchte mal sehen, wie du mit fünfzig aussiehst. Was ist das überhaupt für ein buntes T-Shirt, das du da trägst?«

»Was hast du dagegen? Ich finde es sehr stylisch.«

»Für einen Raver vielleicht oder für jemanden, der auf die CSD-Parade geht, meinetwegen noch für einen Teenager, aber doch nicht für einen Familienvater, der bei der Kriminalpolizei arbeitet.«

»Nur kein Neid, ich lasse mir das Shirt nicht von dir schlecht reden. Es war sauteuer und passt mir. Was kann ich dafür, dass du ständig wie ein Spießer nur in Hemd oder Polo rumläufst.«

»Weil es vielleicht wichtig ist, dass man als Kriminalpolizist seriös rüberkommt.«

»Bis auf dich hat sich noch niemand wegen meines Kleidungsstils beschwert.«

»Doch, Kramer.«

»Kramer? Echt jetzt?«

Brandt konnte nicht mehr an sich halten und fing an zu lachen. Das Argument mit Kramer war sehr schwach, das wusste er. Aber ihm fiel nichts Besseres ein und er neckte Aydin einfach zu gerne.

Die beiden Beamten hätten vom Aussehen her kaum unterschiedlicher sein können. Brandt kleidete sich klassisch zurückhaltend, während Aydin mit Vorliebe Jeans, Shirts oder Kapuzenpullis anzog, als hätte er ein Problem mit dem Älterwerden.

»Immerhin wirst du sicherlich deine Schnürsenkel zubinden, bevor du die Küche verlässt«, setzte Brandt noch einen drauf.

»Witzig, auf diesen uralten Trick falle ich nicht mehr rein, das weißt du.«

»Ich mache keine Witze. Wann habe ich denn das letzte Mal erwähnt, dass deine Schnürsenkel offen sind?«

Aydin überlegte kurz. Zu Beginn ihres Kennenlernens, als

Aydin neu ins Team gekommen war, war es ein Running Gag zwischen ihnen geworden, weil sich bei den Chucks, die Aydin eine Zeit lang ausschließlich getragen hatte, die Schnürsenkel immer wieder lösten.

Möglichst unauffällig wagte Aydin einen Blick auf seine Schuhe. »Danke«, sagte er dann, stellte die Becher ab und band sich den Schnürsenkel neu.

»Siehste. Du kennst ja meine Meinung zu diesen Schuhen. Wie kommt es, dass du wieder welche trägst?«

»Ich hatte einfach Bock auf Chucks, die sind leicht und gerade bei der Hitze auch luftdurchlässig.«

»Na komm, bevor der Kaffee kalt wird. Einiges an dir muss ich nicht verstehen.«

»Und ich nicht an dir.« Aydin zwinkerte ihm zu, nahm die beiden Becher und ging voran.

Vor Fischers Bürotür blieben sie stehen, Brandt klopfte an, dann betraten sie das Büro.

»Moin«, sagte Brandt.

»Hallo.« Fischer stand auf und trat zu ihnen. »Danke für den Kaffee. Wäre sonst gerade selbst losgegangen.«

»Dafür nicht, wir wollten eh zu dir.«

Fischer nahm den Becher entgegen, dabei verharrte sein Blick kurz auf Aydins buntem T-Shirt.

»Möchtest du dem Kollegen sagen, dass das Shirt eher was für Kids ist und nicht für einen Familienvater und Kriminalpolizisten?«

»Ehrlich gesagt, finde ich es saugeil. Nicht so langweilig wie mein schwarzes.«

»Danke. Kollege Brandt hat halt keinen Geschmack.« Das breite Grinsen auf Aydins Gesicht wollte gar nicht mehr verschwinden.

»Ich gehe mal davon aus, dass ihr nicht wegen Emres Shirt hier seid.«

»Da hast du recht. Hast du was für uns?«

»Einiges. Setzt euch doch.«

Brandt war gespannt, denn bisher waren die Hinweise auf den Täter sehr dürftig.

»Dann schieß mal los.«

»Wir können ausschließen, dass Gesa Storm in den sozialen Medien aktiv war. Ich habe den Laptop noch gestern Abend, als ihr ihn vorbeigebracht habt, mit einer Software überprüft. Weder auf dem Laptop noch im Internet konnte ich Inhalte finden, die darauf schließen lassen, dass sie Accounts in den sozialen Medien hatte.«

Brandt und Aydin hatten nach ihrem gestrigen Gespräch mit Lars Zoller Gesas Laptop mit ins Präsidium genommen. Zu Ihrer Überraschung war Fischer noch im Büro gewesen und so hatten sie ihn gleich bei ihm gelassen.

»Das ist sehr untypisch für eine junge Frau«, kommentierte Aydin und nahm einen Schluck Kaffee.

»Es wäre aber möglich, dass sie sich über ihr Handy einen Fakeaccount für Instagram ohne Bilder von sich eingerichtet hat, oder?«, fragte Brandt.

»Ja, das wäre möglich. Sie besitzt ja ein Android-Handy, wie ihr gesagt habt.«

»Genau, das hat ihr Freund erzählt.«

»Bei einem iPhone hätte man über den Mac was machen können, aber Android und ein Laptop von HP, da hast du keine Chance, nach Fakeprofilen zu suchen.«

»Warum sollte Gesa ein Fakeprofil haben?«, überlegte Aydin laut.

»Ich kann mir ehrlich gesagt schwer vorstellen, dass sie eines hatte. Sowohl ihr Vater als auch ihr Freund haben erzählt, dass sie eher der ruhige Typ war, introvertiert. Sie hat sich nicht viel aus der digitalen Welt gemacht.«

»Hast du anhand ihrer Handynummer was Hilfreiches herausfinden können?«

»Da bin ich noch dran. Die Nummer ist nicht erreichbar,

das Handy also vermutlich vernichtet oder der Akku längst leer. Das werden wir nicht mehr orten können. Vielleicht helfen uns die Verbindungsnachweise. Ich habe bereits beim Provider angefragt. Aber ihr wisst ja, die Schnellsten sind die Jungs nicht.«

»Gib uns Bescheid, sobald du sie hast. Wäre interessant zu wissen, mit wem sie zuletzt telefoniert hat«, antwortete Brandt.

»Noch interessanter wäre es, zu erfahren, mit wem sie kurz vor ihrem Tod überhaupt kommuniziert hat«, fügte Aydin hinzu.

»Das wird nicht leicht. Die Anfragen an WhatsApp und Facebook laufen, aber die Amis tun sich noch schwerer damit, Informationen mit der Polizei zu teilen, als Telefonanbieter. Wirklich ärgerlich, dass sie kein iPhone hatte, das hätte die Arbeit ungemein erleichtert.«

»Auf welchen Webseiten war sie denn unterwegs? Gab es in der Hinsicht etwas Verdächtiges?« Langsam beschlich Brandt das Gefühl, dass Fischer doch keine verwertbaren Hinweise hatte.

»Sie war nicht auf Forenseiten unterwegs, wenn du das meinst. Nur auf Shoppingseiten und einigen Unterhaltungsseiten. Sie hat wenig im Internet gesurft. Ich fürchte, das World Wide Web wird uns in diesem Fall keine Hilfe sein. Habt ihr denn schon ein Gefühl, ob der Täter in ihrem Umfeld zu finden ist?«

»Nicht wirklich, bisher hat sich nur der Freund verdächtig gemacht – wenn überhaupt«, antwortete Brandt.

»Warum?«

»Weil sie einen Streit hatten, Gesa sich einige Tage nicht bei ihm gemeldet hat und er sich erst jetzt bei der Polizei gemeldet hat.«

»Er ist jung, und wie ich gesehen habe, war er eine Zeit lang sehr aktiv im Fußball. Immerhin hat er knapp 40.000

Follower bei Instagram. Falscher Stolz?«, überlegte Fischer laut.

»Möglich, das sagt auch mein Bauchgefühl. Er hat sich nicht wie jemand benommen, dem man zutraut, einer jungen Frau den Kopf abzuschneiden.«

»Im Gegensatz zum Kollegen Aydin möchte ich mich bei dem Freund noch nicht festlegen, etwas gefällt mir an ihm nicht.«

»Und das wäre?«

»Was will ein extrovertierter Typ wie Lars Zoller, der fast ein Fußballprofi geworden wäre und noch immer ein Frauenschwarm ist, von einem Mauerblümchen wie Gesa?«

»Vielleicht hat sie ihm genau das gegeben, was die anderen leicht zu habenden Mädels ihm nicht geben konnten: Geborgenheit«, suchte Aydin nach einer Erklärung.

»Hast du was über Mei herausgefunden oder noch etwas Interessantes über Zoller?«, fragte Brandt.

»Nein, nichts Weiteres über Zoller. Aber die Analyse läuft noch.«

»Und Mei Knorr?«, wiederholte Aydin Brandts Frage.

»Ihr habt doch gesagt, sie war nie in der Wohnung von Lars Zoller, wenn ich mich recht erinnere.«

»Genau. Warum?«

»Weil sie lügt. Es gibt auf Instagram ein gemeinsames Foto von ihr und Zoller, das in seiner Wohnung geschossen wurde.«

9

»**Ö**ffentliche Fahndung?« Bender wirkte überrascht, sie sah Brandt ungläubig an. Inzwischen war es später Nachmittag und Brandt und Aydin waren in ihrem Büro, um ihr ein Update über den aktuellen Stand der Ermittlungen zu geben.

»Genau. Es würde Sinn machen. Derzeit haben wir überhaupt keine Ahnung, wo sich Gesa Storm zwischen Dienstag und Freitag aufgehalten hat.«

»Da habe ich meine Zweifel. Die Direktion ist gegen eine öffentliche Fahndung, weil sie nicht wollen, dass die Medien die Identität des Opfers erfahren.«

»Ich halte das für einen großen Fehler. Irgendwer hat sie womöglich gesehen, vielleicht ist sie zu ihrem Mörder ins Auto gestiegen.«

»Vielleicht …« Bender schüttelte den Kopf. »Mit vielleicht kommen wir nicht weiter. Ihr habt gesagt, dass es Streit zwischen Gesa und ihrem Freund gab und dass Mei euch angelogen hat, was die Sache mit der Wohnung und dem Freund angeht. Das sind doch zwei Anhaltspunkte, wo ich ansetzen würde. Bis jetzt deutet nichts darauf hin, dass der Täter nicht im Freundeskreis zu finden ist.«

»Auch nicht, dass es einer aus dem Bekanntenkreis war. Ich halte es für einen großen Fehler. Du weißt selbst, dass wir mit jedem Tag, den wir warten, riskieren, wertvolle Hinweise zu verlieren. Der brutale Mord ist medial gerade in aller Munde, das sollten wir für unsere Fahndung nutzen.« So leicht wollte sich Brandt nicht geschlagen geben. Diese guten Voraussetzungen nicht wahrzunehmen, war geradezu fahrlässig. Dass Bender so allergisch darauf reagierte, konnte er nicht verstehen und noch weniger akzeptieren. Zumal sie in der letzten Besprechung die öffentliche Fahndung selbst als Option ins Spiel gebracht hatte.

»Du sturer E…« Bender konnte sich gerade noch bremsen, das Offensichtliche nicht auszusprechen. »Du weißt genauso gut wie ich, wie viel Arbeit solche öffentlichen Fahndungen machen. Was meinst du, wie viele Trittbrettfahrer sich nach dem Artikel im Express und in der Bild mit angeblich wertvollen Hinweisen bei uns melden werden, und was uns das an Ressourcen kostet. Ressourcen, die wir nicht haben.«

So aufgeregt hatte Brandt die Chefin schon eine Weile nicht erlebt, trotzdem rückte er nicht von seiner Position ab.

»Ich muss Brandt leider zustimmen«, meldete sich nun Aydin zu Wort, aber seine Stimme klang deutlich zaghafter.

»Ihr beiden.« Bender blies die Backen auf und ließ die Luft mit einem leisen Fauchen entweichen. »Die norddeutsche Achse hält zusammen, egal welche Konsequenzen das nach sich ziehen mag.«

»Nein, das stimmt nicht, so gut solltest du uns kennen. Wir möchten einfach jede Option nutzen, um diesen Dreckskerl dranzukriegen. Ja, vielleicht ist der Täter jemand aus dem Bekanntenkreis, vielleicht ist es der Freund. Aber was, wenn nicht? Was, wenn sich Kramer und jeder andere in unserem Team irrt und der Täter doch ein durchgeknallter Psychopath ist, der Gefallen am Töten gefunden hat?« Brandt hatte Mühe, sich zu beruhigen, und dass Aydin so entspannt war, machte ihn noch wütender, denn er hatte das Gefühl, dass sein Kollege sich nicht stark genug für ihre Forderung einsetzte.

Bender verengte die Augen, dann massierte sie ihre Stirn, richtete sich auf und seufzte. »Na gut, morgen kriegt ihr eure öffentliche Fahndung. Ich werde Fischer bitten, sich darum zu kümmern, und wehe, das geht nach hinten los. Diesmal rette ich nicht deinen Arsch.«

Wieso meinen? Aydin ist mit im Boot, wäre es Brandt fast herausgerutscht, stattdessen sagte er: »Ist mir recht.« Nach einer kurzen Pause fügte er hinzu: »Danke.«

»Was sitzt ihr hier noch rum? Müsst ihr nicht einen eiskalten Psychopathen jagen?« Der Sarkasmus in Benders Stimme war nicht zu überhören. Brandt und Aydin standen auf und verließen ihr Büro.

»Was ist der denn über die Leber gelaufen?«

»Möchte nicht wissen, wie viel Druck der Polizeipräsident ihr macht. Nicht jeden Tag haben wir es mit einer Leiche zu tun, von der wir bisher nur den Kopf haben.«

»Trotzdem kein Grund, so scharf zu reagieren. Es spricht alles für eine öffentliche Fahndung.«

»Mag sein, aber sie hat nicht unrecht, es macht verdammt viel Arbeit, und du weißt, dass wir notorisch unterbesetzt sind. Möchte mir gar nicht vorstellen, was passieren würde, wenn wir mal eine Pandemie hätten«, erwiderte Aydin.

»Wie kommst du jetzt darauf? Was für einen Film hast du gesehen?«

»*Contagion*. Krasser Film. Ganz ehrlich, ich hoffe, die Regierung hat Notfallpläne für so eine Pandemie. Stell dir vor, die Leute können nicht raus, es herrschen Chaos und Anarchie und so ein Mistvirus tötet deine Liebsten. Wie sollen wir den Mob aufhalten, wenn wir nicht mal jetzt genug Kollegen haben?«

»Da mach dir mal keine Sorgen, komischerweise gibt es immer reichlich Kollegen, die Strafzettel ausstellen.«

»Jetzt übertreibst du. Es gibt keinen Grund, so bitter zu sein, du hast doch deinen Willen durchgesetzt.«

»Meinen Willen? Ich dachte, das wäre auch in deinem Sinn.«

»Ist es ja.«

»Dafür warst du aber wenig überzeugend.«

»Wieso? Ich habe ihr doch gesagt, dass ich wie du für eine öffentliche Fahndung bin.«

»Du hast ›leider‹ gesagt«, antwortete Brandt und machte Gänsefüßchen in die Luft.

»Habe ich das?«

»Ja.«

»Ist mir vermutlich nur so rausgerutscht.«

»Sicher? Ich hatte eher das Gefühl, dass du Schiss vor Bender hattest.«

»Quatsch.« Aydin bog vom Flur in die Küche ab, da sie auf dem Weg zu ihrem Büro lag. »Willst du einen Kaffee?«

»Nicht ablenken.«

»Ich lenke nicht ab.«

»Doch, tust du.«

»Ach, Streit zwischen den Unzertrennlichen«, hörte Brandt Kramers Stimme hinter seinem Rücken.

Brandt war noch immer geladen, versuchte sich aber nicht weiter hineinzusteigern, damit er Kramer gegenüber nicht ausfallend wurde.

»Wir streiten nicht, wir diskutieren.«

»Ihr diskutiert? Interessant, ich dachte immer, Emre stimmt allem zu, was du sagst.«

»Spinnst du?«, entfuhr es Brandt. »Emre und ich sind ein Team, aber was Teamarbeit bedeutet, weißt du Eigenbrötler natürlich nicht.«

»Da muss ja mächtig was im Argen bei dir sein, dass du so aggressiv bist.«

»Ich bin nicht aggressiv«, brüllte Brandt und fast wäre ihm die Hand ausgerutscht.

»Den Tag möchte ich erleben, an dem ihr beiden euch mal nicht wie kleine Kinder streitet«, bemerkte Rech, der nun ebenfalls die Küche betrat. Es wurde langsam voll in dem kleinen Raum.

»Diesmal bin ich unschuldig. Kramer muss immer einen dummen Spruch loswerden, da darf er sich nicht über das Echo wundern.«

»Jungs, wir alle sind ein Team, wir müssen zusammenhalten.«

»An mir liegt es nicht.«

»Hier, dein Kaffee«, sagte Aydin, reichte Brandt den Becher und drängte ihn aus der Küche. »Wir hören uns«, sagte er an die beiden anderen gerichtet und schob Brandt weiter.

»So geladen habe ich Lasse schon lange nicht mehr erlebt«, hörte Brandt Rech sagen und Kramer antwortete: »Ich bin diesmal wirklich unschuldig.«

Dass Aydin ihn weggedrängt hatte, war die richtige Lösung gewesen, wer weiß, was sonst passiert wäre. Brandt konnte sich seine Reaktion auch nicht erklären, immerhin hatte er Bender dazu bekommen, morgen eine öffentliche Fahndung einzuleiten. Somit hatte er seinen Willen durchgesetzt, dennoch war da eine Unzufriedenheit, die er sich gerade nicht erklären konnte. Manchmal war man eben sauer, ohne zu wissen warum.

»Danke«, sagte er daher, als sie im Büro waren.

»Wofür?«

»Dass du mich vor einer Dummheit bewahrt hast.«

»Alles gut. Einer von uns muss ja besonnen bleiben.« Aydin schmunzelte.

Brandt rechnete ihm das hoch an. So schnell er in Rage geraten konnte, so schnell beruhigte er sich meist wieder, gerade wenn es um Aydin ging oder dieser involviert war.

Er gönnte sich einen kräftigen Schluck aus dem Kaffeebecher.

»Lass uns die Punkte des Falles noch mal durchgehen, dann entscheiden wir, wen wir als Nächstes aufsuchen.«

»Gute Idee.«

Beide traten an die Wand, wo bereits Fotos und Zettel mit

Hinweisen einschließlich Querverweisen hingen. Wirklich viel war noch nicht zusammengekommen, was auch daran lag, dass sie erst am Beginn ihrer Ermittlungen standen.

»Mei hat behauptet, dass sie Gesa am Sonntag das letzte Mal gesehen hat. Der Freund hat sie am Dienstag gesehen. Bleibt die Frage: Was ist am Dienstag passiert? Wo war Gesa Storm am Dienstag?«

»Und mit wem hat sie sich getroffen?«, beendete Aydin Brandts Gedanken.

»Genau.«

»Irgendjemand muss sie doch gesehen haben.«

»Vielleicht sollten wir uns Mei noch mal vorknöpfen. Sie hat uns angelogen und es ist sehr wahrscheinlich, dass Gesa ihre Freundin angerufen und ihr von dem Streit erzählt hat.« Brandt konnte Mei nicht einschätzen, etwas gefiel ihm an ihr nicht.

»Aber sie hat doch erzählt, dass sie sich am Sonntag gesehen haben.«

»Mag sein, trotzdem hat sie wegen Zoller gelogen. Da sollten wir nachbohren.«

»Was starrst du dann noch an die Wand? Lass uns losgehen.« Aydins Mundwinkel hoben sich.

Brandt atmete durch. Seine Wut war verflogen und jetzt bereute er, dass er sich so aufgeregt hatte, denn das brachte am Ende nichts. Er musste sich auf den Fall konzentrieren.

»Mit der Mutter müssen wir auch noch reden«, fügte er hinzu.

10

»**W**ie krank ist das bitte?« Michelle schlug sich die Hand vor den Mund. »Mit einer Säge?«

»Davon geht die Polizei aus.«

»Da muss man schon Kraft haben, oder? So einen Halswirbel durchzusägen, ist bestimmt eine eklige Angelegenheit. Vermutlich wird er zwischen den Halswirbeln gesägt haben.«

»Ich kann dazu gar nichts sagen, allein die Vorstellung …«, antwortete Lars Zoller. Er fragte sich, warum er überhaupt mit Michelle darüber sprach. Wahrscheinlich, weil er den Druck in seinem Kopf nicht mehr ertrug. Er war gestresst und angespannt, hatte extrem schlecht geschlafen.

»Weiß man schon, wer es war?«

»Nein, die Polizei hat keine Ahnung, so ist jedenfalls mein Eindruck.«

Michelle schaute Zoller skeptisch an, dann sagte sie mit gesenkter Stimme: »Du solltest dir vielleicht einen Anwalt suchen.«

»Einen Anwalt?«

»Natürlich, du Depp. Was glaubst du, wen sie verdächtigen werden?«

»Woher soll ich das wissen?«

»Und du wunderst dich, warum ich mich von dir getrennt habe.«

»Ich bin nicht doof«, reagierte Zoller gereizt. Michelle, die mit ihren einundzwanzig Jahren zwar sechs Jahre jünger war, hatte ihm in ihrer Beziehung immer wieder zu verstehen gegeben, dass sie ihm intellektuell deutlich überlegen war. Das hatte ihn extrem genervt.

»Beruhig dich, die Leute gucken schon.«

»Na, ihr beiden Hübschen, möchtet ihr noch was bestellen?« Raúl Salvatore, der Kellner im Café Rico, trat an ihren Tisch.

»Ich nehme ein stilles Wasser«, antwortete Zoller.

»Und ich einen Aperol Spritz.«

»Gute Wahl, Schätzchen.« Raúl nickte und entfernte sich.

»Warum müssen die schönsten Männer immer schwul sein?«, sagte Michelle mit verklärtem Blick.

»Den nennst du einen Mann? Was ist an dem denn männlich?«

»Sei nicht so gemein.«

»Bin ich gar nicht, aber der ist doch nur tuckig.«

»Egal. Dieser Körper, diese weißen Zähne …«

»Entspann dich.« Zoller konnte Michelles Schwärmerei nicht nachvollziehen. Er war ab und an zu Gast im Café Rico und kannte Raúl, daher wusste er, dass viele Frauen ihn anhimmelten, vermutlich gerade weil er schwul war. Dass Frauen ihn ernsthaft als Freund haben wollten, konnte er nicht nachvollziehen. Für ihn war Raúl kein richtiger Mann.

»Du bist doch nur neidisch.«

»Neidisch? Auf den?« Zoller schüttelte den Kopf. »Erklär mir lieber, warum ich mir einen Anwalt nehmen soll? Ich habe nichts mit Gesas Verschwinden zu tun.«

»Das ist doch der Polizei herzlich egal. Sie werden den Bekanntenkreis verdächtigen.«

»Ich bin unschuldig.«

»Das weiß die Polizei aber nicht.«

»Mache ich mich denn nicht verdächtig, wenn ich einen Anwalt habe?«

»Quatsch. Du schützt nur deine Rechte.«

»Ich weiß nicht.« Zoller hielt nichts von dem Vorschlag.

»Deine Entscheidung, jammer aber später nicht, dass ich dich nicht gewarnt hätte.«

»Ich muss nicht jammern, weil ich nichts zu verbergen habe. Ich bin unschuldig«, wiederholte er.

»Ist mir klar, aber noch mal für dich zum Mitschreiben: Das weiß die Polizei nicht.«

»Mir egal. Warum hätte ich sie töten sollen? Ich habe Gesa geliebt.«

»Das hat sich letztens ganz anders angehört.«

11

Mei Knorr war zu Hause nicht anzutreffen, daher schlug Aydin vor, sie anzurufen, aber Brandt war kein Freund von Vorabtelefonaten. Er wollte nicht, dass sich die Person auf ein Gespräch mit ihm vorbereiten konnte.

»Willst du jetzt echt hier warten? Manchmal muss man eben anrufen«, widersprach Aydin. Er sah das Ganze lockerer.

»Will ich nicht. Aber wir haben jede Menge anderer Optionen. Wir könnten Zoller besuchen und ihn nach Mei ausfragen, ebenso könnten wir Gesas Eltern aufsuchen oder mit dem Nachbarn Pawlowski sprechen. Er war sehr redselig, eventuell hat er noch einige andere Infos für uns, die von Nutzen sein könnten.«

»Lass mich mal ihr Instagramprofil checken. Vielleicht hat sie eine Story gepostet.« Fischer hatte Meis Profil bereits gefunden und an sie weitergeleitet. Aydin fischte sein Handy aus der Hosentasche und öffnete die Instagramapp.

»Und?«

»Was wärst du alter Techniklaie nur ohne mich.« Aydin strahlte übers ganze Gesicht.

»Was hat sie gepostet?« Auf den frechen Kommentar ging Brandt nicht ein.

»Sie ist am Aachener Weiher.«

Das passte zu dem guten Wetter. Der Aachener Weiher mit seinem Biergarten im Herzen Kölns war ein beliebter Szenetreff in Köln. Er lag auf der linken Rheinseite, was für Urkölner kein unbedeutendes Detail war – es war der »richtige« Teil Kölns. Brandt als zugereister Hamburger hatte diese Unterscheidung nie verstanden.

»Fahren wir hin?«, fragte Aydin.

»Das sollten wir tun. Die Mutter und der Nachbar laufen uns nicht weg. So wie ich Zoller einschätze, wird er bei diesem Wetter auch nicht zu Hause sein.«

»Ich kann mir sein Instagramprofil anschauen.«

»Mach mal bitte.« Fischer hatte ihnen seinen Profilnamen weitergeleitet.

Sie gingen zu Brandts Dienstwagen zurück und stiegen ein.

»Der ist im Café Rico«, sagte Aydin, als Brandt bereits Richtung Kölner Innenstadt fuhr.

»Mit wem?«

»Mit einer hübschen jungen Frau namens Michelle Vogler, so jedenfalls der Name auf ihrem Instagramprofil. Sie hat die Story gepostet, er hat nur verlinkt.«

»Verhält sich so jemand, der gerade seine Freundin auf brutale Weise verloren hat?« Brandt fand das mehr als befremdlich.

»In meinen Augen nicht, aber Pawlowski hat doch erzählt, dass Zoller ein Frauenheld ist. Vielleicht ist sie ja nur eine Freundin und Ablenkung ist in so einer Situation sicherlich nicht verkehrt. Er ist jung.«

»Du Menschenversteher. Was würdest du tun, wenn …« Brandt sprach den Gedanken nicht aus, so etwas wollte er sich lieber gar nicht erst vorstellen. Er verstand sich gut mit Aydins Frau Nina und es wäre auch für ihn ein sehr großer Verlust, wenn ihr etwas zustoßen würde. Er selbst würde sich in der Situation jedenfalls nicht wie Zoller verhalten.

»Wir sind beide anders, aber jeder verarbeitet die Trauer auf seine Weise. Im Gegensatz zu dir sehe ich nicht nur das Schlechte im Menschen.«

»Das tue ich ebenso wenig, da schätzt du mich falsch ein. Es ist nur mein Job, der mich eines Besseren belehrt. Eine Erfahrung, die dir noch fehlt.«

Aydin entgegnete nichts, er schaute aus dem Beifahrerfenster und Brandt beließ es dabei. Trotzdem würde er Zoller darauf ansprechen und er war auf seine Antwort gespannt.

Vielleicht war es nur ein dummer Zufall und Pech für Gesa gewesen, dass sie sich mit ihrem Freund gestritten hatte und kurz darauf ermordet worden war. Vielleicht aber auch nicht, vielleicht war der Streit sogar der Grund für ihren Tod.

»Was hältst du davon, wenn wir uns nach dem Gespräch mit Mei auf der Terrasse im Café Rico einen Eiskaffee genehmigen?«

»Warum nicht. Bei der Hitze kann eine Abkühlung nicht schaden.«

Aydin schaute ihn verblüfft an.

»Was siehst du mich so an?«

»Na ja, ich hatte mit einer anderen Antwort gerechnet.«

»Siehst du, ich bin immer für eine Überraschung gut.«

»Das stimmt.« Aydin lächelte und fügte deutlich leiser hinzu: »Hoffentlich haben sie noch einen Erdbeerkuchen.«

Diesmal war es Brandt, der nicht nur lächelte, sondern laut loslachte. Aydin war einfach eine Naschkatze und konnte nicht aus seiner Haut.

Während sie über den Fall redeten und verschiedene Gedankenspiele besprachen, erreichten sie den Park und machten sich auf die Suche nach Mei Knorr.

»Hat sie noch mal was gepostet?«

Aydin schaute auf sein Handy. »Nein, nichts seit dem letzten Post.«

»Hoffentlich ist sie nicht weitergezogen.« Der Park war überfüllt, was bei der Hitze nicht verwunderte. Leider erschwerte es die Suche ungemein. Brandt und Aydin wurden von manchen misstrauisch beäugt, weil sie mit langer Hose durch den Park gingen, während die meisten Bikini oder Badehose trugen.

»Ich glaube, dahinten ist sie«, sagte Aydin und zeigte mit dem Finger auf Nordwest.

»Du hast recht.«

Sie legten einen Schritt zu.

Mei Knorr war mit einer Gruppe von acht Personen am Weiher, drei Frauen und fünf Männer.

»Hallo, Frau Knorr«, machte sich Aydin bemerkbar, als sie bei der Truppe angekommen waren.

»Was wollen Sie denn hier? Es ist Samstag.«

»Wir haben nur ein paar Fragen«, antwortete Aydin.

Brandt hielt sich zurück, er hoffte, dass Aydin als der Jüngere und Empathischere von ihnen beiden einen besseren Draht zu Mei hatte.

»Na und? Es ist Wochenende. Kommen Sie doch am Montag zu mir, aber nerven Sie mich heute nicht. So langsam ist es genug.«

»Genug?« Aydin wirkte überrascht, mit so einer Reaktion hatte er wohl nicht gerechnet.

»Sag mal, was verstehst du daran nicht? Mei hat keinen Bock auf dich«, machte sich nun einer ihrer Freunde bemerkbar. Er war größer als Aydin und Brandt, und da er nur mit einer Badehose bekleidet war, war sein muskulöser Körper nicht zu übersehen.

»Entspannen Sie sich. Wir haben nur ein paar Fragen.«

»Sieh zu, dass du Land gewinnst, du Penner. Sie hat keinen Bock auf dich«, wurde nun der andere Freund neben dem Bodybuilder, der nicht weniger Muskeln hatte, laut.

»Kommt mal runter, Jungs«, schritt jetzt Brandt ein, er fürchtete, dass die Situation eskalieren würde.

Doch kaum hatte er das ausgesprochen, holte der Zweite, der eben gesprochen hatte, aus. Brandt reagierte gekonnt, er bückte sich, der Hieb ging ins Leere und Brandt verpasste dem Angreifer einen Faustschlag in die Seite.

Der Mann keuchte, schnappte nach Luft und ging zu

Boden. Der andere Mann ließ sich nicht lange bitten und wollte auf Aydin einschlagen, doch auch der war schneller. Mit einem rechten Fußkick traf er den Kopf des Mannes, der vor Schmerz aufschrie.

»Verdammt, wir sind von der Polizei«, brüllte Brandt und zückte seinen Dienstausweis, weil sich plötzlich ein Kreis um sie gebildet hatte und er die Situation nicht einschätzen konnte.

»Scheißbulle«, sagte einer der jungen Männer, die sie eingekreist hatten.

»Der Kreis löst sich sofort auf, sonst gibt es für jeden von euch eine Anzeige«, wurde Brandt deutlich.

»Frau Knorr, Sie tun sich mit dieser Aktion keinen Gefallen. Was glauben Sie, welchen Eindruck das bei uns hinterlässt? Wir wollen uns nur mit Ihnen unterhalten«, sprach Aydin Mei direkt an.

Die wirkte amüsiert, als würde sie es genießen, dass die Jungs ihr zur Seite standen, und die jungen Männer, vor allem die zwei Anabolhünen, schienen ebenfalls ihre Freude an der Aktion zu haben.

Brandt nahm an, dass sie öfter in Schlägereien verwickelt waren.

»Ich sagte, der Kreis löst sich sofort auf«, wiederholte Brandt, doch seine Worte stießen auf wenig Zustimmung. Nur zwei Männer wollten aus dem Kreis austreten, aber als der eine Anabolhüne ihnen einen bösen Blick zuwarf, blieben sie in der Formation.

Das Ganze wirkte auf Brandt wie ein schlechter Scherz. Diese Männer hatten keinerlei Respekt vor der Polizei. Vor dreißig Jahren, als Brandt noch ein junger Straßenpolizist war, wäre so etwas undenkbar gewesen. Eine schreckliche und beängstigende Entwicklung.

»Was halten Sie davon, wenn Sie und Ihr Hund sich einfach verpissen«, brüllte der andere muskelbepackte Mann sie an.

»Vielleicht sollten wir das in Erwägung ziehen, wir wissen doch, wo Mei wohnt«, flüsterte Aydin.

»Ganz bestimmt nicht. Wir halten die Stellung. Sicherlich werden gleich einige Kollegen von der Streife aufschlagen, dann werden die Karten neu gemischt«, wisperte Brandt zurück.

»Und wenn nicht?«

»Schau dich um, eine riesige Traube, alles Gaffer. Meinst du, die Kollegen, die hier Streife fahren, und die, die hier nach dem Rechten sehen, werden das nicht bemerken?«

»Ich weiß nicht, was verlieren wir denn …«

»Unseren Ruf. Wir sind Polizisten. Wir weichen garantiert nicht vor dem Pöbel zurück.«

Aydin presste die Lippen zusammen. »Sorry, du hast recht. Dummer Gedanke.«

»Alles gut. Gleich kannst du beweisen, wie fit du bist.« Brandt nahm an, dass es zu einer Schlägerei kommen würde. Seine Dienstwaffe wollte er nicht zur Abschreckung nutzen.

»Ein letztes Mal, lösen Sie den Kreis auf, ansonsten kriegt jeder von Ihnen eine Anzeige. Die Kollegen werden gleich eintreffen. Noch kann jeder von euch einfach gehen. Es wird keine Anzeige oder Ermahnung geben. Seid nicht dumm. Ein Angriff auf einen Polizeibeamten wird mit zwei Jahren Gefängnis bestraft.«

Das Wort »Gefängnis« schien etwas zu bewirken. Brandt sah, dass einige der jungen Männer unsicher wurden. Sie schauten sich an. Dann brach die Front, drei von ihnen lösten den Kreis.

»Kommt zurück«, sagte der Hüne.

»Bist du bescheuert? Ich gehe für Mei sicherlich nicht in den Knast. Das hier ist echt idiotisch. Für was?«

Der Hüne schnaubte wie ein wilder Stier, aber die Antwort des jungen Mannes, der rein äußerlich wie jemand wirkte, der doch etwas mehr Grips hatte als der Hüne, schien auch bei den anderen Eindruck zu hinterlassen. Immer mehr entfernten sich, sodass nur noch die beiden Hünen übrigblieben.

»Dejan, sieht so aus, als müssten wir es machen.«

»Auf mich kannst du dich verlassen, Bruder. Scheißbullen.«

»Macht keine Dummheiten«, mahnte Brandt. Immerhin ging er davon aus, dass Aydin und er in einem fairen Zweikampf eine Chance hätten, da die Hünen sicherlich über wenig Kondition verfügten. Jemand, der sich seine Muskelberge mit Anabolika aufbaute, war in der Regel schneller schlapp als jemand, der sie durch jahrelangen Sport erreicht hatte.

»Hakan, du nimmst den Kanaken.«

»Sicher? Der Hübsche wäre eine größere Herausforderung. Der Kanake macht sich ja vor Angst in die Hose.«

»Bleib hinter mir«, murmelte Brandt. Er hatte Sorge um Aydin und traute sich zu, es mit beiden aufzunehmen.

»Nein, unterschätz mich nicht. Ich bin kein Feigling.«

»Ich weiß, ich hatte dich als Backup gedacht.« Brandt warf einen Blick auf Mei, die anscheinend noch immer darauf zählte, dass die beiden Hünen ihr Problem für sie lösen würden. »Frau Knorr, pfeifen Sie Ihre Freunde zurück, das wird am Ende für niemanden hier gut ausgehen.«

»Pfeifen? Das sind doch keine Hunde«, goss Mei Öl ins Feuer.

»Du bist der Hund«, brüllte Dejan und ging auf Brandt zu. Aus dem Augenwinkel sah er, dass Hakan auf Aydin zusteuerte.

Brandt wich nicht zur Seite, er registrierte, wie Dejan mit dem Fuß ausholte, seine große Masse war jedoch dermaßen träge, dass Brandt ausweichen und seinerseits Dejan gegen den Rücken treten konnte. Der Hüne schrie auf, stolperte und stürzte zu Boden. Brandt zögerte keine Sekunde, er sprang mit angezogenem Bein auf Dejans Rücken, ein weiterer Schrei entfuhr dem Unterlegenen. Blitzschnell setzte sich Brandt auf ihn und verpasste ihm einen präzisen Schlag gegen den Hals, ein Wirkungstreffer. Dejan war benommen. Brandt drehte ihm die Hände hinter den Rücken und legte ihm Handschellen an, dann stand er auf und schaute, was Aydin gerade machte. Überrascht nahm er zur Kenntnis, dass Aydin Hakan ebenfalls Handschellen angelegt hatte.

»Das hast du mir nicht zugetraut, oder?« Aydin wirkte deutlich mehr aus der Puste als er. Er hatte ein blaues Auge.

Brandt schmunzelte, weil er tatsächlich befürchtet hatte, dass er seinem Kollegen würde zu Hilfe kommen müssen.

Sein Blick wanderte zu Mei Knorr, die ihn reglos anstarrte. Als sie realisierte, dass ihre Jungs sie nicht mehr verteidigen würden, lief sie weg.

»Du bleibst bei den Holzköpfen, ich schnappe mir Mei!«, rief er.

Aydin nickte nur und Brandt nahm die Verfolgungsjagd auf.

12

Das war ein Fehler, dachte Zoller. Er musste an Michelles Worte denken, die noch immer in ihm nachhalten: *Du solltest dir vielleicht einen Anwalt suchen.*

»Ob sie recht hat?« Zoller war unschlüssig. Es war schon naheliegend, dass die Polizei ihn verdächtigen würde. Er war Gesas Freund und er hatte zugegeben, dass er Streit mit ihr gehabt hatte, somit hatte er ein Motiv.

Mist, wieso hast du das überhaupt gesagt? Gesa ist tot, wie hätten die Bullen je herausbekommen sollen, dass du Streit mit Gesa hattest?

Sein Atem ging schneller und ihm war, als würde ihm jemand den Hals zudrücken. Nicht nur das, auch in seinem Oberkörper spürte er heftige Beklemmungen, als wäre er in einer Presse gefangen. Er atmete schwer und schnappte immer wieder nach Luft.

Entspann dich. Denk an deine Übungen.

Zoller kannte dieses Gefühl, es überkam ihn ab und zu. Das erste Mal, als er diese Panikattacken und Angstzustände bekommen hatte, war er vierzehn gewesen und allein in einem Internat des 1. FC Köln. Der Druck, abliefern zu müssen, war riesig, sodass plötzlich sein Körper und schließlich seine Psyche kollabierten. Seitdem hatte er solche Anfälle immer wieder erlitten, jedoch sehr unregelmäßig. Er kam mit Druck nicht klar, wobei sich das seit einigen Jahren deutlich gebessert hatte.

Dass der Anfall gerade so schwer war, erschreckte ihn.

»Raus hier«, sagte er zu sich und versuchte, gleichmäßig zu atmen. Es brachte nichts. Jetzt war ihm, als würde die eine Wand auf ihn zusteuern, sein Wohnzimmer immer kleiner werden. Er rannte in den Flur, schlüpfte in seine Turnschuhe, nahm den Wohnungsschlüssel und lief aus der Wohnung.

Draußen atmete er einige Male ein und aus, nach der Atemtechnik, die er vor ein paar Jahren von seinem Psychologen gelernt hatte. Es funktionierte, langsam beruhigte er sich wieder.

»Hallo, Lars«, hörte er jemanden hinter seinem Rücken sagen.

»Hallo.« Es war Pawlowski, der gerade aus dem Wohngebäude kam und sich zu ihm gesellte.

»Das mit Gesa tut mir unglaublich leid. Ich hatte ja bisher keine Gelegenheit, dir mein Beileid auszudrücken.«

»Danke. Das bedeutet mir viel«, log Zoller. »Ich kann es immer noch nicht glauben.« Es nervte ihn, wenn Pawlowski seine Nase in Dinge steckte, die ihn nichts angingen. Bislang hatte Zoller immer geglaubt, dass Frauen tratschten und neugierig waren, Pawlowski stand ihnen in der Hinsicht allerdings in nichts nach.

Sei nicht so fies, du nimmst seine Hilfe regelmäßig in Anspruch, ermahnte er sich sogleich.

»Das glaube ich dir. Ihr wart so ein tolles Paar. Wenn du mal jemanden zum Reden brauchst, darfst du gerne jederzeit bei mir klingeln. Für dich nehme ich mir gerne Zeit.«

»Das ist sehr nett von dir.«

»Wohin gehst du?«

»Zu Freunden.« Das Letzte, was er jetzt gebrauchen konnte, war, dass dieser neugierige Mann ihn zum Kaffee einlud. Er verabschiedete sich von dem Nachbarn und ging nach rechts, ziellos. Hauptsache weg und die bösen Gedanken verdrängen.

»Es war ein Fehler, der Polizei von dem Streit zu erzählen«, murmelte er. »Michelle hat recht, wieder einmal. Ich denke zu wenig nach.«

Unwillkürlich biss er sich auf die Unterlippe, weil er

wusste, dass es nicht die einzige Dummheit war, die er begangen hatte.

Ich hätte vorhin auch nicht mit Michelle schlafen dürfen. Eine weitere Dummheit, die er sich gerade nicht erklären konnte und die sicherlich nicht half, dass er für die Polizei als Verdächtiger ausschied. Nach dem Besuch im Café Rico hatte er Michelle nach Hause gefahren, war kurz zu ihr hoch und dann war es einfach passiert. Warum auch immer.

Die Polizei durfte das jedenfalls niemals erfahren.

»Ich muss mit Michelle reden.«

13

Brandt und Aydin betraten den Verhörraum, wo Mei Knorr bereits auf sie wartete.

»Ich dachte schon, Sie lassen mich hier allein«, bemerkte sie misslaunig.

»Frau Knorr, ich hoffe, Sie hatten Zeit, sich zu beruhigen«, antwortete Brandt kühl. Es hatte ihn wenig Mühe gekostet, sie am Aachener Weiher einzufangen und sie mit aufs Präsidium zu nehmen, um das Gespräch hier zu führen.

»Das ist doch Freiheitsberaubung, nichts anderes ist das!«, schimpfte die junge Frau, sie schien noch immer uneinsichtig.

»Möchten Sie einen Kaffee?«, fragte Aydin, er hielt zwei Becher in der Hand.

»Ist der für mich?«

»Wenn Sie mögen.«

»Schwarz?«

»Schwarz.«

»Gut, den nehme ich. Zucker mag ich nicht, verfälscht nur den Geschmack. Oder ist der so schlecht, dass man den Geschmack mit Zucker übertünchen muss?«

»Für einen Polizeikaffee ist er gar nicht so übel.« Aydin schmunzelte und Brandt wollte seinen Augen nicht trauen: Meis Mundwinkel zuckten für einen Moment nach oben, bevor sie in die missgelaunte Position zurückkehrten.

Aydin reichte ihr den Becher und die beiden Beamten nahmen Platz.

»Was wird aus meinen Freunden?«

»Um die wird sich der Staatsanwalt kümmern«, antwortete Brandt.

»Muss das sein?«

»Ja, das muss sein. Die beiden haben Polizeibeamte angegriffen, das ist kein Kavaliersdelikt.«

»Schade, dass nicht Sie das blaue Auge haben«, giftete Mei.

Brandt sah Aydin an, dass er gegen ein Schmunzeln ankämpfte.

Mei nahm einen Schluck aus ihrem Kaffeebecher. »Sie haben recht, so schlecht ist er nicht.« Dann schaute sie zu Brandt auf. »Es wäre echt nett, wenn Sie beim Staatsanwalt ein freundliches Wort für meine Freunde einlegen könnten. Die wussten nicht, was sie tun. Und ich verspreche Ihnen, dass ich Ihnen alle Fragen beantworte.«

Ist der Schluck Kaffee für dieses Umdenken verantwortlich oder begreift sie endlich, dass sie mit ihrer störrischen Art nur alles schlimmer macht?, dachte Brandt sarkastisch. Auf ihren Vorschlag würde er jedenfalls nicht eingehen.

»Warum haben Sie so reagiert?«

»Wie?«

»Sie wissen, was ich meine. Wir wollten uns lediglich mit Ihnen unterhalten und Sie haben reagiert, als fürchteten Sie, dass wir Sie verhaften wollen. Das war total unverhältnismäßig.«

»Ich war angepisst.«

»Angepisst?«

»Ja, angepisst. Ich war sauer, dass Sie mich sprechen wollten, als ich mir etwas Ruhe gönnen wollte, um nicht immer an Gesa denken zu müssen.«

»Und deswegen haben Sie Ihre Freunde auf uns gehetzt?« Brandt glaubte ihr kein Wort.

»Ich habe sie nicht auf Sie gehetzt. Meine Freunde haben einfach einen übertrieben starken Beschützerinstinkt.«

Es ärgerte Brandt, dass sie die Wahrheit so verdrehte, wie es ihr gerade in den Kram passte. Ob er Anzeige gegen sie erstatten würde, wusste er noch nicht, schließlich brauchte er sie noch und eine Anzeige barg daher ein gewisses Risiko. Zumal sie vermutlich ohnehin wenig Erfolg gehabt hätte, da sie nur Sprüche geklopft hatte, jedoch nicht selbst handgreiflich geworden war.

»Wie Sie meinen. Aber es fällt mir schwer, zu glauben, dass Sie nur sauer waren, weil wir Sie sprechen wollten. Was war der wahre Grund?«

Mei zögerte und verriet damit unbewusst, dass Brandt richtig lag. Sie nahm einen weiteren Schluck Kaffee. »Ich war auf Lars sauer«, gestand sie dann ein.

»Lars Zoller?«, fragte Aydin.

Sie nickte. »Der Idiot.«

»Warum?«

»Weil der sich mit seiner Ex vergnügt. Wie kann man so herzlos sein?«

»Sind Sie sicher?«, fragte Brandt.

»Ja, die blöde Trulla hat das auch noch in ihrer Story gepostet.«

»Was genau hat sie denn gepostet?«, tat Brandt unwissend.

»Na, die waren im Café Rico. Haben sich vergnügt, als würde es Gesa nicht geben, und wie ich Lars kenne, ist es nicht beim Flirten geblieben.«

»Wollen Sie damit andeuten, dass er und seine Ex Sex hatten?«

»Ganz sicher. Die Fotze …«, sie unterbrach sich, als sie ihren Ausrutscher bemerkte. »Wonach sieht diese Story denn sonst aus?« Sie fischte ihr Handy aus ihrer Handtasche, öffnete Instagram und zeigte den beiden Beamten die Insta-Story.

Man sah Michelle Vogler am Fenster, als Text stand darunter:

Manchmal muss man das Gute verlieren, um zu wissen, wie wertvoll es ist.

Ob das eine Anspielung auf Zoller war, konnte Brandt nicht einschätzen, dafür wusste er zu wenig über Michelle und ihn.

»Und wie kommen Sie darauf, dass Zoller Sex mit seiner Ex hatte?«, kam Aydin Brandt mit seiner Frage zuvor.

»Das ist doch offensichtlich. Sie hat Lars damals abgeschossen, aber ich glaube, sie hat es immer bereut. Jetzt, wo Gesa tot ist, hat sie freie Bahn.«

Haben wir mit Michelle plötzlich eine weitere verdächtige Person?, schoss es Brandt durch den Kopf.

Er musste mit ihr reden. Möglicherweise war die Spur eine Sackgasse und mit Mei ging die Fantasie durch, möglicherweise aber auch nicht. Eifersucht war schon immer ein starkes Motiv für Mord. Aber würde man der Nebenbuhlerin gleich den Kopf abschneiden?

Darauf hatte Brandt keine Antwort.

»Standen Sie denn auch auf Lars Zoller?«, provozierte er nun bewusst, denn Meis Verhalten war für ihn ein starkes Indiz dafür, dass sie Gefühle für Lars hatte. Im Gegensatz dazu hatte sie den Tod ihrer Kindergartenfreundin am vergangenen Tag recht verhalten hingenommen. Ob sie als Täterin infrage kam, wollte Brandt noch nicht abschließend beurteilen, in diesem Gespräch verhielt sie sich allerdings eher wie jemand, der eifersüchtig auf diese Michelle war.

»Spinnen Sie? Ich soll auf so einen Möchtegernmacho stehen? Ganz sicher nicht.«

»Und warum haben Sie uns dann angelogen?«

»Angelogen? Womit denn?«

»Sie haben behauptet, dass Sie nie in der Wohnung von Lars Zoller und Gesa gewesen seien«, antwortete Aydin und nahm den letzten Schluck aus seinem Kaffeebecher.

»War ich auch nicht.«

»Wir haben aber Fotos, die beweisen, dass Sie in der Wohnung von Zoller waren.«

»Na und? Das war lange vor Gesa. Seit sie dort wohnt, war ich nicht mehr in der Wohnung, nur danach haben Sie mich gefragt.«

»Sie drehen sich die Wahrheit so, wie es Ihnen in den Kram passt«, konterte Brandt, er wurde aus Mei einfach nicht schlau. Aber so leicht würde er nicht lockerlassen. Sie würde lernen müssen, dass es besser war, die Wahrheit zu sagen. Gerade ihnen gegenüber.

»Immer unterstellen Sie mir etwas. Was für ein Problem haben Sie mit mir?«, wetterte Mei zurück.

Unwillkürlich musste Brandt an den dummen Spruch denken: Je kleiner der Mensch, desto giftiger reagiert er. Zu Mei passte das in diesem Moment, auch wenn er grundsätzlich nicht viel von solchen Sprüchen hielt.

»Wir unterstellen Ihnen gar nichts. Wir ermitteln in einem barbarischen Mordfall. Augenscheinlich ist Ihnen noch immer nicht bewusst, dass ein Mörder Ihrer Freundin den Kopf abgeschnitten hat. Lässt Sie das so kalt?«

»Nein tut es nicht.« Meis Gesichtsausdruck veränderte sich und mit einem Mal fing sie an zu weinen. Es wirkte seltsam. Ob das alles nur Show war, konnte Brandt nicht einschätzen, nur Aydin tat das, was er in so einer Situation immer tat: Er nahm ein Taschentuch und reichte es Mei.

»Danke«, schluchzte sie. »Wie können Sie glauben, ich wäre so herzlos?« Sie zog die Nase hoch. »Es tut mir unglaublich leid um Gesa. Sie hatte ein gutes Herz. Aber ich weiß nicht, was Sie von mir wollen? Glauben Sie allen Ernstes, dass ich meine Freundin töten würde? Und nicht nur töten, sondern ihr auch noch den Kopf abschneiden?« Sie starrte Brandt an und tupfte sich die letzten Tränen aus den Augenwinkeln.

Brandt gab ihr Zeit, sich zu beruhigen.

»Frau Knorr, wir ermitteln und halten uns an Hinweise und Fakten. Sie sind eine wichtige Zeugin in diesem Fall, daher ist es von entscheidender Bedeutung, dass wir alles erfahren, was Sie über Gesa und ihr Umfeld wissen. Auch wenn es für Sie nicht schlüssig klingen mag, kann uns jeder noch so kleine Hinweis helfen, dem Mörder einen Schritt näher zu kommen. Leider sagt die Statistik, dass die meisten Täter dem Bekanntenumfeld entstammen«, erklärte Aydin mit ruhiger Stimme.

Brandt wäre auf Meis Einwurf gar nicht erst eingegangen. Wofür auch?

»Haben Sie noch ein Taschentuch?«

Aydin fischte noch eines aus der Packung und reichte es ihr. Sie putzte sich die Nase.

»Ihr Kollege könnte sich eine Scheibe von Ihnen abschneiden.« Mei sah zu Brandt und ihre Augen funkelten auf.

Aydin wartete kurz, bis er seine nächste Frage stellte. »Sie haben uns erzählt, dass Sie das letzte Mal am Sonntag Kontakt mit Gesa hatten.«

»Genau.«

»Sie waren zusammen am Rhein, wenn ich mich recht erinnere.«

»Auch das stimmt. Gesa hat es geliebt, am Rhein spazieren zu gehen.«

»Wer mag das nicht. Es gibt da sehr schöne Ecken. Worüber haben Sie gesprochen?«

Brandt beschloss, sich zurückzuhalten, auch wenn er der Meinung war, dass eine wie Mei nur auf Druck reagierte. Aydin sollte sein Glück versuchen mit seiner nachsichtigen Art. Für so etwas war Brandt nicht zu haben.

»Über nichts Bestimmtes. Über Mode, Frauentalk halt.«

»Und wie war sie drauf?«

»Gut, sie wirkte fröhlich und ausgeglichen, das hatte ich Ihnen ja schon gesagt.«

»Hat sie Zoller erwähnt?«

»Nur am Rande, aber nichts, worüber ich mir hätte Sorgen machen müssen. Sie liebte ihn, daran bestand kein Zweifel.«

»Und nach dem Sonntag? Gab es da noch irgendeinen Kontakt zwischen Gesa und Ihnen?«

»Nein …« Mei hielt inne, presste die Lippen zusammen, dann atmete sie hörbar ein und aus. »Doch, gab es, aber nicht persönlich.«

»Übers Handy?«

»Ja, sie hat mir eine Nachricht geschrieben.«

Konnte es sein, dass Aydin mit seiner verständnisvollen Art tatsächlich einen Schalter bei Mei umgelegt hatte, der sie zum Reden bewegte?

»Dürfen wir sie sehen?«, erkundigte sich Aydin.

Wieder zögerte sie kurz, dann öffnete sie WhatsApp und zeigte ihm die Nachricht.

Ich bin ein paar Tage off, mach dir keine Sorgen, mir geht es gut,

hatte Gesa geschrieben. Die Nachricht war am Dienstag, den 15. Juni um 19:52 Uhr angekommen. Ein sehr wichtiger Hinweis, der Zollers Aussage, dass sie am Dienstag Streit gehabt hatten, bestätigte. Der Täter musste darum vermutlich nach dieser Uhrzeit Kontakt mit ihr gehabt haben.

Oder der Täter hat die Nachricht geschrieben, überlegte Brandt, obwohl er das nicht plausibel fand. Mei hatte ihr geantwortet:

Maus, was ist los? Warum so kryptisch?

Darauf gab es keine Antwort und keine weiteren Nachrichten.

Hätte man als Freundin nicht weiter nachgebohrt?, überlegte

Brandt. Er behielt diese Frage jedoch für sich, Aydin sollte die Gesprächsführung behalten.

»Wieso haben Sie ihr keine weitere Nachricht geschrieben?«, fragte der und Brandt fühlte sich einmal mehr darin bestätigt, warum er seinen jüngeren Kollegen so schätzte.

»Gesa hatte manchmal solche Tage, da wollte sie ihre Ruhe. Ich habe mir nichts dabei gedacht.«

Mei wirkte authentisch in ihrer Nachdenklichkeit. Brandt ging nicht davon aus, dass sie log. Vielleicht wusste sie tatsächlich nichts von dem Streit. Allerdings verstand Brandt nicht, warum Gesa so heftig reagiert hatte. Laut Zoller war der Streit nicht der Rede wert gewesen. Natürlich war es möglich, das Zoller log. Sie mussten ihn unbedingt erneut befragen.

»Bitte versuchen Sie, sich zu erinnern. Ist Frau Storm schon einmal für einige Tage untergetaucht, während sie mit Zoller in einer Beziehung war? Sie sagten eben, dass sie gerne mal für sich war.«

»Das stimmt auch. Ob es während ihrer Beziehung solche Tage gab, weiß ich nicht. Seit sie mit Lars zusammen war, hatten wir weniger Kontakt. Sie hat mir kaum etwas erzählt, erst recht nichts über ihre Beziehung.«

»Und Sie als ihre einzige Freundin haben nie nachgehakt?«, erkundigte sich Brandt nun doch, die Rolle als Zuhörer gefiel ihm nicht mehr.

»Nein, warum sollte ich? Sie hat glücklich gewirkt. Welchen Grund sollte ich haben, ihr nicht zu glauben?« Ihre Stimme klang mit einem Mal reserviert, als fühlte sie sich angegriffen.

Sind Frauen nicht von Natur aus neugierig?, wäre es Brandt fast herausgerutscht, stattdessen sagte er: »Als Freundin möchte man doch wissen, wie glücklich die Beziehung der anderen ist.«

»Sie wollen mich einfach nicht verstehen, deswegen hören

Sie mir nicht zu«, schimpfte Mei. »Sie haben sich doch längst ein Urteil über mich gebildet.«

»Mit Sicherheit nicht. Ich versuche nur, Ihr Handeln zu verstehen und das Handeln Ihrer Freundin.«

»Noch mal, auch für Sie: Gesa war eher verschlossen und Lars war ihre erste große Liebe. Vermutlich hatte sie Angst, etwas falsch zu machen, oder was weiß ich. Ich bin doch nicht Gesas Kindermädchen.«

Ohne sich dessen bewusst zu sein, hatte Mei ihnen damit einen wichtigen Hinweis gegeben. So wie sie es erzählte, war es durchaus möglich, dass Gesa sich selbst und ihre Persönlichkeit aufgegeben hatte, damit Zoller sie liebte und bei ihr blieb. Vielleicht war ihr das irgendwann zu viel geworden, sodass sie die Beziehung infrage stellte und Zoller für ein paar Tage verließ. Manchmal war es dieser berühmte eine Tropfen, der das Fass zum Überlaufen brachte. Demzufolge könnte der Streit, der am Ende möglicherweise tatsächlich harmlos war, dieser berühmte Tropfen gewesen sein.

»Hat Frau Storm Sie als Rivalin gesehen?«

»Mich als Rivalin?«

»Ja. Sie war introvertiert und Zoller ihre erste große Liebe. Er sieht gut aus, flirtet gerne, hat bei Instagram jede Menge Follower und Sie sind auch recht extrovertiert.«

»Na und? Sie war meine Freundin. Ich hätte nichts mit Lars angefangen.« Während sie das sagte, schaute sie weder Brandt noch Aydin an. Brandt spürte, dass sie log. Wie es schien, hatte er einen Nerv getroffen.

»Sie wissen, dass wir die Wahrheit erfahren werden. Wenn Herr Zoller es uns erzählt, stellt Sie das in kein gutes Licht.«

»Ich habe mir nichts zuschulden kommen lassen.«

»Dann erklären Sie uns doch bitte, wie das gemeinsame Foto in Herrn Zollers Wohnung entstanden ist«, bohrte Brandt weiter.

»Woher soll ich das wissen? Glauben Sie, ich merke mir, wie jedes Foto entsteht?«

»Sie wissen nicht, wie es dazu kam, dass das Foto in der Wohnung von Herrn Zoller gemacht wurde? Oder wollen Sie es nicht wissen, weil Sie ein schlechtes Gewissen Ihrer Freundin gegenüber haben?«, provozierte Brandt weiter.

»Ich habe kein schlechtes Gewissen. Warum auch?«, brüllte Mei ihre Wut heraus. »Es ist doch nicht meine Schuld, wenn Lars ein notorischer Fremdgänger ist. Er hat mich bedrängt.«

Das war für Brandt die Bestätigung: Ihre Emotionen waren Meis größter Feind. Machte sie das aber zu einer brutalen Mörderin, die ihrer Freundin den Kopf abschnitt?

14

Irgendwo

Die Presse ist voll von Berichten über den angeblich so brutalen Mord. Über die »Bestie«. Und da wundert sich die Medienlandschaft, wenn man von Lügenpresse spricht. Nichts anderes sind sie, diese verdammten Medien! Sie kennen mich nicht und haben mich trotzdem so kaltschnäuzig abgestempelt. Ich kann gar nicht so viel fressen, wie ich kotzen möchte.

Am liebsten würde ich einem der Medienvertreter einen Leserbrief schreiben und versuchen, zu erklären, warum der Mörder richtig gehandelt hat. Warum ein Toter manchmal Ruhe bedeutet.

Natürlich bleibt es nur bei dem Gedanken, weil ich weiß, dass die Medien den Text nicht veröffentlichen würden, und weil ich Sorge habe, dass ich damit schlafende Hunde wecken könnte. Die Polizei würde sicher herauszufinden versuchen, wer den Leserbrief geschrieben hat. Ich bin zwar technisch nicht so bewandert, aber ich weiß, dass die Polizei die IP-Adresse eines Computers zurückverfolgen kann. Kein Risiko.

Irgendwie habe ich mir das Ganze anders vorgestellt. Es belastet mich noch immer. Nicht so sehr die Tatsache, dass ich sie getötet habe, es sind eher die Nachwehen. Damit, dass die Presse es dermaßen ausschlachtet, hätte ich nicht gerechnet, und die Leere, die ich in mir spüre, hat ihr Tod auch noch nicht gefüllt. Eigentlich müsste es mir doch besser gehen, seit sie tot ist, oder?

Deswegen musste sie ja überhaupt sterben. Weil sie ein Problem war.

Mein Blick wandert zu der Schachtel Zigaretten auf dem Tisch.

»Zur Beruhigung«, sage ich mir und starre weiter auf die Schachtel, aber ich entscheide mich dagegen. Ich möchte nicht rauchen.

Neben den Kippen liegt mein Handy. Das Display leuchtet auf, ich habe Ton und Vibration abgestellt.

Wer immer mich anruft, er wird es erneut versuchen. Ich bin gerade nicht motiviert, ranzugehen.

»Ich bin kein Psychopath«, sage ich zu mir. Ein Psychopath hätte doch Gefallen am Morden gefunden. Er hätte sich längst das nächste Opfer gesucht, aber das tue ich nicht. Weil ich niemand bin, der gerne mordet, und weil ich nicht vorhabe, noch mehr Menschen zu töten.

»Du lügst«, werde ich laut, meine Worte klingen streng. »Du lügst.«

Ich schüttele den Kopf. Eine Diskussion mit mir selbst kann ich gerade gar nicht gebrauchen. Ich muss bei klarem Verstand bleiben, ich muss achtsam sein. Die Polizei wird jeden Fehler eiskalt gegen mich verwenden, denn warum ich sie töten musste, wird sie nicht interessieren. Sie werden glauben, ich wäre ein Monster, weil ich sie geköpft habe.

Aber alles hat seinen Grund. Ich habe das nicht aus purer Mordlust getan und auch nicht, um mir ein Denkmal unter den brutalsten Mördern Deutschlands zu setzen. Es gibt einen tieferen Grund, warum ich ihr den Kopf absägen musste.

Mein Atem geht schneller, meine Hände schwitzen, unter den Achseln schwitze ich auch und mich erfasst wieder dieses beklemmende Gefühl, als würde bald etwas Schlimmes passieren.

Aber wie kann etwas Schlimmes passieren, wo ich meinen Plan, sie zu töten, so gut umgesetzt habe?

Ich müsste doch zufrieden sein, schließlich habe ich ein Problem gelöst. Warum bin ich es trotzdem nicht?

Ich weiß es nicht, ich weiß nur, dass es mich belastet. Und ich habe ein anderes Problem, für das ich noch immer keine Lösung gefunden habe.

Der Torso ohne Kopf ist weiterhin in meinem Besitz. Ich muss ihn endlich loswerden, bevor die Polizei mir auf die Schliche kommt.

»Entspann dich, die kommen dir niemals auf die Schliche, niemand wird dich je verdächtigen«, versuche ich mich zu beruhigen, aber das ist nicht so leicht. Meine Hände schwitzen immer mehr.

15

»Was hältst du von ihr?« Inzwischen war es weit nach 20 Uhr und Aydin und Brandt waren noch immer im Büro, denn es gab jede Menge offene Punkte, die Brandt mit seinem Kollegen besprechen wollte.

»Von Mei?«

»Nee, von der Tagesschausprecherin«, rutschte Brandt ein Spruch heraus.

»Musst ja nicht gleich so patzig sein.«

»Bin ich gar nicht. Aber es ist doch offensichtlich, dass ich Mei meine. Immerhin haben wir uns eben mit ihr unterhalten.«

»Entspann dich. Ich finde, sie hat schon recht mit der Annahme, dass du sie irgendwie gefressen hast«, wagte Aydin einen kleinen Gegenangriff.

»Weil sie lügt. Es ist schwer, ihr zu glauben. Und sie kapiert nicht, dass sie sich damit selbst belastet.«

»Immerhin wissen wir jetzt, wann Gesa ihr das letzte Mal geschrieben hat.«

»Ja, mag stimmen. Aber was ist das für ein Unsinn, dass Lars Zoller allein die Verantwortung dafür trägt, dass sie eine Affäre mit ihm hatte?«

»Das hat sie ja letztendlich eingesehen. Nachdem du sie noch mal in die Mangel genommen hast, ist sie doch regelrecht zusammengeklappt und hat alles gebeichtet.«

»Wenn es denn die Wahrheit ist.«

»Ich denke schon. Eine Affäre mit dem Freund der besten Freundin über ein Jahr lang, das hört sich nicht danach an, als würde sie übertreiben.«

»Für Mei war Gesa nicht die beste Freundin«, korrigierte Brandt.

»Du weißt, wie ich das meine.«

Brandt nickte nur. Er mochte diese Mei nicht, da hatte Aydin recht, dennoch war er Profi genug, um das bei den Ermittlungen auszublenden, und am Ende war es seiner Hartnäckigkeit zu verdanken, dass sie mehr über ihre Affäre mit Lars Zoller erzählt hatte.

»Glaubst du, sie hat was mit ihrem Tod zu tun?«, fragte Aydin. Er schien unschlüssig.

»Sie lügt, sie ist giftig und sie wirkt sehr überheblich. Aber eine eiskalte Mörderin? Irgendwie schwer vorstellbar. Zumal sie Gesa körperlich unterlegen ist.«

»Genau das denke ich auch. Sie ist nicht wirklich groß.«

»Trotzdem sollten wir sie weiter auf dem Schirm haben. Fischer soll mehr über sie herausfinden.«

»Ich werde ihn darum bitten.«

»Danke.«

»Wir sollten auch Gesas Eltern wegen Mei und Zoller befragen.«

»Das sowieso. Und Zoller wegen Mei. Mal sehen, ob er ihre Angaben deckt.«

»Wollen wir ihm jetzt einen Besuch abstatten?«

»Können wir machen«, antwortete Brandt, aber dann hatte er eine andere Idee. »Vielleicht sollten wir diese Michelle aufsuchen. Mei hat doch erzählt, dass sie nicht nur Zollers Exfreundin ist, sondern dass sie auch Sex miteinander hatten.«

»Wenn da mal nicht die Fantasie mit ihr durchgegangen ist. Ich glaube, sie steht noch immer auf Zoller, auch wenn sie es geleugnet hat. Aber wie krank ist dieser Typ bitte? Da wird seine Freundin ermordet und er vergnügt sich mit der Ex.«

»Wenn er sich wirklich mit ihr vergnügt hat und es nicht

nur ein Gespräch war. Du siehst: jede Menge offener Fragen, auf die ich noch heute Antworten erwarte.«

»Dann sollten wir keine Zeit verlieren. Fischer soll uns die Anschrift von dieser Michelle besorgen.«

»Ich habe eine bessere Idee.« Aydin grinste.

»Und die wäre?«

»Instagram. Vielleicht hat sie eine Story gepostet.« Er zückte sein Handy.

Brandt würde diesen ganzen Social-Media-Mist nie verstehen. Dass Menschen ihr Leben derart öffentlich machten und für ein Like bereit waren, weit über das Erträgliche hinauszugehen, war ihm unbegreiflich. Er selbst hatte weder einen Instagram- noch einen Facebookaccount oder andere Profile in sozialen Netzwerken. Aber augenscheinlich gehörte er zu einer Minderheit, selbst sein Kollege bewegte sich in den sozialen Medien.

»Und, hat sie was gepostet?«, fragte er.

»Hat sie. Sie ist gerade im Gym, in dem am Rudolfplatz.«

»Komm.«

Während der Fahrt zum Rudolfplatz telefonierten sie mit Fischer und baten ihn, die weiteren offenen Punkte zu klären. Fischer versprach wie gewohnt, sich sofort darum zu kümmern, sobald er die anderen abgearbeitet hätte.

Jetzt standen Brandt und Aydin vor dem Gebäude, in dem sich das Fitnessstudio befand. Kaum hatten sie es betreten, sah Brandt auch schon Michelle Vogler, die gerade das Gym verlassen wollte. Vermutlich war die Story, die sie gepostet hatte, schon etwas älter. Viele nahmen solch ein Video zunächst nur auf und posteten es ein wenig später, um es vorher noch zu bearbeiten.

»Guten Abend«, sprach Aydin die junge Frau an.

»Hallo.« Michelle wirkte überrascht, dass Aydin sie ansprach.

»Frau Vogler, wir müssen Sie kurz sprechen.«

»Sprechen? Worum geht es denn?«

»Wir sind von der Kölner Kriminalpolizei. Es geht um Gesa Storm.«

»Polizei?« Sie schluckte, fasste sich aber schnell. »Schlimme Sache. Es tut mir sehr leid um Gesa. Müssen wir jetzt darüber sprechen? Sie sehen ja, dass ich gerade aus dem Gym komme, und nachher habe ich noch eine Verabredung, möchte mich ungern verspäten.«

»Ja, es muss jetzt sein«, reagierte Brandt verärgert. Eine ihr bekannte junge Frau war auf grausame Weise ermordet worden, und diese Michelle dachte nur an ihre Verabredung. Was war bloß aus den jungen Menschen geworden?

Michelle murmelte etwas Unverständliches, dann sagte sie: »Können Sie sich überhaupt ausweisen?«

Brandt und Aydin zückten ihre Dienstausweise. Sie warf einen oberflächlichen Blick darauf.

»Wenn Sie mögen, können wir gerne dort Platz nehmen.« Brandt zeigte auf die Sitzecke, wo gerade niemand saß.

»Habe ich denn eine Wahl?«

»Die haben Sie nicht. Und Sie sollten sich bitte daran erinnern, dass es hier um einen bestialischen Mord geht, da wird Ihre Verabredung sicherlich warten können.« Ihre pampige Art wollte Brandt nicht so einfach stehen lassen und tatsächlich schienen seine Worte Eindruck zu hinterlassen. Sie sah zu Boden und ging voran, dann nahmen sie Platz.

»Hören Sie, ich kenne diese Gesa gar nicht wirklich. Ich weiß nicht, wie ich Ihnen helfen kann.«

»Sie sind doch die Exfreundin von Lars Zoller.«

»Ja, aber was hat das mit Gesa zu tun?«

»Wie lange waren Sie mit Herrn Zoller zusammen?«

»Ein Jahr. Es hat nicht gepasst.«

»Und nach Ihnen ist er mit Gesa zusammengekommen?«

»Soviel ich weiß, ja. Keine Ahnung, warum er sich ausgerechnet in sie verliebt hat.«

»Warum?«

»Na ja, nichts gegen Gesa, man soll nicht schlecht über tote Menschen reden. Aber sie war ein Mauerblümchen und Lars ist niemand, der sich in ein Korsett zwängen lässt.«

»War das der Grund, warum Ihre Beziehung in die Brüche ging? Ist Zoller fremdgegangen?«

»Nein, das war nicht der Grund. Ich bilde mir ein, dass ich die einzige Frau bin, die er nicht betrogen hat. Außerdem habe ich Schluss gemacht. Er ist halt ein Fußballer.«

»War er Ihnen zu dumm?« Brandt war auf ihre Antwort gespannt, obwohl er sie sich schon denken konnte.

»Ich sagte ja, Fußballer. Es hat seine Gründe, warum Menschen tun, was sie tun. Man kann mit Lars sehr viel Spaß haben, aber ihn sicherlich nicht in ein Museum mitnehmen.«

»Trotzdem ist Ihr Kontakt zu ihm nie abgebrochen?«

»Nein, warum sollte er? Wir verstehen uns ja sehr gut und er hat seine Qualitäten. Mit ihm ist es nie langweilig.«

»War der Kontakt nur freundschaftlich?«

»Selbstverständlich.« Sie tat schockiert, aber gleichzeitig huschte ein kurzes Lächeln über ihr Gesicht, das verriet, dass sie log.

»Hat er mit Ihnen über Gesa Storm gesprochen?« Brandt entschied, die Frage, die ihm durch den Kopf spukte, zunächst zurückzustellen.

»Ab und zu.«

»Wie war sein Verhältnis zu ihr?«

»Es war nicht das beste. Ich glaube, dass er sich von ihr trennen wollte. Es hat nie wirklich gepasst, aber er wusste nicht, wie er es ihr beibringen sollte.«

War das also der Grund, warum Gesa für einige Tage untergetaucht war? Aber wieso hatte Zoller es ihnen nicht gesagt? Eine Trennung machte einen nicht automatisch zum Verdächtigen. Erst recht nicht, wenn man die Person war, die sich trennen wollte. Andersherum konnte das schon komplizierter werden, weil Eifersucht ein starkes Mordmotiv war.

»Nehmen Sie das nur an oder hat er Ihnen das anvertraut?«, fragte Aydin.

»Er hat nicht direkt gesagt, dass er Schluss machen möchte, nur, dass er sich überlege, ob das Ganze Sinn macht. Irgendwie fand er es wohl schön, dass sie immer bei ihm war, keinen anderen Männern hinterherschaute. Aber mal ganz im Ernst, sie hat nicht mal Insta. Das sagt doch alles.«

»Was sagt es denn?«, erkundigte sich nun Brandt. Er konnte es nicht leiden, dass Michelle so abwertend über die Tote sprach. War man heute wirklich uncool, wenn man nicht in den sozialen Medien unterwegs war? Brandt hoffte, dass Michelle mit ihrer Meinung nicht den Durchschnitt der jungen Leute repräsentierte.

»Das sagt, dass sie ein ziemlich langweiliges Leben hat.« In ihren Augen schien es aufzublitzen.

»Wollten Sie Herrn Zoller zurück?«

»Nein, wie kommen Sie auf diese Annahme?« Sie tat überrascht, allerdings war sie eine ganz schlechte Schauspielerin. Ihre Gesichtszüge und ihre Augen verrieten sie.

»Wegen des Spruchs, den Sie in Ihrer Story gepostet haben«, erklärte Aydin.

»Sie haben meine Story angeschaut?«

»Da Ihre Story öffentlich gestellt ist und wir in einem Mordfall ermitteln, haben wir uns Ihr Profil angeschaut. Das ist Teil unseres Jobs. War der Spruch für Herrn Zoller gedacht?«

Michelle antwortete nicht sofort, sie strich sich mit der Hand über ihren Zopf und schien zum ersten Mal zu überlegen, was sie sagen sollte. Vermutlich begriff sie endlich, wie ernst die Lage war und dass die Beamten sie nicht aus bloßer Langeweile befragten.

»Ja, das war es. Aber noch mal, ich habe mit Gesa nichts am Hut. Keine Ahnung, wer sie entführt und ihr den Kopf abgeschnitten hat.«

»Woher wissen Sie diese Details?«, fragte Brandt.

»Das hat mir Lars erzählt. Sie kann doch nur entführt worden sein. Warum sollte jemand aus ihrem Bekanntenumfeld so etwas Krankes tun?«

»Was hat Herr Zoller Ihnen noch erzählt?«

»Nicht viel. Das war es. Der arme Junge ist echt durch den Wind.«

»Und deswegen hatte er Sex mit Ihnen?«, provozierte Brandt. Er wusste nicht, ob Mei recht hatte, aber die Frage passte in diesem Moment sehr gut. Michelles Wortwahl wirkte unsicher. Vielleicht würde ihr eine unbeabsichtigte Äußerung herausrutschen.

»Wer erzählt denn so einen Mist?«, wurde sie laut.

»Sie haben sich doch heute mit Herrn Zoller getroffen.«

»Ja, aber wir hatten keinen Sex. Wir haben nur geredet. Das Ganze nimmt ihn wirklich mit. Er mag nicht der Schlauste sein, aber er hat ein gutes Herz. Er würde niemals so etwas Abscheuliches sagen. Wie kommen Sie auf so eine Lüge?«

»Mei Knorr hat das behauptet.« Brandt wusste, dass es nicht die feine Art war, Meis Namen zu nennen, aber er ging das Risiko ein, um Michelle aus der Reserve zu locken.

»Mei? Das fiese Schlitzgesicht«, platzte sie heraus.

»Ist das so?« Brandt ging auf den niveaulosen Kommentar nicht ein, auch wenn ihm ein Spruch auf der Zunge lag. Wie es schien, hatte er mit dem Namen Mei einen Knopf bei Michelle gedrückt.

»Die ist doch bloß eifersüchtig, weil sie auf Lars steht und der sie nur vögeln wollte. Dumme Kuh. Wie schäbig ist das, sich an den Freund der besten Freundin ranzumachen?«

»Woher wissen Sie, dass Herr Zoller mit Mei geschlafen hat?«

»Weil Lars mir das erzählt hat.«

»Und wann war das?«

»Immer, wenn er Bock hatte.«

»Also keine einmalige Sache?«

»Nein, das sagte ich doch. Die ist vernarrt in ihn und Lars hat das ausgenutzt.«

»Hatten sie auch Sex, als er schon in der Beziehung mit Gesa war?«

»Natürlich. Gesa war im Bett nicht so die Granate. Und angeblich ist Mei so eine Dreilochstute. Sie wissen ja, dumm fickt gut.«

Abwertender konnte man nicht über seine Nebenbuhlerin sprechen. Brandt war geneigt, ihr zu glauben, was Mei in ein sehr ungünstiges Licht rückte.

»Hat Herr Zoller Gesa noch mit anderen Frauen betrogen?«

»Ich möchte Lars nicht schlechter machen, als er ist, und wie gesagt, er ist wirklich ein total lieber Junge, aber leider hat er seinen Schwanz nicht im Griff. Ja, da waren einige Frauen. Immerhin hat er viele Follower und sieht gut aus. Die Mädels schreiben ihm und er sagt schon mal zu.«

Brandt bekam immer mehr das Gefühl, dass der Streit zwischen Zoller und Gesa etwas mit seinem Fremdgehen zu tun hatte. War Gesa dahintergekommen? Oder hatte sie es die ganze Zeit gewusst und es nur nicht wahrhaben wollen, aber dann hatte der berühmte Tropfen das Fass zum Überlaufen gebracht? Machte das Zoller zu einem Mörder?

Nicht unbedingt, dachte Brandt, was bedeutete, dass sie mit dieser Info in dem Fall kaum vorankamen.

»Ging es denn bei den Affären nur um Sex oder waren da auch Gefühle im Spiel?«, schaltete Aydin sich wieder ein. Wie immer machte er sich Notizen.

»Nein, da ging es nur um Sex, da ist Lars sehr ehrlich. Er hat den Frauen nie etwas vorgemacht. Aber Mei hat das nicht kapiert, sie hat geglaubt, dass er sich in sie verlieben würde, wenn sie nur oft genug die Beine breitmacht. Wenn jemand ein Motiv hat, Gesa zu töten, dann sie.« Wieder funkelte es in ihren Augen.

Brandt gab ihr in Gedanken recht, Eifersucht war ein starkes Motiv. War Zoller also unschuldig und sie sollten sich weiter auf Mei konzentrieren? Immerhin hatte sie widersprüchliche Angaben gemacht und war sehr aggressiv. Lag es daran, dass sie Angst hatte, sie könnten ihr auf die Schliche kommen?

Ein Gefühl sagte Brandt, dass Mei in der Lage wäre, ihre Kindergartenfreundin zu töten.

Zunächst mussten sie aber mit Zoller sprechen und abwarten, ob er Michelles Angaben bestätigte oder ob Michelle versuchte, eine Nebenbuhlerin zu diskreditieren. In der Liebe war manchem jedes Mittel recht, egal was für Konsequenzen das für die Konkurrentin hatte.

16

Köln, 20. Juni

Das Verbrechen kannte keine Sonntage, daher konnten sich Brandt und Aydin nicht den Luxus erlauben, an diesem Sonntag auszuschlafen. Am Vorabend hatten sie jedoch beschlossen, sich trotzdem ein Stück »Luxus« zu gönnen und den Tag mit einem gemeinsamen Frühstück zu beginnen.

Ob sie nun in ihrem Büro den Tagesablauf besprachen oder bei einem guten Frühstück auf der Terrasse des Café Rico, war am Ende für das Ergebnis unerheblich. So konnten sie wenigstens das Angenehme mit dem Nützlichen verbinden und es hatte noch einen Vorteil: Sie hatten Walter bei sich. Da das Gespräch mit Michelle Vogler länger gedauert hatte, als angenommen, und sie deshalb Walter nicht mehr hatten besuchen können, hatte Aydin das gemeinsame Frühstück vorgeschlagen. Walter hatte im Auto natürlich sofort das blaue Auge von Aydin bemerkt, aber der hatte ihn beruhigen können.

»Danke, dass ihr an mich gedacht habt«, holte Walter Brandt aus seinen Gedanken.

»Das ist doch selbstverständlich«, antwortete Aydin.

»Ist es nicht. Ihr habt eigentlich Dienst und ich möchte euren Ermittlungen nicht im Weg stehen. Schlimm genug, dass ihr am Sonntag arbeiten müsst. Das ist der Tag, den man mit seinen Liebsten verbringt. Du solltest bei deiner Frau und deiner süßen Tochter sein. Und du bei Ylva.«

»Ich glaube, Lasse kommt es sehr gelegen, dass er sonntags nicht zu Hause ist.«

»Witzig«, entgegnete Brandt, doch so unrecht hatte Aydin

nicht, weil Ylva in letzter Zeit wieder beiläufig das Thema ansprach, auf das er extrem allergisch reagierte: Heiraten. Er liebte sie, ohne Frage. Aber konnte man nicht auch ohne Ehering glücklich sein?

Ylva fand das nicht, er hingegen schon. Auch wenn es natürlich Augenblicke gab, in denen er den Gedanken schön fand, sie zu heiraten. Sogar die Vorstellung, Papa zu werden, gefiel ihm dann. Doch kurz darauf meldete sich immer die Vernunft, die ihm sagte, dass er über fünfzig war und ein Kind deshalb nicht in seine Lebensplanung passte. Wenn es zehn Jahre alt wäre, wäre er über sechzig. Wie könnte er das seinem Kind antun?

Am Ende hast du doch bloß Angst, meldete sich wieder einmal die kritische Stimme, die ihm insgeheim den Spiegel vorhielt. *Du hast eine tolle Frau wie Ylva nicht verdient.*

»Guten Morgen, meine Schätzchen. Was treibt euch so früh zu mir?« Raúl trat an ihren Tisch. Er trug ein durchsichtiges Netzoberteil, das keinen Zentimeter seines durchtrainierten brasilianischen Körpers verbarg.

»Wir würden gerne frühstücken«, antwortete Walter.

»Dann seid ihr richtig bei mir. Was möchtet ihr?«

»Mach doch eine Platte. Dazu Rührei und gekochte Eier«, schlug Brandt vor. Die anderen beiden hatten dem nichts entgegenzusetzen.

»Ich zaubere euch was Leckeres. Was möchtet ihr trinken?«

Die drei Freunde gaben ihre Getränkebestellung auf und Raúl entfernte sich.

»Wenn ich einen Körper wie Raúl hätte, würde ich auch nur noch oben ohne rumlaufen«, kommentierte Walter dessen leichte Bekleidung.

»Nicht nur du, Kollege Brandt genauso.«

»Lasse hat doch einen Superkörper, allein wenn man bedenkt, wie alt er ist«, entgegnete Walter.

»Emre ist nur neidisch, weil sein Bauch schneller wächst als bei schwangeren Frauen«, konnte sich Brandt einen Spruch nicht verkneifen.

Bevor Aydin etwas erwidern konnte, kam Raúl mit den Getränken zurück.

»Ist das nicht Dr. Glück?«, fragte Walter, als er in die hintere Ecke des Cafés schaute.

»Richtig erkannt. Das ist er.« Raúls Augen funkelten.

»Wieso sitzt er bei dem tollen Wetter drinnen?«, fragte Aydin.

»Das musst du ihn selbst fragen.«

Brandt ließ sich nicht zweimal bitten, er stand auf und ging zu Glück.

»Guten Morgen.«

»Guten Morgen, Herr Brandt.« Glück stand auf und reichte ihm die Hand, er wirkte nachdenklich.

»Wir frühstücken auf der Terrasse. Wenn Sie mögen, leisten Sie uns doch Gesellschaft.«

»Das ist sehr nett von Ihnen, aber ich bin schon mit jemandem verabredet. Wenn es recht ist, kann ich Ihnen so lange Gesellschaft leisten.«

»Sehr gerne.« Brandt freute sich ungemein, wollte es allerdings nicht so deutlich zeigen. Etwas Besonderes verband ihn mit dem Arzt. Immerhin hatte Glück ihm das Leben gerettet.

Als die beiden zurück an ihren Tisch kamen, standen Walter und Aydin auf, um ihn zu begrüßen, dann nahmen alle Platz. Wenige Sekunden später trat Raúl zu ihnen, reichte Glück seinen Espresso und entfernte sich.

»Was Sie für Lasse getan haben, werde ich Ihnen nie vergessen«, sagte Walter.

»Das müssen Sie nicht. Ich habe nur meine Pflicht als Arzt getan. Ihr Freund hat einen sehr starken Überlebenswillen und einen gesunden Körper, das hat ihn am Leben gehalten.«

»Mag sein, aber Sie sollten nicht so bescheiden sein. Das war schon übersinnlich. Lasse war tot, ich habe es gesehen, und Sie haben ein Wunder vollbracht. Sie dürfen ruhig stolz auf sich sein. Sie sind ein verdammt guter Arzt«, schwärmte Aydin.

Brandt spürte, dass Glück das Gespräch unangenehm war. Er schien Probleme mit zu viel Lob zu haben, das war ihm schon in vergangenen Unterhaltungen mit diesem wundersamen Mann aufgefallen. Trotzdem würde er für immer in seiner Schuld stehen, egal was Glück sagte. So war Brandt eben. Wenn Glück eines Tages seine Unterstützung brauchen sollte, würde er ohne Zögern helfen. Ein Gefühl sagte ihm jedoch, dass Glück das niemals einfordern würde.

»Vielen Dank. Ich liebe meinen Beruf. Ich glaube, wenn man etwas macht, was man liebt, dann ist man automatisch gut darin, das hat nichts mit Übersinnlichem oder gar Wundern zu tun. Die moderne Medizin vermag heute schon das Unmögliche zu bewirken. Tun Sie mir den Gefallen und verschwenden Sie keine Gedanken an die Vorstellung, dass ich Wunder bewirken könnte.«

»Glauben Sie denn nicht an Wunder?«, fragte Walter.

»Nicht in der Medizin. Ich habe sehr viel Leid auf dieser Welt gesehen. Hier in Deutschland haben wir ein hervorragendes Gesundheitssystem, aber reisen Sie einmal nach Afrika, Indien oder in den Dschungel Limas. Dort habe ich mit ansehen müssen, wie Kinder unter meinen Händen sterben, weil ich nicht die richtige Medizin hatte. Kinder, die in Deutschland leben würden.« Glücks Stimme klang brüchig, er schien die furchtbare Situation lebendig vor Augen zu haben.

»Das tut mir sehr leid für Sie«, antwortete Aydin bedrückt.

»Es muss Ihnen nicht leidtun, weil ich auch vielen anderen Kindern helfen konnte, wieder zu lächeln. Der Tod, so gemein er sein mag, gehört zu unserem Leben dazu. Bei Ihrem Freund hat der Tod entschieden, dass seine Zeit noch nicht gekommen ist. Ich kann Ihnen also nur noch einmal raten, das zu tun, was Sie glücklich macht, dann werden Sie darin gut sein.«

»Da haben Sie recht«, hakte Walter ein. »Ich liebe meinen Imbiss, deswegen schmecken meine Currywürste so lecker. Sie haben übrigens ein lebenslanges, kostenloses Abo darauf.«

Zum ersten Mal schmunzelte Glück und seine strahlend blauen Augen schienen zu leuchten, der Ausdruck der Bedrückung wich. »Das ist sehr freundlich von Ihnen. Sie drei können sich glücklich schätzen, denn Sie verbindet eine tiefe Freundschaft, die weit über das hinausgeht, was ich sonst gesehen habe. Dieser Schatz ist unbezahlbar, geben Sie ihn niemals her.«

»Niemals. Die beiden Jungs bedeuten mir alles«, sagte Walter sentimental und presste die Lippen zusammen. Aydin schluckte und reichte Walter die Faust zum Abschlagen.

Wieder war es Raúl, der das Gespräch unterbrach. Er servierte das Frühstück.

»Wollt ihr noch etwas?«

»Nein, passt schon«, antwortete Brandt, dann wandte er sich an Glück: »Greifen Sie gerne beherzt zu.«

»Sehr freundlich von Ihnen, aber ich sagte ja, dass ich verabredet bin.« Er sah zu Raúl. »Schreiben Sie das Frühstück bitte auf meinen Deckel.«

»Das kommt nicht infrage«, antwortete Brandt. »Sie sind unser Gast, das würde keiner hier am Tisch annehmen.«

»Da hat er recht. Raúl, den Espresso übernehmen wir«, stellte Walter klar.

Raúl lachte. »So etwas dachte ich mir schon. Solange mein Trinkgeld stimmt, ist es mir schnuppe, wer zahlt«, sagte er mit einem Augenzwinkern.

»Das ist sehr freundlich von Ihnen, trotzdem ist es mir etwas unangenehm«, erwiderte Glück, dann schaute er nach rechts. »Da ist meine Verabredung. Ich muss Sie leider verlassen. Es war mir eine Freude! Und danke für den Espresso.«

»Ganz unsererseits.«

Glück stand auf, begrüßte den Mann, vermutlich ein Kollege aus der Uniklinik, und beiden nahmen im Café Platz.

»So bescheidene Menschen trifft man selten«, bemerkte Walter.

»Da hast du recht. Dabei könnte er es sich locker leisten, arrogant zu sein. Möchte nicht wissen, wie oft er von seinen Kolleginnen schon die Nummer zugesteckt bekommen hat. Gegen ihn kommt selbst unser Schönling nicht an.« Aydin grinste breit.

»Ich habe kein Problem damit, zuzugeben, dass jemand attraktiver ist als ich, und Glück ist nicht nur attraktiv, sondern dazu noch intelligent und sehr empathisch. Eine ganz seltene Mischung.«

»Aber irgendwie wirkte er ein bisschen bedrückt«, sagte Aydin.

»Kein Wunder. Die Last der Welt ruht auf seinen Schultern«, antwortete Walter und biss in sein Wurstbrötchen.

»Die Last der Welt?«

»Ich würde nicht mit ihm tauschen wollen. Nur eine einzige falsche Entscheidung als Arzt kann für den Patienten zum Tode führen. Ich möchte gar nicht wissen, welchem Druck er bei jeder Operation ausgesetzt ist.«

»Da magst du recht haben. Ich könnte niemals Arzt sein.«

»Aber nur, weil du kein Blut sehen kannst. Du würdest dich regelmäßig übergeben oder ohnmächtig werden«, versuchte Brandt die Stimmung aufzulockern. Ihm war ebenso wenig entgangen, dass Glück nachdenklicher gewirkt hatte als sonst. Zu gerne hätte er gewusst, was ihn beschäftigte.

Nicht weil er neugierig war, sondern weil er versucht hätte, ihm zu helfen. Wenn er denn Sorgen hatte.

Jeder Mensch hat Sorgen, dachte Brandt.

»Dass du immer gleich übertreiben musst«, tat Aydin gespielt genervt.

»Ich gebe Lasse ungern recht, aber diesmal muss ich ihm zustimmen. Ist ja auch nicht schlimm, es macht dich nur menschlicher.«

Nun musste Brandt schmunzeln, denn Walter gab ihm viel zu selten recht, er stand meistens auf Aydins Seite, weil Brandt die besseren Spitzen gegen Aydin anbringen konnte.

»Das Frühstück ist Bombe, hervorragende Qualität. Vor allem das Spiegelei, genau wie ich es mag«, schwärmte Walter, Brandt gab ihm nickend recht. »Sagt mal, was macht euer Fall? Glaubt ihr, das mit August klappt noch?«

»Wirklich vorangekommen sind wir nicht. Die Hinweise gehen in eine Richtung, die ich nicht einschätzen kann«, antwortete Brandt. »Aber bis August ist es noch lange hin.«

»Was für eine Richtung?«

»Eifersucht. Die beste Freundin der Toten hatte eine Affäre mit deren Freund«, erklärte Aydin.

»Na ja, es war mehr eine Sexgeschichte«, korrigierte Brandt.

»Genau. Aber nicht für Mei, sie hat Gefühle für ihn. Nur, ob eine kleine Halbasiatin wirklich eine brutale Mörderin ist … Ich habe da meine Zweifel.«

»Ich lege mich lieber nicht fest. Denkt nur an den Fall aus dem Jahr 2017.«

»Da brachte aber die Frau ihren Mann um. Die Statistik sagt, dass Frauen anderen Frauen weniger Gewalt antun als Männern«, blieb Aydin bei seinem Standpunkt.

»Kranke Welt. Egal wer es war, am Ende hat eine junge Frau ihr Leben verloren, weil irgendein irrer Mörder glaubte, sie ermorden zu müssen. Wenn ich irgendwie helfen kann, lasst es mich wissen.«

»Das werden wir.«

Knapp zwei Stunden später, nachdem sie ausgiebig gefrühstückt und Walter nach Hause gefahren hatten, parkte Brandt ihren Dienstwagen in der Nähe der Anschrift von Lars Zoller.

Ob er die Angaben von Michelle bestätigen würde oder ob sie sich eine weitere Geschichte würden anhören müssen, um dann in Kleinstarbeit die Wahrheit herauszufiltern?

Aydin betätigte die Klingel und ein Summen sagte ihnen, dass sie eintreten konnten.

Vor der Wohnungstür warteten sie einen Moment, Schritte waren zu hören, dann wurde die Tür geöffnet.

»Guten Tag, Herr Zoller. Wir müssten Sie kurz sprechen.«

»Kommen Sie doch rein«, bat Zoller. Er wirkte müde und noch etwas anderes fiel Brandt auf: seine Alkoholfahne.

»Haben Sie getrunken?«

»Ist das verboten? Ja, ich habe mich die ganze Nacht besoffen. Das wird man in Deutschland doch noch dürfen, oder?« Zoller wirkte auf Krawall gebürstet.

Ob er sich wegen des Todes seiner Freundin oder wegen des schlechten Gewissens, mit Michelle Sex gehabt zu haben, betrunken hatte? Wenn sie denn Sex gehabt hatten.

Brandt und Aydin folgten ihm ins Wohnzimmer.

»Ich hoffe, das geht hier schnell. Sie können froh sein, dass ich überhaupt mit Ihnen rede.«

»Warum?«, fragte Aydin.

»Weil Michelle recht hat. Eigentlich sollte ich einen Anwalt einschalten. Ihr Bullen versucht doch immer, einem was vorzuwerfen, was nicht im Entferntesten stimmt. Das sieht man im Fernsehen doch ständig.« Zoller rülpste, was seine Alkoholfahne verstärkte.

»Sie sollten so einen Unsinn nicht glauben. Auch mit einem Anwalt haben wir das Recht, mit Ihnen zu sprechen. Die Presse übertreibt gerne. Außerdem, wofür brauchen Sie einen Anwalt? Haben Sie sich was zuschulden kommen lassen?«

»Nein, was für eine Frage«, wurde Zoller laut. »Ich bin unschuldig. Gesa war meine Freundin und ich habe sie geliebt.«

»Sie haben aber auch andere Frauen geliebt«, provozierte Brandt. Es kam ihm sehr gelegen, dass Zoller nicht ganz auf der Höhe war. Vielleicht verplapperte er sich in diesem Zustand.

»Habe ich nicht. Was soll der Mist?«

»Sie wollen sagen, dass Sie während der Beziehung zu Gesa Storm keinen Sex mit anderen Frauen hatten?«, fragte Aydin, seine Stimme klang deutlich entspannter als die von Brandt.

»Wer hat Ihnen das erzählt? Auf so eine Unterstellung kommen Sie doch nicht von alleine.«

»Herr Zoller, in Ihrem eigenen Interesse sollten Sie sich Ihre nächsten Worte genau überlegen. Sie wissen, dass jede Lüge, die Sie uns jetzt auftischen, sich am Ende nachteilig für Sie auswirken kann, weil wir uns dann die Frage stellen werden, warum Sie gelogen haben«, erklärte Aydin noch immer sehr gefasst und höflich. Brandt hätte einen deutlich schärferen Ton gewählt und Zoller seine Grenzen aufgezeigt.

»Deswegen hat Michelle mir einen Anwalt empfohlen. Sie haben mich längst in eine Schublade gesteckt«, motzte Zoller.

»Das haben wir nicht. Uns geht es allein um die Wahrheit. Nur wenn wir die Wahrheit erfahren, können wir rekonstruieren, was mit Gesa passiert ist, und den Mörder finden. Sie möchten doch, dass der Mörder verhaftet wird, oder nicht?«

»Was für eine Frage. Natürlich möchte ich das, aber was hat das mit meinen Affären zu tun?«, platzte er heraus.

Dass er sich damit verraten hatte, schien er nicht zu bemerken, vermutlich war es seinem Alkoholpegel geschuldet. Auf dem Tisch standen eine leere Flasche Rotwein und eine Flasche Wodka sowie einige Kölschflaschen.

»Haben Sie Ihre Freundin mit Mei Knorr betrogen?«

»Ich wusste es.« Zollers blaue Augen blitzten auf und er fuhr mit der Hand über seine kurzen braunen Haare. »Was hat das Miststück über mich erzählt?«

»Hatten Sie kein schlechtes Gewissen, dass Sie ausgerechnet mit Gesas bester Freundin eine Affäre hatten?«, fragte Brandt.

»Wir hatten keine Affäre, das war nur Sex, und ich kann sehr gut Sex und Liebe trennen, aber Mei nicht, obwohl sie so cool und überheblich tut. Dabei ist sie ein labiles Miststück.«

»Hat sich Mei in Sie verliebt?«

»Leider. Aber ich habe ihr gesagt, dass daraus nichts wird, und lange gedacht, dass sie cool damit wäre und es kapiert hätte. Dass sie jetzt so nachtritt, ist echt nicht sauber.«

Zoller schien überhaupt kein schlechtes Gewissen zu haben, dass er seine Freundin betrogen hatte, er redete darüber, als wäre es etwas völlig Normales. Brandt machte diese Einstellung wütend.

»Hat Frau Knorr Ihrer Freundin von der Affäre berichtet? War das der wirkliche Grund, warum Sie sich mit Gesa gestritten haben?«

»Ja«, gab Zoller zu. »Gesa hat nicht explizit gesagt, dass sie es von Mei hatte. Nur dass sie wisse, dass ich sie betrügen würde, da kam für sie bloß Mei infrage. Sie ist wütend geworden und hat mir irgendwelche Vorwürfe gemacht, mich nicht ausreden lassen. Dann hat sie ein paar Sachen in eine Sporttasche gepackt und ist einfach abgehauen. Ich dachte, sie beruhigt sich wieder und kommt zurück, dann hätte ich ihr in Ruhe erklären können, dass ich zwischen Sex und Liebe trennen kann. Ich brauche Sex, aber das hat rein gar nichts mit Liebe zu tun.«

»Haben Sie Mei darauf angesprochen?«

»Sie hat alles geleugnet und mich aufs Übelste beschimpft.«

Brandt war unschlüssig. Wenn es nicht Mei gewesen war, wer sonst konnte Gesa gesteckt haben, dass Zoller sie betrog?

»Was ist mit Michelle Vogler?«, fragte Aydin.

»Was soll mit ihr sein?«

»Wäre es nicht möglich, dass sie Gesa erzählt hat, dass Sie sie mit Mei betrügen?«

»Warum sollte sie?«

»Weil sie Sie zurückhaben wollte.«

Zollers Augen weiteten sich, als hätte er plötzlich eine Eingebung. »Deswegen hat sie mich verführt. Sie ist raffiniert genug und weiß, wie sie mich um den Finger wickeln und die Konkurrenz loswerden kann. Michelle geht über Leichen, um an ihr Ziel zu gelangen.«

Besonders der letzte Satz erregte Brandts Aufmerksamkeit, denn er ging davon aus, dass Zoller nicht log. War also Michelle vielleicht die Täterin, weil sie unbedingt Zoller zurückhaben wollte?

17

Lars Zoller war außer sich vor Wut. Sein Blick wanderte zur leeren Wodkaflasche. Leider hatte er keine weitere im Kühlschrank, er fühlte sich mit einem Mal komplett nüchtern. Dass ein Gespräch mit diesen beiden dämlichen Polizisten so auf ihn wirken würde, hatte er nicht angenommen.

Die spielen mit dir, überlegte er. *Die versuchen, dich in eine Ecke zu drängen und als Mörder abzustempeln. Das ist doch für sie die einfachste Lösung.*

Er schüttelte den Kopf. »Entspann dich, du Holzkopf. Du hast ihnen einen guten Hinweis zu Michelle gegeben. Sie als eiskalte Femme fatale präsentiert.«

Damit würde die Polizei sie auf jeden Fall verdächtigen. Die eifersüchtige Ex, die ihre Nebenbuhlerin loswerden wollte. Michelle hatte das Zeug für so einen brutalen Mord. Sie war dominant, eitel und konnte anpacken.

Aber hatte sie sich der Polizei gegenüber ebenfalls so gegeben? Er kannte sie, sie konnte auch anders sein, verständnisvoll, empathisch und schüchtern. So hatte sie sich ihm am Anfang präsentiert, als eine Frau, die ihren Platz neben einem aufstrebenden Fußballprofi kannte und sich dementsprechend zurückhielt.

Ein abwertendes Lachen entrang sich seiner Kehle. »Aufstrebender Fußballprofi? Seit wann denn das, du Idiot? Du bist längst raus. Wenigstens dir gegenüber solltest du ehrlich sein.«

Diese ganze Situation überforderte ihn. Er wusste, dass er großen Mist gebaut hatte, aber nicht, weil er Freude daran gehabt hatte, sondern weil er nicht anders gekonnt hatte. Wie dem auch sei, er musste Sorge dafür tragen, dass die Polizei ihn nicht mehr als Verdächtigen auf ihrer Liste hatte.

Mit der Idee, einen Anwalt zu engagieren, wollte Michelle dich nur in eine Falle locken, war er sich sicher. *Dieser Schönling Brandt hat recht. Wofür braucht ein Unschuldiger einen Anwalt, wenn er nichts zu verbergen hat?*

Hatte er denn wirklich nichts zu verbergen? Den zweifelnden Gedanken verwarf er sofort. Er war ein Meister darin, sich die Dinge schönzureden, nach außen den Schein zu wahren. Viele glaubten, dass er mit seinen fast 40.000 Followern ein Influencer war, dem es finanziell sehr gut ging, doch das Gegenteil war der Fall. Was man mit dieser Menge an Fans verdiente, reichte hinten und vorne nicht zum Leben. Eigentlich brauchte er einen Job, aber dafür war er sich zu schade.

»Verdammt noch mal, ich hätte Fußballprofi sein und Millionen verdienen können, wenn es diese elende Verletzung nicht gäbe«, schimpfte er. »Warum fickt das Leben immer mich?« Wut stieg in ihm auf. Sich selbst bemitleiden konnte er sehr gut, deswegen hatte Gesa auch perfekt zu ihm gepasst, denn sie hatte – im Gegensatz zu all den Michelles auf der Welt – tief in sein Herz geschaut, ihm Kraft gegeben und immer zu ihm gestanden. Sein Fame war ihr vollkommen unwichtig gewesen. Mädels wie Michelle und Mei hingegen wollten sich bloß in seinem Ruhm baden.

So gesehen war es doch nur fair, wenn er sie für seine Zwecke benutzte: für Sex. Er liebte Sex, es gab keine Stunde, in der er nicht an Sex dachte. Sicher war er sexkrank, kein Nymphomane, aber diese Lust wollte einfach nicht versiegen. Gesa war nicht so gewesen, ihr hatten zweimal Sex in der Woche gereicht. Wie konnte man da von ihm erwarten, dass er stillhielt?

Ich kann doch nicht jeden Tag wichsen. Ich bin jung und schließlich machen die Frauen den ersten Schritt auf mich zu. Sie schreiben mir auf Insta. Warum sollte ich nicht vögeln, solange ich jung bin?

Er spürte, wie seine Wut immer größer wurde. »Verdammt, das ist doch nur Sex!«

So gesehen hatte er bisher jede seiner Freundinnen betrogen, bis auf Michelle. Weil sie immer Lust hatte wie er und so dominant war, dass er sich nicht getraut hatte, fremdzugehen. Michelle hatte ihn auch schon einmal geschlagen, was er als Mann niemals öffentlich zugeben würde, er wollte sich kein zweites Mal demütigen.

Zurückgeschlagen hatte er nicht, er hatte sie gepackt, damit sie aufhörte, und danach hatten sie, so bekloppt sich das anhörte, Sex gehabt, der phänomenal war.

Zoller ging ins Bad, um sich das Gesicht zu waschen, ihm wurde plötzlich viel zu warm. Nachdem er sich erfrischt hatte, trocknete er sein Gesicht ab und schaute sich im Spiegel an. Er war schon attraktiv. Ein markantes Gesicht, ein durchtrainierter Oberkörper – eigentlich alles, was ein Fußballer, der im Rampenlicht stehen sollte, brauchte. Aber er war kein Profi. Eine Verletzung bei einem Trainingsspiel hatte dafür gesorgt, dass er bloß eine hübsche leere Hülle war, ohne Seele.

»Du hättest Michelle nicht vögeln dürfen«, sagte er zu sich. Es war das erste Mal, dass er eine seiner Entscheidungen kritisierte. Die Polizei hatte ihn noch darauf angesprochen und er hatte es nicht geleugnet, denn mit einem Mal hatte er es sattgehabt, zu lügen. Er hatte nur gewollt, dass diese Beamten aus seiner Wohnung gingen und ihn in Ruhe ließen.

»Wer hat es wohl verraten, Michelle oder Mei?«, überlegte er. »Aber woher sollte Mei es wissen?« Er erinnerte sich an die Instagramstory von Michelle und diesen dämlichen Satz, der nur an ihn gerichtet sein konnte. Gestern hatte er sich noch geschmeichelt gefühlt, heute fand er ihn komplett überflüssig. Sicherlich hatte auch Mei den Satz gelesen und so ihre eigenen Rückschlüsse gezogen.

Die ist so psycho. Bei deren Kopfkino wird sie sofort daran gedacht haben, dass du mit Michelle Sex hattest.

Er schlug sich mit der Handfläche gegen die Stirn. »Und du hast es auch noch gemacht!«

Wie konnte man so dumm sein? Gesa wurde ermordet und er vögelte mit seiner Ex. Wie sah das wohl aus? Er musste trauern und nicht einen draufmachen.

Sei ein Mal im Leben vernünftig.

Er schüttelte unbewusst den Kopf. Die Vernunft war noch nie ein roter Faden in seinem Leben gewesen.

Ich muss wissen, was Mei und Michelle den Bullen erzählt haben. Welche Lügen sie verbreiten, um nicht selbst verdächtig zu sein.

Wieder wurde ihm warm, weil er an den Knast denken musste. Er würde da elendig zugrunde gehen, so viel war sicher. Das Gefängnis würde ihm den Rest geben.

»Vielleicht bist du dann interessant, für Netflix«, verspottete er sich selbst. Sein Atem ging schneller. Sofort versuchte er, gegenzusteuern, damit er nicht wieder eine Panikattacke bekäme.

Es gelang, sein Puls beruhigte sich.

»Ich muss raus, sonst drehe ich durch.« Irgendwo einen Aperol trinken oder ein Gläschen Wein.

Er griff nach der Gesichtscreme, die oben auf der Ablage stand, und cremte sein Gesicht ein, anschließend benutzte er ein Deo und etwas Parfüm, zog sich an und war startklar. Das Gefühl der aufsteigenden Panikattacke war verschwunden.

»Und nun benutze ein Mal deinen Verstand«, ermahnte er sich. »Mei steht auf dich und Michelle steht auf dich. Auch wenn Michelle glaubt, die Krone der Schöpfung zu sein, sie steht wirklich auf dich. Warum sonst sollte sie diesen Satz in ihrer Story posten und Sex mit dir haben?«

Er musste jetzt klug handeln. Statt sie verbal anzugreifen,

um herauszufinden, was sie der Polizei gepetzt hatte, würde er ihre Gefühle ausnutzen. Sie für seine Zwecke manipulieren. Ein Lächeln huschte ihm übers Gesicht. Er war gut darin, die Mädels gefügig zu machen, damit sie nach seiner Pfeife tanzten.

»Setz deinen Charme ein, damit sie dich bei der Polizei entlasten. Es ist besser, wenn sie eine von denen verdächtigen als dich. Besser eine dieser Schlampen geht in den Knast als du.«

18

»**W**ie kann man nur kurz nach dem Mord an seiner Freundin mit einer anderen Frau Sex haben?« Aydin wirkte sprachlos.

»Zoller scheint damit kein Problem zu haben, aber ich finde das auch total gestört.«

Beide Beamten hatten gerade die Wohnung von Zoller verlassen und standen auf dem Bürgersteig.

»Aber macht ihn das zu einem Mörder?«

»Nicht zwangsläufig«, antwortete Brandt, »auf jeden Fall macht es ihn zu einem Hauptverdächtigen.«

»Wobei diese Michelle auch nicht ohne ist.«

»Ich weiß nicht. Ja, sie ist dominant, aber es war doch offensichtlich, dass Zoller versucht hat, sie zu belasten, ohne dass es auf Tatsachen beruht.«

»Um von sich abzulenken?«

»Würde mich nicht wundern. Dennoch müssen wir uns diese Michelle noch mal vorknöpfen.«

»Und was, wenn es keine dieser drei Personen war?«

»Was, wenn es im Sommer regnet?«

»Das war ein dämlicher Vergleich«, antwortete Aydin. »Ist dem großen Sprücheklopfer mal nichts Gescheites eingefallen?«

»Das passt so was von, du Keks. Auch im Sommer kann es regnen, aber du hast die Metapher nicht verstanden. Für dich die Übersetzung.« Brandt seufzte. »Es ist noch viel zu früh, um eine Aussage über den Täter zu machen. So was lehrt man euch auf der Polizeihochschule wohl nicht?« Im Gegensatz zu Aydin war Brandt ein »Straßenpolizist«. Er hatte seine Ausbildung bei der Polizei gemacht und auf der Straße seinen Beruf gelernt, nicht wie Aydin im Hörsaal einer Hochschule.

»Es passt nicht wirklich, aber bevor ich eine sinnlose Diskussion mit dir anfange, nicke ich brav.«

»Lass uns lieber zu den Eltern fahren«, erwiderte Brandt und ging voraus.

Die Ermittlungen in ihrem aktuellen Mordfall waren anders als all die anderen zuvor. Diesmal fehlte der Torso und sie hatten bisher keine Angaben zum Todeszeitpunkt, daher konnten sie weder die Tatzeit einkreisen noch die möglichen Verdächtigen nach einem Alibi fragen. Die Zeitspanne zwischen Dienstagabend und Freitag am späten Nachmittag war einfach zu groß. Sie mussten sich also gedulden, bis Rech ihnen endlich eine Tatzeit nennen könnte, was vermutlich am Montag der Fall sein würde.

Auf dem Weg zum Fahrzeug, das keine fünfzig Meter vor der Zielanschrift parkte, hörte Brandt ein: »Guten Tag« hinter sich.

»Guten Tag«, antwortete Aydin, die beiden Beamten blieben stehen.

»Wollten Sie zu mir?« Pawlowski sah sie neugierig an.

»Wir waren bei Herrn Zoller«, erwiderte Aydin zu Brandts Missfallen brav wie ein Schuljunge. Brandt hätte den Nachbarn ignoriert und wäre weitergezogen, er sah keinen Grund, sich mit Pawlowski zu unterhalten. Das letzte Gespräch hatte gezeigt, dass er nichts zu ihren Ermittlungen beisteuern konnte, aber ausgesprochen neugierig war.

»Bei dem armen Jungen?« Pawlowski machte einen irritierten Eindruck. »Ich hoffe nicht, dass Sie ihn verdächtigen.«

»Wir ermitteln nur, und da ist es leider notwendig, dass wir den Bekanntenkreis von Gesa Storm öfter besuchen.«

»Ich verstehe. Bin seit Jahrzehnten Tatort-Zuschauer. Der aus Münster gefällt mir sehr gut, wobei nichts über Schimanski geht. Der war noch ein echter Straßenbulle, aber von denen gibt es heute leider keine mehr. Sie sollten wissen, dass Lars ein ganz feiner und sensibler junger Mann ist. Nicht, dass Sie ihn ...«

»Seien Sie unbesorgt«, fiel Brandt ihm ins Wort. »Wir sind uns sehr bewusst, was wir tun.« Am liebsten hätte er das Gespräch damit beendet, doch dann hatte er eine Idee. »Sagt Ihnen der Name Michelle Vogler etwas? Eine junge blonde Frau, knapp einen Meter fünfundsiebzig.«

»Nein, sagt mir nichts. Wer soll das sein?«

»Eine Exfreundin von Herrn Zoller. Wissen Sie, ob er in den letzten Monaten Damenbesuch hatte?«

»Nein, warum sollte er? Er war doch in einer Beziehung. Sie sind auf dem Holzweg, meine Herren. Vielleicht sollten Sie sich im Umfeld von Gesa umhören.«

Hatte Zoller demnach so viel Anstand gehabt und seine Freundin wenigstens nicht in der eigenen Wohnung betrogen?

»Was meinen Sie mit dem Umfeld von Frau Storm?«, hakte Brandt nach.

»Tja, in den letzten Monaten hat sie so ein Mann besucht.«

»Ein Mann?« Brandt wurde hellhörig. Konnte es sein, dass Pawlowski doch mehr wusste, als er angenommen hatte? War der Mann eine neue Spur?

»Ja, so ein Schönling. Blond, etwas größer als Sie. Ich schätze mal, Mitte dreißig. Angeblich soll er Arzt sein, aber glauben Sie mir, der sah nicht wie ein Arzt aus.«

Brandt bekam eine Gänsehaut und ein mulmiges Gefühl in der Magengegend.

»Wissen Sie, wie der Mann heißt?«

»Glück, wenn ich mich nicht irre.«

Plötzlich wurde Brandts Mund staubtrocken und für einen Augenblick war er zu keiner Antwort fähig. Dass Glück etwas mit Gesas Tod zu tun hatte, war total abwegig, aber was hatte er in ihrer Wohnung zu suchen?

»Sind Sie ganz sicher?«, fragte Aydin.

»Natürlich, junger Mann, ich habe doch Augen im Kopf. Außerdem habe ich mich umgehört. Er soll in der Uniklinik arbeiten und wohnt irgendwo am Rhein. Nicht weit von hier. So ein Zugezogener. Wobei ich mir schwer vorstellen kann, dass er wirklich Arzt ist, aber die Bettina hat mir das erzählt, sie hat ihn hier gesehen und sofort erkannt.«

»Hat sie mit ihm gesprochen? Wohnt sie in der Wohnanlage?«

»Nein, aber sie war sich sicher, dass sie ihn in der Uniklinik gesehen hat. Sie wohnt in der Evergerstraße. Sie ist nur hier spazieren gegangen, als sie gesehen hat, wie er in den Hausflur getreten ist.«

»Und Sie haben auch nicht mit ihm gesprochen?« Diese Bettina zu befragen, hatte in Brandts Augen keinen Sinn.

»Nein, warum sollte ich? Ich fand es nur verdächtig, dass so ein attraktiver Mann die Gesa besucht. Vor allem immer dann, wenn Lars nicht zu Hause war. Das ziemt sich doch nicht.«

»Wann war das?«, fragte Aydin.

»Das letzte Mal vor zwei Wochen ungefähr.«

»Wissen Sie, wie oft er sie besucht hat?«

»Nein, woher soll ich das wissen? Ich habe ihn zwei-, dreimal gesehen.«

»Hatte sie noch von anderen Personen Besuch?«

»Nicht, dass ich wüsste. Er war der Einzige, der mir aufgefallen ist, weil er so eine markante Erscheinung ist. Irgendwas hat mir gleich nicht an ihm gefallen. Er wirkte so glattgebügelt, das war irgendwie unheimlich.«

Viele Beschreibungen passten zu Glück, aber mit Sicherheit nicht die Vokabel »unheimlich«. Es war kaum vorstellbar, dass Pawlowski von derselben Person sprach.

119

»Was ist mit den Eltern von Frau Storm? Waren die bei ihr zu Besuch?«

»Nein, und wenn, habe ich sie nicht gesehen. Sie wohnen ja ganz in der Nähe, Gesa war dann eher bei ihnen.«

»Kennen Sie die Eltern?«

»Nicht näher. Ich weiß nur, dass die Mutter krank sein soll.«

»Wissen Sie, woran sie leidet?«

»Ich glaube, es ist etwas mit dem Kopf. Aber das sollten Sie die Mutter selbst fragen. Sie werden sie doch sicherlich aufsuchen. Ich möchte keinen Tratsch verbreiten.«

»Was für einen Tratsch?«

»Tja, was die Leute hier im Veedel so sagen.«

»Und was sagen sie?« Brandt ließ nicht locker, er sah Pawlowski an, dass er reden wollte, aber wie es schien, wollte er gerne darum gebeten werden, um sich wichtig fühlen.

»Dass sie nicht ganz sauber ist im Kopf.«

»Und warum?«

»Keine Ahnung. Es heißt, sie geht kaum raus, bleibt nur zu Hause und hat die Jalousien im Schlafzimmer immer runtergezogen. Meistens sieht man nur den Mann im Veedel. Der arme Kerl, er macht einen ganz freundlichen Eindruck, aber ich glaube, dass er mit seiner Frau hoffnungslos überfordert ist. Haben Sie noch weitere Fragen? Ich muss nämlich in die Wohnung, meine Sendung läuft gleich.«

Brandt schaute zu Aydin, der sagte aber nichts. »Nein, hier ist meine Karte. Wenn Sie noch einen Einfall haben, rufen Sie mich an.«

Pawlowski sah kurz auf die Visitenkarte und steckte sie dann in die Hosentasche.

»Das werde ich. Aber lassen Sie doch bitte Lars in Ruhe. Der Junge hat schon schwer genug mit dem Verlust zu kämpfen. Geben Sie ihm etwas Zeit, sich zu erholen. Wenn Sie meinen Rat wollen, sollten Sie diesen dubiosen Arzt mal genauer unter die Lupe nehmen. Etwas stimmt mit dem nicht.«

Weder Brandt noch Aydin gingen auf Pawlowskis Vorschlag ein. Sie verabschiedeten sich und gingen zu ihrem Wagen.

»Glaubst du, da ist was dran?«

»Wo dran?« Brandt startete den Motor. Sie hätten auch zu Fuß gehen können, aber da es Sonntag war, wollte Brandt nicht unnötig Zeit verlieren. Aydin sollte noch die Gelegenheit haben, ein bisschen Zeit mit seiner Tochter und seiner Frau zu verbringen.

»Na, dass Glück etwas mit Gesas Tod zu tun haben könnte.«

»Was denkst du?«

»Ich kann mir das beim besten Willen nicht vorstellen. Ich glaube, das ist total an den Haaren herbeigezogen. Jemand wie Glück rettet Leben, der ist selbstlos. Und dass er unheimlich sein soll, ist doch ein schlechter Witz. Ich glaube, Pawlowski schaut zu viele Krimis.«

»Das denke ich auch. Ich traue wirklich vielen Menschen einen Mord zu, sehr vielen. Aber es gibt ein Dutzend Menschen, denen ich das niemals zutrauen würde. Einer davon ist Dr. Glück.«

»Ich hoffentlich auch.«

»Bei dir bin ich mir nicht sicher«, versuchte Brandt einen Scherz, aber in seinem Inneren rumorte es. Pawlowskis Worte hatten etwas in ihm ausgelöst, das ihm nicht gefiel. Er fühlte sich Glück gegenüber zu Dank verpflichtet, dass er ein Mörder sein könnte, wäre für ihn der Super-GAU.

»Erinnerst du dich an unser Frühstück?«, holte Aydin ihn aus seinen Gedanken.

»So lange ist das noch nicht her.«

»Glück wirkte etwas bedrückt. Was, wenn er da bereits wusste, dass Gesa ermordet wurde?«

»Möglich. Wir werden ihn besuchen. Ich bin mir sicher, dass es eine ganz einfache Erklärung dafür gibt, warum er

Gesa aufgesucht hat.« Trotzdem wollte dieses flaue Gefühl in Brandts Magengrube nicht verschwinden.

»Ich auch. Vielleicht erinnerst du dich noch an die Ermittlungen, wo wir Rémy verdächtigt haben.«

»Wie könnte ich das vergessen?« Rémy war ein Straßenmusiker, der in einem ihrer Fälle Zeuge und Tatverdächtiger zugleich gewesen war.

»Damals hat auch vieles dafür gesprochen, dass er der Täter sein könnte, dabei war von Anfang an klar, dass jemand wie er niemals zu so einer Tat fähig gewesen wäre. Sein Problem war, dass er zu nett war und zu ehrlich. Sein reines Herz hat ihn leider verdächtig gemacht. Der Einzige, der niemals, nicht eine Sekunde, an seiner Unschuld gezweifelt hat, war Walter. Vielleicht ist das eine Schwäche von uns Menschen, dass wir andere, die zu empathisch sind, gleich verdächtigen, dass wir sie seltsam finden, weil wir in einer Zeit voller Egoisten leben.«

»Möglich.« Brandt atmete aus und parkte das Fahrzeug, inzwischen hatten sie die Anschrift von Gesas Eltern erreicht. »Wir sollten Fischer anrufen, vielleicht ist er im Büro und kann uns die Adresse von Glück besorgen.«

»Soll ich das jetzt machen?«

Brandt nickte und Aydin wählte Fischers Nummer. Er war tatsächlich im Büro und versprach, sich darum zu kümmern.

Beim Aussteigen sah Brandt, dass Gesas Vater sich im Vorgarten aufhielt. Er zupfte Unkraut, was irgendwie befremdlich wirkte, aber vielleicht war diese Ablenkung für ihn das beste Mittel, um nach dem grausamen Tod der Tochter nicht durchzudrehen.

»Guten Tag, Herr Storm«, machte sich Brandt bemerkbar, als sie vor dem Zaun standen.

»Guten Tag«, antwortete Storm und trat zu ihnen. Er reichte beiden Beamten die Hand, wobei er recht entspannt wirkte. Jedenfalls sah man ihm nicht an, dass er in Trauer war.

»Wir hätten noch ein paar Fragen.«

»Verstehe. Was möchten Sie denn wissen?«

»Das würden wir gerne mit Ihrer Frau zusammen besprechen.«

»Mit meiner Frau?« Sein Tonfall veränderte sich, plötzlich wirkte er reservierter, vorsichtiger.

»Genau. Mit Ihrer Frau.«

»Das geht nicht. Sie schläft.«

»Dann wecken Sie sie bitte.« So leicht wollte sich Brandt nicht abspeisen lassen. Er wurde das Gefühl nicht los, dass Gesas Vater nicht wollte, dass sie mit seiner Frau sprachen.

Die Frage war nur, warum?

19

Ich fühle mich nicht gut. Die Welt hat sich gegen mich ver- schworen und ich sehe Dinge, die nicht sein können, die sich aber so verdammt real anfühlen. Wenigstens weiß ich, dass ich mir vieles einbilde, dennoch ist es enorm schwer, sich nicht verrückt zu machen.

Da ich es zu Hause nicht ausgehalten habe, bin ich raus- gegangen. Ich bin am Rhein. Die frische Luft tut mir gut, und da es bereits später Nachmittag ist, knallt auch die Sonne nicht mehr so herunter, es ist sehr angenehm draußen.

Nur wenige Passanten kommen mir entgegen und eine leichte Brise weht mir ums Gesicht.

Ich atme die Luft tief ein, ich möchte sie spüren und atme sie langsam wieder aus. Diese Atemtechnik beherrsche ich sehr gut und tatsächlich hilft sie ein wenig, die beunruhigen- den, dunklen und verlorenen Gedanken zu verscheuchen, der Druck auf meinen Schultern nimmt ab.

Es ist schon komisch, wie sehr unsere Seele unser Wesen in Beschlag nehmen kann, während der Körper als äußere Hülle nicht nur uns, sondern auch Freunde und Bekannte täuscht. Menschen, die mich sehen, wissen nicht, wie kaputt meine Seele ist.

Es gibt Tage, da fürchte ich die Nacht, weil sie in meinen Träumen den Schmerz meiner Seele offenbart. Dann gibt es Momente, da fürchte ich den Tag, weil auch er mich gerne quält. Schlimmer ist nur dieses Versteckspiel, damit alle immer denken, dass es mir gut geht.

Ich wünschte, ich könnte vergessen, aber das ist sehr schwer. Ich habe einiges getan. Ich bin so weit gegangen, jemanden zu töten, weil dieser Schmerz nicht mehr auszuhalten war.

Ich dachte, das wäre die Lösung. Danach hatte ich mich auch für einen Augenblick frei gefühlt, aber mit jedem neuen Tag wird dieses Gefühl schwächer. Mittlerweile ist es fast so, als wäre ich wieder in dem Zustand, in dem ich war, bevor ich sie getötet habe.

Habe ich mich so geirrt? War ich zu naiv in dem Glauben, dass damit meine Probleme gelöst wären?

Deine Probleme. Lüg dich nicht an! Deine Probleme ..., tönt meine innere Stimme aus dem tiefsten Dunkel, aber ich ignoriere diese Gedanken, ich möchte sie nicht an mich heranlassen.

Zur Sekunde weiß ich gar nichts mehr, ich weiß nur, dass ich allmählich die Hoffnung verliere und dass die einzige Lösung wahrscheinlich der Freitod ist. Aber es gibt da noch etwas, was mich daran hindert. Vielleicht ist es mein Überlebenswille, vielleicht etwas anderes.

Wie lange kann ein Mensch mit diesem Gefühl leben und vor allem, es nach außen hin verbergen, verheimlichen? Dass es schon ziemlich lange geht, beweise ich mir jeden Tag.

So in Gedanken bleibe ich plötzlich stehen. Mein Blick wandert zu einem Abfallbehälter und ich zucke zusammen. Ich schaue mich um und begreife jetzt meine Reaktion. Das ist der Abfallbehälter, in den ich den Stoffbeutel mit ihrem Kopf geworfen habe.

Eine Art Blitz durchzuckt meinen Körper. Ich trete an den Behälter und schaue hinein, er ist relativ neu. Dieses Gefühl, das wie Energie durch meinen Körper jagt, wird noch intensiver. Ich muss an den Moment denken, als ich ihr den Kopf abgetrennt habe. Dieses Glücksgefühl, das ich dabei erlebt habe, habe ich nie zuvor gespürt. Es war unglaublich schön und jede Last, jede Wut und jede Angst waren von mir abgefallen.

Ich war frei.

In dieser Sekunde fühle ich mich diesem Gefühl wieder sehr nahe, es ist schön, als würde Adrenalin durch meinen Körper jagen. Nein, nicht Adrenalin, Glückshormone.

Ist das vielleicht die Antwort?

Muss ich erneut töten, um mich frei zu fühlen?

20

So leicht wollte Brandt sich nicht abspeisen lassen, weil er davon überzeugt war, dass der Vater log.

»Ich möchte Sie bitten, Ihre Frau zu wecken«, blieb er dennoch freundlich.

»Das ist keine gute Idee. Sie hatte den ganzen Tag schon Kopfschmerzen.«

»Herr Storm, es sollte auch in Ihrem Interesse sein, dass wir mit Ihrer Frau sprechen. Sie möchten doch wie wir, dass wir den Mörder Ihrer Tochter finden, oder nicht?«, sagte Aydin.

»Was für eine Frage. Natürlich möchte ich das, mich quält das ungemein. Wie kann ein Mensch so brutal, so …« Storm sprach seinen Gedanken nicht aus, aber Brandt sah ihm an, wie sehr er mit sich kämpfte. Vermutlich war seine Freundlichkeit nur eine schlechte Fassade, tief in seinem Inneren litt er mit Sicherheit entsetzlich, was nur zu verständlich war.

»Genau deswegen müssen wir mit Ihrer Frau sprechen. Es wäre denkbar, dass sie Informationen für uns hat, die uns helfen, dem Täter einen Schritt näher zu kommen.«

»Meine Frau?« Skepsis schwang in seiner Stimme mit.

»Genau, Ihre Frau. Wir wissen, dass sich Ihre Tochter mit einem Dr. Glück getroffen hat, sagt Ihnen der Name etwas?«

Brandt warf Aydin einen irritierten Blick zu. Warum brachte er Glück ins Spiel, was versprach er sich davon?

»Nein, wer soll das sein?«

»Sehen Sie, deswegen ist es wichtig, dass wir uns mit Ihrer Frau unterhalten. Wir können wichtige von unwichtigen Informationen unterscheiden.«

»Sie wissen, dass wir Ihre Frau sonst ins Präsidium vorladen müssen«, erhöhte Brandt den Druck. Dass Storm so herumdruckste, war für ihn unverständlich. Er und seine Frau mussten doch das größte Interesse daran haben, dass die Polizei den Mörder fand.

Oder hatten sie etwas zu verbergen?

Storm atmete hörbar aus, dann presste er die Lippen zusammen und fuhr sich mit der Hand über die Haare. »Kommen Sie bitte rein. Ich kann nichts versprechen.«

Brandt und Aydin folgten ihm in die Wohnung.

»Warten Sie bitte«, bat er die beiden Beamten, als sie im Wohnzimmer waren.

»Was stellt er sich denn so an?« Brandt konnte Storms Reaktion noch immer nicht verstehen.

»Sie hat MS. Vielleicht geht es ihr wirklich schlecht.«

»Das glaubst du doch selbst nicht. Der hat Angst vor seiner Frau. Jede Wette, dass diese Krankheit erfunden ist.«

»Das glaube ich nicht. Sowohl Pawlowski als auch Mei haben bestätigt, dass sie krank ist.«

An dem Argument war nicht zu rütteln, trotzdem wurde Brandt das Gefühl nicht los, dass hier etwas nicht stimmte.

Storm ließ auf sich warten, mittlerweile waren bestimmt zehn Minuten vergangen und Brandt wurde immer unruhiger.

»Was braucht der so lange?«

»Soll ich mal nach ihm schauen?«, schlug Aydin vor.

»Mach das.«

»Hat sich erledigt«, zischte Brandt, weil im selben Moment Storm mit seiner Frau das Wohnzimmer betrat.

»Sie wollten mit mir sprechen.«

Frau Storm sah in der Tat nicht gut aus. Sie war ausgesprochen blass, als hätte sie monatelang das Tageslicht gemieden. Ihre Augen waren voller kleiner roter Äderchen, ein Zeichen, dass sie viel geweint hatte. Und sie schien übermüdet, ihre Augenlider wirkten schwer und es waren deutliche Augenringe zu erkennen. Sie war etwas kleiner als ihr Mann. Brandt schätzte sie auf knapp einen Meter achtzig. Eine stattliche Frau, die allerdings den Anschein erweckte, als würde sie jeden Augenblick zusammenbrechen.

»Guten Tag, Frau Storm. Verzeihen Sie, dass wir stören«, begann Aydin. »Wir haben noch ein paar Fragen, die leider keinen Aufschub dulden.«

»Mir geht es nicht gut. Ich weiß auch nicht, wie ich Ihnen helfen kann«, antwortete sie. Ihr Mann schaute die beiden Beamten an, als wollte er sagen: *Genau das habe ich doch gesagt.*

»Wir haben nur ein paar Fragen, dann sind wir weg«, erwiderte Aydin. »Wann haben Sie Gesa zuletzt gesehen?«

»Das war letzte Woche Samstag.«

»Am 12. Juni?«

»Genau.«

»War sie bei Ihnen?«

Brandt hörte gespannt zu. Die Mutter hatte ihre Tochter demnach einige Tage nach dem Vater noch gesehen, denn der hatte ausgesagt, dass er seine Tochter zuletzt am 8.6. gesehen habe.

»Nein, wir haben uns im Eiscafé Roni getroffen.«

»Worüber haben Sie mit Ihrer Tochter gesprochen?«

»Worüber?« Die Mutter schien nicht zu verstehen. Sie wirkte etwas irritiert.

»Hat Ihre Tochter Andeutungen gemacht, dass sie Probleme hatte«, schaltete sich nun Brandt in das Gespräch ein. Die Mutter wirkte seltsam abwesend, als würde sie die Fragen aus der Ferne abarbeiten. Das Gefühl, dass mit ihr etwas nicht stimmte, wollte einfach nicht verschwinden.

»Nein, nicht dass ich wüsste.«

»Versuchen Sie sich bitte zu erinnern«, forderte Aydin freundlich.

Brandt konnte nicht glauben, dass die Mutter nicht

wusste, was sie vor einigen Tagen mit ihrer einzigen Tochter besprochen hatte. Verheimlichte sie etwas?

»Nein, sie hat nicht über Probleme gesprochen. Welche Probleme soll sie denn gehabt haben?«

»Vielleicht Probleme mit Freunden oder ihrem Freund.«

»Mit Lars? Warum sollte sie Probleme mit Lars haben? Sie ist ja gerade erst zu ihm gezogen. Man zieht doch nicht zu jemandem, den man nicht liebt.«

»Wir wissen aber, dass es zu einem Streit zwischen Zoller und Ihrer Tochter gekommen ist«, erklärte Aydin.

»Hat sie Ihnen gegenüber nichts über ihre Beziehung erzählt?«, fragte Brandt.

»Sie stressen mich«, reagierte die Mutter plötzlich leicht hysterisch. »Ich mag diese schnellen Fragen nicht, erst recht nicht, wenn man durcheinanderredet. Davon kriege ich nur Kopfschmerzen.«

Brandt warf Aydin einen Blick zu und dieser verstand. Die nonverbale Kommunikation klappte wie fast immer hervorragend. Von jetzt an würde Brandt die Fragen stellen. Er wollte kein Risiko eingehen und riskieren, dass die Mutter gar nichts mehr sagte. Sie war schwierig, aber das hatte sicher seinen Grund, und Brandt ahnte, welcher das war.

»Frau Storm, inwieweit hat Ihre Tochter Sie in ihre Beziehung eingeweiht?«

»Ich verstehe Ihre Frage nicht.« Die Mutter fasste sich an die Stirn und rieb sich die rechte Schläfe, als wollte sie dort eine Verspannung lösen.

»Nun, es ist nicht ungewöhnlich, dass eine Tochter von ihrer Beziehung erzählt und sich Rat bei der Mutter holt.«

»Nicht Gesa. Sie stand auf eigenen Beinen, das glaubte sie jedenfalls. Ich denke nicht, dass sie mich um Rat gefragt hätte. Sie hielt nicht viel …« Die Mutter unterbrach sich und atmete hörbar durch die Nase.

»Wovon hielt sie nicht viel?« Brandt ließ nicht locker.

»Von mir.«

»Wieso das nicht?« Konnte es sein, dass das Verhältnis zwischen Mutter und Tochter zerrüttet war?

»Nun …« Frau Storm unterbrach sich erneut und sah zu ihrem Ehemann, der ins Nichts starrte. »Ich bin krank und kann nicht immer eine gute Mutter sein. Es ist kompliziert. Gesa hatte ihre Schwierigkeiten, das zu akzeptieren. Manchmal glaube ich, dass die Beziehung zu Lars eine Flucht vor den Problemen ihrer Familie war.«

»War Ihr Verhältnis deswegen gestört?«

»So kann man es sagen. Manchmal, wenn es mir besser ging, war es gut. An anderen Tagen war es besser, wenn wir uns nicht gesehen haben.«

»Und was war an dem Samstag, als Sie sich getroffen haben?«

»Sie wirkte gut gelaunt.«

»Wirkte?«

»Ja, ich kenne meine Tochter. Sie hat versucht, mir was vorzuspielen. Ich habe gemerkt, dass sie etwas bewegt.«

»Haben Sie sie darauf angesprochen?«

»Nein, habe ich nicht, weil das nur zu Streit geführt hätte. Im Gegensatz zu meinem Mann habe ich nie viel von Lars gehalten.«

Der Mann schaute sie kurz an und wandte den Blick wieder ab. Noch immer schwieg er.

»Warum haben Sie nicht viel von Herrn Zoller gehalten?«

»Weil er ein arroganter, eitler Gockel ist. Was wollte Gesa von so jemandem? Er hat nicht zu ihr gepasst. Eine Beziehung funktioniert doch nur, wenn es passt.«

Das war ein interessanter Hinweis. War das vielleicht der Grund, warum sich Mutter und Tochter entzweit hatten, und nicht ihre Krankheit?

»Haben Sie nach dem Samstag noch über das Handy mit

Ihrer Tochter kommuniziert? Ihr eine Nachricht geschrieben?«

»Nein, warum sollte ich?«

Weil sie Ihre Tochter ist!, wäre es Brandt fast herausgerutscht, aber er konnte sich diese Spitze gerade noch verkneifen.

»Also war Samstag der letzte Tag, an dem Sie in irgendeiner Weise Kontakt mit ihr hatten?«

»Das habe ich doch gesagt«, reagierte sie wieder gereizt.

»Wie war das Verhältnis zwischen Ihrer Tochter und Mei Knorr?«

»Seit Gesa in einer Beziehung war, ist der Kontakt leider sehr abgekühlt. Mei hat ihr gutgetan. Sie hatte meine Tochter vor einer Beziehung mit Lars gewarnt.«

Weil sie sich selbst an Lars rangemacht hat, dachte Brandt, sah aber keinen Grund, warum er der Mutter davon erzählen sollte.

»Hatten Ihre Tochter und Mei Streit?«

»Nein, das wäre mir neu. Mei war die einzige Freundin, die sie hatte.«

»Gab es noch andere Personen, zu denen Ihre Tochter in letzter Zeit Kontakt hatte?«

»Ich weiß es nicht. Wie gesagt, seit Gesa unter dem Einfluss von Lars stand, war sie noch verschlossener und hat den Kontakt zu uns gemieden. Wenn wir uns nicht gemeldet haben, kam von ihr sehr wenig. Mein Mann ist leider keiner, der mal auf den Tisch haut.«

»Lass das«, entfuhr es dem Vater leise.

»Warum? Ist doch so! Du bist ein Schlappschwanz. Unsere Tochter ist tot, weil du nichts unternommen hast. Wenn sie bei uns gewohnt hätte, würde sie noch leben.«

»Das gehört jetzt nicht hierher«, blieb Storm im Gegensatz zu seiner Frau vergleichsweise ruhig.

»Du elender Feigling. Du hast Blut an deinen Händen.«

»Ach ja«, wurde der Vater nun doch lauter. »Und was ist

mit dir? Du verpisst dich ins Schlafzimmer und traust dich tagelang nicht raus. Wo warst du denn, als deine Tochter dich brauchte?«

»Du hast ja keine Ahnung«, fauchte die Mutter.

Brandt und Aydin blieb nur die Rolle der Zuschauer. Brandt wollte nicht einschreiten, denn er war gespannt, ob den Eltern nicht doch etwas herausrutschte, was ihnen bei den Ermittlungen helfen könnte.

»Wenn es um dich geht, habe ich immer keine Ahnung, aber austeilen kannst du. Was sollen die Polizisten von uns denken? Schämst du dich gar nicht?«

»Ich mich schämen? Unsere Tochter ist tot, du Idiot!«, brüllte sie und lief weg.

Storm war sichtlich angeschlagen. Er schaute zu den beiden Beamten, atmete einmal tief ein und aus, richtete sich auf und sagte: »Das tut mir sehr leid. Meine Frau kann sich manchmal schwer beherrschen. Der Verlust unserer Tochter setzt ihr extrem zu.«

»Das verstehen wir«, ließ sich nun Aydin vernehmen. »Dennoch müssen wir unsere Arbeit machen, und es ist sehr wichtig für uns, zu erfahren, was Gesa in den letzten Tagen getan hat, und vor allem, mit wem sie Kontakt hatte.«

»Meine Frau hat leider recht. Gesa hat uns seit der Beziehung mit Lars kaum an ihrem Leben teilhaben lassen, aber das lag nicht an Lars. Er ist ein anständiger junger Mann, da irrt meine Frau. Es lag an ihr.«

»An Ihrer Frau?« Aydin wirkte überrascht, dass Storm so über seine Frau sprach, vermutlich weil er selbst in einer sehr glücklichen Beziehung war und niemals schlecht über Nina gesprochen hätte.

»Kann es sein, dass Ihre Frau starke Stimmungsschwankungen hat, weil sie an Depressionen leidet?«, rückte Brandt nun mit seiner Ahnung heraus.

Storm fühlte sich ertappt. »Warum soll ich lügen«, sagte

er dann leise. »Sie haben recht. Die Depressionen haben sie manchmal tagelang im Griff und reißen die ganze Familie in den Abgrund.«

Brandt nickte. Also litt Gesas Mutter gar nicht an MS und das war nur eine Ausrede, weil Storm nicht wollte, dass sie erfuhren, wie stark depressiv seine Frau war.

Verbarg die Familie vielleicht noch mehr?

21

Köln, 21. Juni

Brandt hatte sich dagegen entschieden, Dr. Glück noch am Sonntag aufzusuchen. Aus verschiedenen Gründen. Zum einen, weil er wusste, was für einen anstrengenden Beruf Glück als Mediziner in der Uniklinik hatte, und er ihm deshalb seine wohlverdiente Sonntagsruhe gönnen wollte. Zum anderen, weil er wollte, dass Aydin noch ein wenig Zeit mit seiner Familie verbrachte. Vor allem aber, weil es für ihn unvorstellbar war, dass Glück etwas mit dem Mord zu tun hatte.

An diesem Morgen betraten Aydin und er den Konferenzraum, Bender hatte zu einer Besprechung gebeten.

Kurz nach ihnen trat die Chefin ein, grüßte in die Runde und nahm Platz. Rech war die einzige Person, die fehlte, aber auch er kam wenige Sekunden später dazu.

»Tach zesamme«, grüßte Rech auf Kölsch. In der Hand hielt er einen Teller mit Keksen. Aydins Blick wanderte automatisch dorthin. »Ist genug für alle da«, erklärte Rech grinsend.

»Nimm bitte Platz, wir wollen keine Zeit verlieren«, kommentierte Bender die Szene.

Rech setzte sich und stellte den Teller mit den Keksen in der Mitte des großen Besprechungstisches ab, dann nahm er sich einen und ließ ihn im Mund verschwinden. Auch Aydin griff sich zwei Kekse, von denen er einen Brandt reichte. Sogar Kramer nahm sich einen, was äußerst selten geschah.

»Wie ich sehe, sind wir vollzählig«, begann Bender gewohnt sachlich. »Die ersten Ergebnisse aus dem Labor und von der Rechtsmedizin liegen vor, die Kollegen Brandt und Aydin werden uns eine kurze Zusammenfassung ihres aktuellen Ermittlungsstandes geben und auch Fischer wird einiges zu unserem Meeting beisteuern«, fasste Bender den Ablauf der Besprechung grob zusammen. »Rech, möchtest du anfangen?«

»Gerne«, antwortete der und umschloss seinen Kaffeebecher, den er sich noch schnell eingeschenkt hatte, mit den Händen. »Wir wissen jetzt, wann der Toten der Kopf abgeschnitten wurde.«

»Wann?«, fragte Brandt.

»Die Rechtsmedizin geht davon aus, dass der Kopf am Donnerstag abgetrennt wurde. Vermutlich zwischen 15 und 19 Uhr. Wir gehen davon aus, dass die Tüte mit dem Kopf am Freitag zwischen 14 und 16 Uhr in den Abfallbehälter geworfen wurde.«

»Glaubst du, dass das auch der Todeszeitpunkt war?«

»Vermutlich. Oder kurz davor. Wobei das leider nicht abschließend beurteilt werden kann. Die Rechtsmedizin hält es aufgrund der Untersuchungen am Gehirn für sehr unwahrscheinlich, dass der Tod weit vor dem Abtrennen des Kopfes eingetreten ist.«

Etwas anderes konnte Brandt sich auch kaum vorstellen. Das hieß also, dass Gesa, wenn sie am Dienstagabend entführt worden war, bis Donnerstag von ihrem Entführer gefangen gehalten worden war. Die Frage war nur, wo?

Oder konnte es sein, dass Gesa ihrem Mörder später begegnet war?

Aber wo hatte sie sich dann von Dienstag an bis zur Begegnung mit dem Mörder aufgehalten? Freunde, zu denen sie hätte gehen können, hatte sie nicht. Jedenfalls keine, von denen sie wussten.

Ein Hotel?, überlegte Brandt. Er würde Fischer gleich bitten, zu überprüfen, ob sie eine Kreditkarte besaß, mit der eventuell ein Hotelzimmer gebucht worden war, obwohl er das für unwahrscheinlich hielt.

»Kannst du etwas über die Tatwaffe sagen?«, fragte Schmoll.

»Wir gehen noch immer davon aus, dass für das Abtrennen des Kopfes eine Säge benutzt wurde, allerdings eine mit einem sehr feinen und scharfen Blatt.«

»So wie Chirurgen sie benutzen?«, erkundigte sich Kramer und beugte sich interessiert nach vorne.

»Möglicherweise. Wobei man solche Sägen auch als Nichtmediziner kaufen kann. Das Internet ist voll von solchen Angeboten.«

Brandt überkam wieder dieses komische Gefühl in der Magengegend. Dass eine Säge benutzt worden war, die zur Ausstattung eines Chirurgen gehörte, ließ ihn sofort an Dr. Glück denken, auch wenn er immer noch nicht glauben wollte, dass der Arzt etwas mit der Tat zu tun hatte.

»Verstehe.« Kramer nahm sich einen weiteren Keks, bevor er sich gegen die Stuhllehne fallen ließ.

»Für die Spuren, die wir sichergestellt haben, gab es leider keine Übereinstimmungen in unseren Datenbanken. Wer immer der Täter ist, er ist entweder sehr vorsichtig vorgegangen und hat darauf geachtet, so wenig Spuren wie möglich zu hinterlassen, oder wir haben es mit einem Täter zu tun, der noch nicht polizeilich in Erscheinung getreten ist.«

Brandt nahm das Zweite an. Er konnte sich nicht vorstellen, dass sie es mit einem vorbestraften Täter zu tun hatten, der erneut die Lust am Töten für sich entdeckt hatte.

»Gibt es neue Erkenntnisse über den Stoffbeutel?«, fragte Bender.

»Nein, es handelt sich um einen ganz gewöhnlichen Beutel. Die daran gefundenen Spuren lassen bisher keine Rückschlüsse auf den Täter oder den Tatort zu. Aber hier gibt es immer noch keine finalen Analysen.« Rech seufzte und belohnte sich mit einem selbstgebackenen Keks seiner Frau.

»Hast du noch mehr für uns?«

»Leider nicht. Alles Weitere dann in den Berichten.«

»Danke dir. Was ist mit euch?«

»Wir hatten einige Gespräche«, antwortete Brandt.

»Das ist mir bewusst. Ich habe die Berichte gelesen, aber ich möchte wissen, was nicht in euren Berichten steht. Eure Einschätzung.«

»Darauf wollte ich gerade zu sprechen kommen. Leider haben wir noch immer keine heiße Spur. Wir haben zwei potentielle Kandidatinnen, die im größeren Kreis der Verdächtigen sind: Mei Knorr und Michelle Vogler. Beide haben Interesse an Lars Zoller und könnten daher versucht gewesen sein, ihre Nebenbuhlerin auszuschalten. Eifersucht ist ein starkes Motiv.«

»Was ist mit dem Freund?«

»Unwahrscheinlich. Sie hatten einen Streit. Gesa glaubte, dass er sie betrügt …«

»Wieso glaubte? Er hat sie doch betrogen«, unterbrach Schmoll.

»Ja, *wir* wissen das. Gesa gegenüber hat Zoller aber bis zum Schluss geleugnet, sie betrogen zu haben. Sie hat nach dem Streit eine Sporttasche gepackt und ist verschwunden. Es fehlt das Motiv, warum er sie töten sollte.«

»Mal angenommen, sie ist gar nicht abgehauen und Zoller belügt uns. Er ist doch die einzige Person, die bezeugt, dass sie weggelaufen ist«, ließ Schmoll nicht locker.

Daran hatte Brandt nicht gedacht, für ihn war diese Theorie abwegig, aber als Polizist hatte er schon die schrägsten Dinge erlebt.

»Dann würde eine Durchsuchung der Wohnung Sinn machen«, schlug Aydin vor.

»Mit welcher Begründung soll uns der Staatsanwalt bei diesem Vorhaben unterstützen, wenn nicht einmal ein Anfangsverdacht vorliegt?«, entgegnete Bender. »Da brauche ich deutlich mehr Hinweise, um das durchzuboxen. Bis dahin tun wir so, als ob wir Zollers Worten glauben, was das Verschwinden von Gesa Storm anbelangt. Vielleicht hat Fischer erste Ergebnisse aus der öffentlichen Fahndung.«

»Leider nicht viele«, deutete Fischer an.

»Was hat es mit diesem Arzt auf sich?« Benders Blick wanderte wieder zu Brandt.

»Wir wollen ihn heute aufsuchen. Wir vermuten, dass er ihr in Gesundheitsfragen behilflich war«, antwortete Brandt.

»Ist dieser Dr. Glück zufälligerweise derselbe Arzt, der dir das Leben gerettet hat?«, erkundigte sich Kramer.

»Das ist er. Warum?«

»Nicht, dass ein Interessenkonflikt vorliegt und du befangen sein könntest.«

»Das bin ich bestimmt nicht. Was für einen Mist denkst du dir wieder aus? Warum sollte ich befangen sein?«, wurde Brandt laut. Sich von Kramer vorführen zu lassen, war das Letzte, was er jetzt gebrauchen konnte.

»Keinen unsinnigen Streit. Wir wissen nicht, welche Rolle dieser Arzt in dem Fall spielt, aber ich bin überzeugt, dass weder Brandt noch Aydin befangen sind. Sie werden das tun, was für die Aufklärung des Falles notwendig ist. Ich will dieses Thema auch nicht mehr erwähnt wissen«, sagte Bender und Kramer nickte zerknirscht mit dem Kopf.

»Wir sollten diesen Arzt trotzdem gründlich unter die Lupe nehmen, die Säge ist schon ein sehr komischer Zufall«, konnte sich Kramer eine Spitze dennoch nicht verkneifen.

»Glaubst du im Ernst, dass ein intelligenter und empathischer Mensch wie Glück eine Tatwaffe benutzt, die auf ihn zurückzuführen ist?« Aydin schüttelte verärgert den Kopf.

»Ich glaube gar nichts. Ich analysiere. Das ist der Unterschied zwischen dir und mir«, giftete Kramer zurück.

»Es reicht!« Bender schlug mit der Hand auf den Tisch. »Verdammt noch mal, immer dieser Kinderkram. Wir suchen einen Mörder, der einer jungen Frau den Kopf abgeschnitten hat. Ist es da so schwer, sich am Riemen zu reißen und zusammenzuarbeiten?«

Keiner der Anwesenden wagte etwas zu erwidern, das war besser so, wenn Bender derart ausrastete.

»Fischer, was hast du?«

Dass Brandt oder Aydin noch etwas zu dem Fall beisteuern könnten, schien Bender nicht mehr zu interessieren, und Brandt wagte auch keinen Vorstoß, weil sie tatsächlich nichts weiter hatten. Höchstens ein paar Worte über die Eltern, aber das konnten sie genauso gut in den nächsten Bericht schreiben.

»Die öffentliche Fahndung hat bisher nicht den gewünschten Erfolg gebracht. Wir haben bis heute Morgen um 8 Uhr knapp hundertzwanzig Meldungen über die verschiedenen Kanäle erhalten. Nach Sichtung der meisten sieht es so aus, als wüsste niemand, wo Gesa Storm war. Sie scheint wie vom Erdboden verschluckt.«

»Vielleicht sollten wir den Gedanken, dass Zoller lügt, nicht ganz außen vor lassen«, kommentierte Schmoll Fischers Worte. »Hat er denn ein Alibi für die Tatzeit?«

»Wir haben bisher nicht nach einem Alibi gefragt, da die Zeitspanne einfach zu groß war«, antwortete Aydin.

»Und was würde es schaden, zu fragen, wo sich Zoller oder die anderen von Dienstag bis Freitag aufgehalten haben?«, warf Bender verständnislos ein. »Jetzt, wo wir die ungefähre Tatzeit haben, ist der Zeitraum deutlich kürzer. Ich gehe davon aus, dass ihr das bei den befragten Personen nachholen werdet.«

»Das war geplant. Wir haben nur Rechs Ergebnisse abgewartet«, antwortete diesmal Brandt, er wollte Bender nicht noch mehr Angriffsfläche bieten.

Sie grummelte etwas, was Brandt nicht verstand, und für einen Moment war es still im Raum, sodass Fischer wieder ansetzte.

»Die Analyse des Laptops ist so gut wie abgeschlossen, und wie bereits letztens erwähnt, war das Opfer nicht in den sozialen Medien unterwegs. Sie besaß einen E-Mail-Account, der jedoch nicht weiter auffällig ist. Sie hat in den letzten Wochen mit niemandem über diesen Account privat gechattet.«

»Weißt du, ob es eine Kreditkartenabbuchung gab? Eventuell für eine Hotelbuchung?«, fragte Brandt.

»Die gab es nicht. Auch sonst keine Abbuchung, vermutlich besitzt sie keine Kreditkarte. Wieso fragst du?«

»Weil wir nicht wissen, wo sich Gesa seit ihrem Verschwinden aufgehalten hat. Sie hat keine Freunde. Bei Mei war sie nicht und bei ihren Eltern auch nicht, daher stellt sich die Frage, wo sie übernachtet hat.«

»Ich will ja nicht nerven, aber es macht doch immer mehr Sinn, Zoller mal deutlicher auf die Finger zu klopfen. Gesa wird kaum unter der Brücke geschlafen haben«, moserte Schmoll und blickte dabei Brandt an.

»Wir werden Zoller erneut in die Mangel nehmen.«

»Du vergisst bei deinem Gedanken eines«, schaltete sich Kramer ein und in seinen Augen blitzte es kurz auf. Er schien angriffslustig. »Sie muss nirgends übernachten, wenn sie am Dienstagabend entführt worden ist.«

Das war ein Argument, das Brandt nach derzeitigem Stand der Ermittlungen am naheliegendsten erschien, aber bisher hatten sie nicht einen Hinweis darauf, dass sie entführt worden war.

»Das hieße ja, dass keiner der bisherigen Verdächtigen infrage kommt und wir bei null stehen.« Schmoll schien nicht überzeugt. »Mal angenommen, sie ist zu jemandem ins Auto gestiegen, dann besteht doch die Möglichkeit, dass sie jemand dabei gesehen hat, aber Fischer meinte, dass alle Hinweise bisher ins Leere laufen.«

»Das muss nichts heißen. Was glaubst du, wie viele Menschen zu jemandem ins Auto steigen und niemand kriegt das mit?«, erwiderte Kramer.

»Ich weiß nicht«, schaltete sich nun Aydin in das Gespräch ein. »Wir wissen, dass Gesa introvertiert und zurückhaltend war. Warum sollte jemand wie sie zu einer fremden Person ins Auto steigen?«

»Wer sagt denn, dass es sich um eine fremde Person handeln muss?«, entgegnete Kramer mit einem süffisanten Lächeln, als freute er sich, dass er Aydin auflaufen lassen konnte.

»Wir wissen aber, dass das Opfer, abgesehen von Mei Knorr, keine Freunde hatte. Weder Zoller noch die Eltern haben eine andere Person erwähnt, mit der sie Kontakt hatte, und selbst Fischer bestätigt, dass es auf ihrem Laptop keine Hinweise auf andere Bekannte gibt.«

»Fischer, was ist mit den Verbindungsnachweisen?«, fragte Bender, gleichzeitig wanderte ihr Blick zur Wanduhr. Das Meeting dauerte länger, als sie geplant hatte.

»Liegen noch nicht vor. Ich hoffe, dass sie die Tage kommen. Was den WhatsApp-Chat anbelangt, wird es wohl noch länger dauern.«

»Gut, informiere mich, sobald sie da sind, vielleicht erfahren wir dann, mit wem Gesa Storm zuletzt Kontakt hatte. Dass es den zuletzt nur mit Frau Knorr gegeben haben soll, fällt mir schwer, zu glauben. Was ist mit Arbeitskollegen?«

»Die haben wir bisher außen vor gelassen, weil es keinen Grund gab, sie schon jetzt aufzusuchen.«

»Schlampig ermittelt«, bemerkte Kramer geradeheraus.

»Jetzt reicht es aber«, griff Brandt seinen Kollegen an. »Glaubst du, wir schlafen den ganzen Tag? Während du sonntags Eierkraulen warst, haben Aydin und ich in dem Fall ermittelt und mögliche Tatverdächtige vernommen. Wir können auch nicht mehr als vierundzwanzig Stunden arbeiten.«

Kramers Gesichtsausdruck fror ein. Er war zu keiner Regung fähig, mit so einer verbalen Attacke hatte er offensichtlich nicht gerechnet.

»Das mit schlampig war vermutlich etwas übers Ziel hinausgeschossen«, entschuldigte er sich dann. Brandt war überrascht und er registrierte, dass auch die anderen Kollegen und Bender erstaunt wirkten. Er selbst sah nicht ein, sich ebenfalls zu entschuldigen, er war noch immer wütend. Natürlich gab es viel mehr, was man tun konnte, aber sie waren nur zu zweit, da konnte man nicht alles auf einmal erledigen.

»Wenn ihr Unterstützung von den Streifenkollegen braucht, sagt es mir. Ich kümmere mich darum«, sagte Bender.

»Das wäre gut. Danke«, antwortete Aydin.

»Ich leite das in die Wege. Wie ihr alle wisst, haben die Kollegen von der Streife die Anwohner im näheren Umkreis des Abfallbehälters befragt, leider ohne Ergebnis. Ich werde sie bitten, sich nun auch in der Nachbarschaft von Gesa Storm umzuhören. Die Kollegen werden sich bei euch melden, wenn sie Hinweise haben, die euch nützlich sein könnten, und falls weitere Unterstützung notwendig ist, werde ich zusätzliche Kollegen hinzubitten, aber es dürften sicherlich nicht mehr als eine Handvoll werden«, fügte Bender hinzu. »Fischer, welche offenen Punkte hast du noch?«

»Brandt und Aydin hatten mich gebeten, mehr über Mei Knorr, Michelle Vogler, Lars Zoller und die Eltern herauszubekommen.«

»Über die Eltern?« Benders Blick wanderte zu Brandt. Über ihr Gespräch mit den Storms stand bisher noch nichts in den Berichten, das wollte Aydin heute im Laufe des Tages nachholen. Für gewöhnlich schrieb immer er die Berichte, weil Brandt nicht der Typ dafür war und es sich über die Zeit bei den beiden so eingespielt hatte.

»Vor allem wollen wir mehr über die Mutter wissen«, antwortete Brandt. »Wir hatten gestern ein Gespräch mit ihr und wir glauben nicht, dass sie an MS leidet, sondern vielmehr unter starken Depressionen. Es wäre interessant zu wissen, wie lange sie das schon hat und was das für ihren Alltag bedeutet.«

»Habt ihr den Ehemann nicht befragt?«

»Doch, haben wir. Aber seine Antworten waren sehr schwammig. Seine Frau leide seit einigen Jahren darunter, erklärte er. Die depressiven Schübe kämen einfach und er wolle nicht darüber sprechen, weil er die Intimsphäre seiner Frau nicht verletzen wolle, das sei Vertrauensbruch.«

»Da sieht man, wer in der Beziehung die Hosen an hat«, rutschte Schmoll ein trockener Spruch heraus.

Bender schaute zu Fischer. »Was hast du herausgefunden?«

»Nicht viel. Die Mutter ist tatsächlich, wie der Vater angegeben hat, an Depressionen erkrankt, doch was der Auslöser dafür war, habe ich nicht in Erfahrung bringen können. Ich bleibe dran, die Suche ist noch nicht abgeschlossen. Sobald ich Infos vorliegen habe, gebe ich sie weiter. Gerade wegen des Datenschutzes ist das sehr kompliziert, allerdings habe ich da ein paar Ideen.« Fischer hielt inne und wartete Benders Reaktion ab. Da sie nichts entgegnete, fuhr er fort: »Sowohl Knorr als auch Vogler sind in den sozialen Medien überaus aktiv. Vogler ist die Exfreundin von Zoller und laut Lasse hatten beide eine Affäre mit ihm. Wie es ausschaut, hatte Vogler einen Tag nach dem Tod von Gesa Geschlechtsverkehr mit Zoller.«

»Was ist das für ein kranker Scheiß! Wenn jemand seine Freundin liebt, vögelt er doch nicht einen Tag nach ihrem Tod mit seiner Ex. Dieser Zoller ist mir nicht geheuer«, schimpfte Schmoll. Sie wirkte heute besonders aktiv, sonst hörte sie eher zu und zeigte sich zumeist introvertiert.

»Es ist angekommen. Brandt und Aydin werden Zoller noch mehr Aufmerksamkeit schenken«, schlussfolgerte Bender und ihr Blick wanderte zu den beiden Beamten. Aydin nickte.

»Das wars vorerst von meiner Seite. Sobald ich weitere Hinweise oder Informationen erhalte, reiche ich sie sofort weiter.«

»Danke. Kramer, möchtest du noch deine Einschätzung loswerden? Uns rennt die Zeit davon.«

»Das würde ich gerne, und ich halte es für sehr wichtig, dass wir uns die fünf Minuten nehmen«, antwortete Kramer.

Jede andere Reaktion hätte Brandt gewundert. Kramer liebte es, wenn er als Letzter gefragt wurde, denn damit glaubte er die volle Aufmerksamkeit der Runde zu genießen.

»Gut, fünf Minuten.« Benders Blick wanderte wieder zur Wanduhr.

»Danke.« Kramer präsentierte sein gekünsteltes Lächeln. »Ein sehr interessanter Fall«, begann er dann, jedoch ohne den restlichen Teil seiner »Kramer-Show«, wie Brandt sein Verhalten insgeheim nannte, abzuziehen. »Auch wenn es nicht so erscheinen mag, haben wir einige markante Hinweise. Wir wissen, dass es zu einem Streit zwischen der Toten und Lars Zoller kam. Laut den Berichten von Aydin hat sie herausgefunden, dass er sie betrogen hat, und wie es sich für eine junge, unsichere Frau gehört, hat sie daraufhin die Flucht ergriffen.« Kramer unterbrach sich.

Dass er in Sachen Bericht nur Aydin erwähnte, hatte Brandt erwartet. Kramer machte sich regelmäßig lustig darüber, dass sein jüngerer Kollege die Berichte schrieb, aber das war ihm herzlich egal.

»Jetzt wird es spannend«, fuhr Kramer fort, »weil wir nicht wissen, was dann passiert ist. Es gibt weder Hinweise darauf, dass sie tatsächlich aus der gemeinsamen Wohnung ausgezogen ist, noch mit wem sie sich getroffen hat.« Erneut folgte eine bedeutungsvolle Pause, sicherlich um die Spannung zu erhöhen. Bender warf ihm einen kritischen Blick zu.

»Da ich aber eben sagte, dass die Tote eine junge, unsichere Frau ist, halte ich es für sehr unwahrscheinlich, dass sie nach dem Streit mit Zoller zu Hause geblieben ist und so getan hat, als hätte er sie nicht betrogen. Sie wird also wirklich ihre Sporttasche gepackt und die Wohnung verlassen haben. Dass es keinen Streit gab, können wir ausschließen. Also stellen sich folgende Fragen:

Wohin ist sie gegangen?

Hat sie jemand gesehen?

Wurden alle Nachbarn diesbezüglich befragt?

Ist es am Ende Zoller vielleicht doch gelungen, sie zu beruhigen?

Wir wissen, dass sie wenig selbstbewusst ist, und Zoller scheint zu verstehen, welche Worte er wählen muss, um junge Frauen gefügig zu machen. Dass sein Erfolg beim weiblichen Geschlecht nur etwas mit seinem Aussehen zu tun hat, ist schwer vorstellbar. Er wird auch ein Magier der Worte sein.« Kramer lachte kurz auf.

Brandt schüttelte in Gedanken den Kopf. Er hatte mit Zoller gesprochen und mit Sicherheit war der Exfußballer kein »Magier der Worte«. Er sah gut aus, kam locker rüber und hatte viele Instagramfans, das war sein Erfolgsrezept. Viele junge Frauen standen auf so etwas. Aber ein Magier – das war einfach nur lächerlich. Dennoch schwieg Brandt, weil er keine Lust auf eine sinnlose Diskussion mit Kramer hatte.

»Nun müssen wir uns fragen«, fuhr Kramer fort: »Ist es ihm gelungen und ist sie zurückgekommen? Wenn ja, halte ich es für sehr wahrscheinlich, dass es zu einem erneuten Streit kam und Zoller der Täter ist. Dass sie ein zweites Mal wegläuft, glaube ich nicht.« Wieder hielt Kramer inne und schaute in die Runde, als wollte er prüfen, ob die Kollegen ihm folgen konnten.

Brandt musste insgeheim gestehen, dass Kramers Theorie nicht ganz von der Hand zu weisen war.

»Die andere Option, die ich allerdings für die wahrscheinlichere halte, ist, dass sie weggelaufen ist und zufällig auf ihren Mörder stieß.«

»Haben wir vorhin nicht gesagt, dass es unwahrscheinlich ist, dass sie zu einem Fremden ins Auto steigt?«, warf Rech ein und griff nach dem letzten Keks auf dem Teller.

»Das stimmt. Aber es wäre denkbar, dass sie am Rhein spazieren ging und dort überwältigt wurde. Oder einfach so draußen auf ihren Mörder traf. Eine Person, die sie flüchtig kannte. Eine Person, der sie vertraute und von der sie annahm, dass sie bei ihr sicher wäre.« Kramers Blick wanderte zu Brandt. »Eine Person, die sie bereits besucht hat, einige Male sogar, die hier allerdings noch zu wenig Beachtung gefunden hat.« Er legte eine Kunstpause ein und Brandt wusste, wen Kramer ihnen gleich als Hauptverdächtigen präsentieren würde. »Diese Person heißt Dr. Glück. Er kennt sie, sie vertraut ihm. Ich halte es für sehr wahrscheinlich, dass Glück nicht der gute Arzt ist, für den mancher ihn hier hält.«

22

Ein neuer Tag. Eine neue leere Seite, die man selbst füllen kann. Damit mache ich mir Mut. Nein, nicht Mut, vielmehr suche ich nach einem Grund, warum dieser Tag besser sein sollte als der gestrige. Der gestrige war zum Vergessen. Erstaunlicherweise habe ich gut geschlafen, das hätte ich so nicht erwartet.

Vielleicht liegt es daran, dass der Körper zu müde, zu abgeschlagen war, als dass er auf den Geist hätte hören können, der voller offener Fragen ist. Mir soll es recht sein. Der Schlaf hat mir gutgetan.

Den Gedanken, noch eine weitere Person zu töten, um mich besser zu fühlen, habe ich verworfen. Ich bin kein Mörder. Dass sie sterben musste, hatte seine Gründe. Ich bin kein durchgeknallter Psycho.

Jedoch muss ich gestehen, dass ich das Ausmaß meiner Tat unterschätzt habe. Eigentlich hatte ich gedacht, dass ich danach keine Reue empfinden würde, aber dem ist nicht so, und meine Probleme sind noch immer dieselben. Dieses bedrückende Gefühl ist ebenfalls weiterhin da, wobei ich mir einreden möchte, dass ich weniger wütend bin.

Ich lache mein Spiegelbild schief an.

»Deine Wut ist noch immer da«, verhöhnt es mich.

Ich schaue weg und wasche mein Gesicht.

Warum muss das Leben so kompliziert sein? Dabei möchte ich doch nur das erleben, was mein Recht von Geburt an hätte sein sollen: glücklich sein.

Leider ist das verdammt schwer, schon lange. Ich war ja nicht immer dieser Mensch. Es gab Zeiten, da glaubte ich, dass ich ein gutes Leben hätte, dass ich glücklich wäre. Doch dann sind Dinge passiert, die niemals hätten passieren dürfen. Trotzdem sind sie passiert, weil das Leben dich eben fickt und dich dabei noch frech anlächelt.

Zu viele Gedanken kreisen in meinem Kopf, sie sind wie Geier, die nur darauf warten, dass ich an meiner Last zugrunde gehe. Aber das werde ich nicht tun. Diese Tat darf nicht vergebens gewesen sein, sie wird genau das erfüllen, wofür sie gedacht war. Das bin ich mir schuldig.

Plötzlich fühle ich die Enge. Das bedrückende Gefühl wird immer stärker. Ich muss raus, raus aus der Wohnung, unter Leute, mich ablenken. Schnell ziehe ich mich an und nur wenige Minuten später bin ich draußen, da merke ich, dass ich meine Geldbörse vergessen habe, also muss ich noch mal zurück.

Ich bin genervt. Trotzdem gehe ich rein, hole meine Geldbörse und bleibe kurz stehen, ich weiß nicht warum. Meine Beine fühlen sich mit einem Mal schwer an und dann überkommt mich ein Gefühl, das mich in die Knie zwingt.

Ich weine. Die Tränen rollen, ich kann sie nicht kontrollieren.

Wie kann man weinen, weil man seine Geldbörse vergessen hat?

Nein, das ist es nicht, ich weiß es besser. Ich weine nicht wegen der Geldbörse, sondern weil mein Blick auf etwas gefallen ist. Eine Halskette.

Ihre Kette!

Warum habe ich sie nur behalten?

Ich habe keine Antwort darauf, aber ich kann sie nicht wegwerfen, vernichten. Sie ist übermächtig. Warum sonst sollte sie mich zum Weinen bringen?

»War es ein Fehler?«

Meine Tränen versiegen. Ich beruhige mich langsam,

ziehe die Nase hoch und wische mir die letzten Tränen mit dem Ärmel meines Shirts weg.

Mein Blick wandert wieder zu der Kette. Der Drang, sie zu nehmen und in die Tonne zu werfen, ist groß, aber ich widerstehe dem Verlangen. Stattdessen nehme ich sie in die Hand und schaue sie mir genauer an. Eine Erinnerung steigt in mir auf. Dann lege ich sie in die kleine Schale auf der Kommode im Flur und verlasse die Wohnung.

Ein Gefühl breitet sich in mir aus, ein gutes Gefühl. Es überrascht mich, weil ich nicht weiß, woher es so plötzlich kommt, aber es ist überaus willkommen.

Wird heute vielleicht doch noch ein schöner Tag?

Ich möchte diesen positiven Schwung mitnehmen und beschließe, in die Innenstadt zu fahren. Auf dem Fußgängerweg begegne ich jemandem, der mich mit seiner Art und seinen Fragen ständig nervt. Diesmal grüßt er jedoch nur und zieht vorbei. Ist mir nur recht.

Mein Auto steht etwas weiter weg, aber das Wetter ist wunderschön, daher stört es mich nicht.

Da höre ich jemanden meinen Namen rufen. Als ich mich umdrehe, erkenne ich die Person und bleibe stehen.

»Wohin des Weges?«, frage ich.

»Ins Eiscafé. Und du?«

»Ich wollte eigentlich in die City.«

»Komm doch mit«, schlägt die Person vor. »Was willst du in der City? Es wird bestimmt voll sein und der Verkehr ist auch nicht ohne.«

Ich überlege kurz und gebe mir dann einen Ruck. »Ja, gut. Warum nicht«, antworte ich. Ich habe Lust auf einen Eiskaffee.

Auf dem Weg zum Café unterhalten wir uns, wobei die Person die meiste Zeit spricht und ich eher der stille Zuhörer bin, aber ich spüre, wie der Druck, der fast jede Minute auf mir lastet, mit jedem Schritt abnimmt und die Sicherheit, dass heute wirklich ein guter Tag sein wird, immer mehr zu-nimmt.

Ob es an meiner Begleitung liegt, dem schönen Wetter oder an der Erkenntnis, dass ich glücklich sein sollte, weil sie nicht mehr lebt, kann ich gerade nicht sagen. Ist ja auch egal. Ich fühle mich gut, das allein zählt.

Wir erreichen das Café, und da es noch früh ist, gibt es jede Menge Platz auf der Terrasse. Wir wählen einen schö-nen Tisch aus und setzen uns.

Kaum sitzen wir, kommt die Kellnerin und fragt uns, was wir bestellen möchten.

»Einen Eiskaffee mit einer Kugel Vanilleeis«, antworte ich.

»Weißt du was, ich nehme das auch«, antwortet meine Begleitung. Die Kellnerin nickt und entfernt sich.

»Warst du im Urlaub?«, frage ich, weil sie richtig braun aussieht.

»Genau. Zwei Wochen Antalya. War echt schön.«

»Du siehst echt gut erholt aus.«

»Danke, das war auch bitter nötig.«

Ich nicke nur, dann kommt die Kellnerin mit der Bestel-lung. Wir bedanken uns und nehmen den Strohhalm in den Mund. Herrlich, genau so muss ein Eiskaffee schmecken.

Neben unserem Tisch nehmen zwei ältere Frauen Platz. Warum sie nicht einen Tisch weiter weg wählen, ist mir schleierhaft, es sind noch jede Menge Plätze unbesetzt. Dann unterhalten sie sich in einer Lautstärke, die einen dazu zwingt, das Gespräch mitzuhören.

Ich hasse das!

»Ich hoffe, sie finden endlich dieses miese Schwein«, em-pört sich die deutlich Fettere von beiden.

»Welches miese Schwein?«, fragt die andere.

»Na, das Arschloch, das das junge Mädchen geköpft hat.«

»Du meinst wohl, den Kopf abgesägt.«

»Ja, was auch immer. So ein Dreckskerl. Und das in unserer Nachbarschaft.«

Ich spüre, wie sich mir der Hals zuschnürt und eine innere Hitze in mir aufsteigt. Plötzlich fühle ich mich gar nicht mehr wohl, am liebsten möchte ich aufstehen und weglaufen. Dass das nicht geht, ist mir klar.

»Sehr schlimm. Diesem Monster müsste man die Eier abschneiden«, antwortet die andere Frau.

Da überkommt mich eine derart maßlose Wut, dass es mir einfach so herausrutscht: »Ich bin kein Monster!«

23

»Irgendwann fängt sich Kramer eine.«

»Warum?« Aydin sah aus dem Beifahrerfenster.

»Ist nicht dein Ernst? Der spielt sich auf und reizt einen bis zur Weißglut.«

»Aber das weißt du doch, ignorier es einfach.«

»Ignorieren? Warum verteidigst du ihn? Er lässt doch keine Möglichkeit aus, dich kleinzumachen.«

»Ja, mag sein, aber Kramer wird sich niemals ändern, und ich versuche, es sachlich zu sehen. Was er vorhin erzählt hat, war schon gut durchdacht und plausibel.«

»Trotzdem kein Grund, sich so aufzuspielen.«

»Kann es sein, dass du wütend bist, weil er Glück verdächtigt?«

»Nein, ich rege mich über seine Art auf«, entgegnete Brandt, doch das war nur die halbe Wahrheit. Aydin hatte ins Schwarze getroffen. Brandt empfand es als eine Frechheit, dass Kramer einen gutherzigen Menschen wie Glück verdächtigen konnte.

»Aber so unrecht hat Kramer nicht. Eine wie Gesa würde nicht zu einer fremden Person ins Auto steigen. Und Glück hatte Kontakt zu ihr, dazu der Verdacht, dass eine Säge aus dem chirurgischen Bereich genutzt wurde …«

»Glaubst du, dass jemand wie Glück zu einem Mord fähig wäre?«, fiel Brandt ihm ins Wort.

»Nein, ich halte das für ausgeschlossen. Aber Kramer hat keinen Bezug zu ihm und bewertet nur die Hinweise, die ihm vorliegen, daher …«

»Nichts daher. Du kannst doch nicht aufgrund von zwei

Brocken, die man dir hinwirft, einen unschuldigen Menschen des Mordes beschuldigen.« Brandt schnaubte. Für ihn stand außer Frage, dass Glück nichts mit Gesas Tod zu tun hatte, und er glaubte fest daran, dass sich das Ganze aufklären würde, sobald sie mit dem Arzt gesprochen hätten. Es würde eine einfache und logische Antwort geben, warum Glück Gesa aufgesucht hatte.

Aydin antwortete nicht, stattdessen schaute er wie so oft schweigend aus dem Beifahrerfenster. Brandt war das nur recht, er hatte keine Lust, weiter über Glück und die Möglichkeit, dass er als Täter infrage kam, zu diskutieren.

Sein Verstand arbeitete auf Hochtouren, er ging verschiedene Varianten durch, kam jedoch immer zu dem Schluss, dass Gesas Mörder entweder ein Bekannter war oder sie von einem Unbekannten überrascht und entführt worden war. Option drei, dass Zoller sich das Ganze nur ausgedacht hatte, hielt er für wenig realistisch.

Fischer war gerade dabei, ein Bewegungsprofil von Gesas Handy zu erstellen, dafür benötigte er aber noch einige Daten, die, ohne das Handy selbst in der Hand zu haben, sehr schwierig zu erhalten waren. Dennoch setzte er darauf, dass es Fischer mithilfe des Providers gelingen würde.

»Wollen wir hoffen, dass wir den Täter vor August schnappen«, ließ sich Aydin vernehmen und durchbrach damit die Stille, die eine ganze Weile geherrscht hatte.

»Das schaffen wir. Immer positiv denken. Wenn nicht wir, wer dann?« Brandt wusste, worauf Aydin hinauswollte. Bender hatte bis zur Aufklärung des Falles eine Urlaubssperre verhängt und er wollte Walter nicht enttäuschen, der sich wie ein Kind auf den gemeinsamen Urlaub freute. »Bis August ist noch reichlich Zeit.«

»Du hast recht.« Wirklich überzeugt klang Aydin allerdings nicht, was Brandt unerwartet traurig stimmte.

Mittlerweile hatten sie die von Fischer recherchierte Anschrift erreicht. Das Haus von Glück lag etwas einsam, mit unverbautem Blick auf den Rhein.

»Wollen wir hoffen, dass er da ist«, sagte Aydin, als sie aus dem Wagen stiegen.

»Wenn nicht, fahren wir in die Uniklinik.« Sie hätten auch gleich dort anrufen und sich erkundigen können, ob Glück Schicht hatte, aber Brandt hatte sich dagegen ausgesprochen. Er wollte vermeiden, dass Glücks Kollegen erfuhren, dass die Polizei mit ihm sprechen wollte.

Der kleine Vorgarten sah ausgesprochen gepflegt aus. Die Hitze und die Trockenheit merkte man den Blumen nicht an. Glück hatte augenscheinlich ein Händchen für Pflanzen.

»Selbst die Blumen strahlen um die Wette, was kann Glück eigentlich nicht?«, bemerkte Aydin, er schien denselben Gedanken zu haben wie Brandt.

Und so jemand soll einer jungen Frau kaltblütig den Kopf abgeschnitten haben?

Brandt musste an den Roman Dr. Jekyll und Mr. Hyde denken. *Nein, er ist weder Dr. Jekyll und erst recht nicht Mr. Hyde!*

Aydin betätigte die Klingel.

Niemand öffnete.

»Vermutlich im Dienst.«

Brandt klingelte ebenfalls – mit demselben Ergebnis. Glück schien ausgeflogen.

»Soll ich in der Uniklinik anrufen?«

»Nein, vielleicht ist er im Garten.«

»Und hört das Klingeln nicht?«

»Wenn die Terrassentür zu ist, sicherlich nicht.«

Aydin erwiderte nichts und folgte Brandt, der am Haus entlang Richtung Garten ging.

»Das ist bestimmt sein Wagen«, stellte Brandt fest. Dass Glück ein Elektroauto fuhr, wunderte ihn nicht, es passte zum Gesamteindruck, den er von dem Arzt hatte.

Hinter dem Haus, das nicht mehr das Neueste, aber dennoch sehr gepflegt war, schloss sich ein großzügiges Grundstück mit direktem Blick auf den Rhein an.

»Sollen wir in die Uniklinik?«, fragte Aydin.

»Ich denke nicht.« Brandt deutete zum Ufer des Rheins, wo er den Arzt entdeckt hatte.

»Guten Tag, Herr Dr. Glück«, machte sich Brandt bemerkbar, als sie ihn erreicht hatten.

»Guten Tag. Sie haben sicherlich geklingelt. Verzeihen Sie, dass ich Sie nicht gehört habe.«

»Passt schon. Bei dem schönen Wetter ist es absolut verständlich, dass man draußen sein möchte.«

»Der Rhein hat etwas Magisches, finden Sie nicht auch?« Glück wartete die Antwort nicht ab. »Kein Wunder, dass er die Hauptrolle in bekannten Sagen wie dem Nibelungenlied spielt. Wussten Sie, dass es der Rhein war, weshalb die Römer in Köln gesiedelt haben, und dass Köln wegen des Rheins zum Zentrum römisch-germanischen Lebens wurde?«

»Das sagt mir was.«

»Aber Sie sind sicherlich nicht gekommen, um mit mir über den Rhein zu sprechen.«

»Leider nicht.«

»Begleiten Sie mich doch zur Terrasse. Dort können wir uns in Ruhe unterhalten.«

»Gerne.«

Aydin schwieg. Er verhielt sich für Brandts Geschmack ungewöhnlich ruhig, woran das lag, konnte er nicht einschätzen.

Sie folgten Glück zur Terrasse und nahmen Platz.

»Ich bin gleich zurück«, sagte Glück und verschwand im Haus.

»Warum ist der immer so verdammt nett?«, bemerkte Aydin. »Ein Satz von ihm und ich würde ihm sogar die letzte Schrottkiste abkaufen.«

»Weil er sich nicht verstellt. Er hat es einfach nicht nötig.«

Kurz darauf betrat Glück wieder die Terrasse mit einem Tablett in der Hand, auf dem drei Gläser und zwei Flaschen mit Getränken standen.

»Bedienen Sie sich bitte.«

»Danke.« Aydin öffnete eine Flasche. »Möchten Sie auch?«

»Sehr gerne.« Glück presste die Lippen zusammen. »Möchten Sie mir nun verraten, was der Grund Ihres Besuches ist?«

»Wir sind hier, weil wir ein paar Fragen an Sie haben.«

»Wenn ich sie beantworten kann, gerne. Worum geht es denn?«

»Vielleicht haben Sie es bereits aus den Medien erfahren. Am Freitag haben wir den Kopf einer jungen Frau in einem Abfallbehälter gefunden.«

»Sie oder die Polizei?« Die eher rhetorische Frage, ob er von dem Fall gehört hatte, beantwortete Glück nicht.

»Ja, wir, genauer gesagt, unser Freund Walter.«

»Das tut mir überaus leid für Ihren Freund. Ich hoffe, dass es ihn nicht zu stark mitnimmt.«

»Keine Sorge, Walter ist hart im Nehmen«, antwortete Aydin.

»Gut, sehr gut. Er wirkt ungemein sensibel.«

Diese Bemerkung überraschte Brandt nicht. Für Fremde wirkte Walter mit seiner Statur, den vielen Tattoos und seinen Narben überhaupt nicht wie jemand, den man als sensibel bezeichnen würde. Dass Glück hinter diese raue Schale sehen konnte und erkannte, was für ein gutmütiger Mensch Walter war, sprach für den Arzt.

»Haben Sie medizinische Fragen zu Ihren Ermittlungen?«

»Zunächst nicht. Bei der Toten handelt es sich um Gesa Storm«, antwortete Aydin.

»Gesa aus Flittard?« Glück wirkte erschrocken.

»Genau. Sie kennen sie?« Brandt war gespannt, ob Glück die Wahrheit sagen oder herumdrucksen würde.

»Ja, ich kenne sie. Wie kann ich Ihnen da helfen? Das sind schreckliche Neuigkeiten.«

Brandt war erleichtert. Glück log nicht, alles andere hätte ihn schwer enttäuscht.

»In welchem Verhältnis standen Sie zu ihr?«

»Unsere erste Begegnung war leider eine sehr traurige.« Glück unterbrach sich. Er schien zu überlegen. »Sie wissen, dass ich Mediziner bin und der ärztlichen Schweigepflicht unterliege?«

»Das ist uns sehr wohl bewusst. Sie können uns aber mit Ihren Angaben dabei helfen, den Mörder von Gesa zu finden, das wäre sicherlich auch in Ihrem Sinn«, antwortete Brandt. Dass er Glück richterlich dazu zwingen könnte, wollte er nicht erwähnen. Es gab keinen Grund, dem Arzt gegenüber aggressiv aufzutreten.

»Verstehe.« Glücks Blick wanderte durch den Garten. »Die erste Begegnung mit Gesa hatte ich im April. Genauer gesagt am Achtzehnten. Ich war joggen und sah eine junge Frau am Rhein, nicht weit von hier, dort, wo Unterwasserströmungen sind und man den Rhein nicht betreten darf.« Glück holte Luft. »Schon als ich sie sah, hatte ich ein komisches Gefühl, also näherte ich mich ihr. Sie sah mich nicht, sie stand da und hatte bereits die Schuhe ausgezogen, was in mir die Alarmglocken schrillen ließ. Dann stieg sie in den Rhein. Ich zögerte nicht, rannte ihr hinterher und sprang in den Fluss.« Er schaute zu Aydin und Brandt. »Ich weiß, dass das gefährlich war, das Wasser ist an dieser Stelle unberechenbar, aber ich bin Mediziner und ein sehr guter Schwimmer. Zuzusehen, wie eine junge Frau stirbt, war keine Option. Hilfe holen auch nicht. Also schwamm ich gegen die Strömung an. Gesa war nicht mehr zu sehen, ich tauchte immer wieder unter, konnte sie aber nicht finden. Dann riss mich selbst ein Strudel in die Tiefe, als hätte jemand ein Lasso geworfen, das mein Bein umschloss und mich herunterzog. Glücklicherweise konnte ich mich aus dem Strudel befreien und dann sah ich Gesa. Ich tauchte tiefer, griff nach ihrem Arm, packte ihn und zog sie hoch. Mit letzter Kraft gelang es mir, sie ans rettende Ufer zu bringen.

Gesa hatte einen starken Lebenswillen, auch wenn sie an dem Tag nicht daran glaubte. Sie überlebte. Ich war erleichtert und wollte sie ins Krankenhaus bringen, doch sie lehnte ab. Ich versuchte, sie umzustimmen, aber sie war sehr stur, sodass ich ihr nur das Versprechen abringen konnte, sie die nächsten Tage besuchen zu dürfen, um nach ihrem Wohlbefinden zu schauen.«

Brandt glaubte ihm jedes Wort, obwohl er sich gleichzeitig fragte, wie weit man wohl im Rhein unter Wasser sehen konnte. Aydin schien nicht weniger überzeugt von Glücks Aufrichtigkeit, sein Mund stand halboffen, ein Zeichen, dass er gespannt gelauscht hatte.

»Hat Gesa Ihnen erzählt, warum sie sich das Leben nehmen wollte?«

»Das hat sie. Ist das wichtig für Ihre Ermittlungen?«

»Ich fürchte, ja. Nur so können wir rekonstruieren, was das Motiv des Mörders sein könnte.«

Glück schien sich schwer damit zu tun, ihnen intime Details von Gesa anzuvertrauen, dabei ging es hier um weit mehr als nur die ärztliche Schweigepflicht. Brandt hoffte, dass Glück das begriff und ihnen keine Steine in den Weg legte.

»Gesa war eine sehr empfindsame Frau, die sich schwer damit tat, ihre Gefühle zu zeigen. Vor allem wollte sie es immer allen recht machen. Irgendwann war der Druck zu groß und sie wusste sich keinen Rat mehr.«

»Ging es um Zoller und seine Affären?«

»Das war der berühmte Tropfen, der das Fass zum Überlaufen brachte. Sie glaubte, dass ihr Freund eine Affäre mit seiner Ex hatte. Sie konnte es ihm nicht beweisen, aber dieses Gefühl war sehr stark. Dann kamen noch die Schwierigkeiten mit ihrer Familie hinzu, insbesondere das ausgesprochen komplizierte Verhältnis zu ihrer Mutter, die nicht akzeptieren konnte, dass Gesa zu Lars gezogen war, obwohl die Mutter sie doch bei sich wissen wollte.«

»Dass das Verhältnis zur Mutter schwierig war, ist uns auch schon aufgefallen. Glauben Sie, das liegt an den Depressionen der Mutter?«

»Davon ist auszugehen. Depressionen können sich unterschiedlich auf die Stimmung eines Menschen auswirken. Es gibt Depressive, die sind tagelang nicht in der Lage, ihre Wohnung zu verlassen, sie sind träge und in sich gekehrt. Dann gibt es andere, die sehr aggressiv sein können, bestimmend. Da ich keinen Kontakt zu der Mutter hatte, konnte ich keine Diagnose stellen, aber ich glaubte Gesa.«

»Hat sie Ihnen verraten, was der Auslöser für die Depression war?«

»Nein. Ich muss gestehen, so weit sind wir in den drei Gesprächen nicht gekommen. Ich habe mich in erster Linie um Gesas Befinden gekümmert und sie nicht zu viel über die Mutter gefragt, weil sie dann meistens dichtmachte. Gesa und ihre Mutter – das war sehr problematisch. Auch wenn sie immer wieder andeutete, dass das Verhältnis zu ihr in Ordnung sei, war es nicht zu übersehen, dass die Beziehung zu Zoller gleichzeitig eine Flucht vor der Mutter war.«

»Glauben Sie, sie hat Zoller gar nicht geliebt?«, erkundigte sich Aydin.

»Doch, keine Frage. Sie hat ihn mehr geliebt, als er es verdient hat.«

»Wie meinen Sie das?«

»Nun, Lars war nicht das, was man sich unter einem

treuen Freund vorstellt. Er hat Gesa immer wieder das Gefühl gegeben, dass er etwas Besseres sei. Aber sie kam nicht von ihm los. Einmal sagte sie zu mir: ›Ich verdiene es, schlecht behandelt zu werden.‹ Ein Satz, der mich tief verstört hat, mich jedoch an andere, ähnliche Erlebnisse erinnerte. Oft glauben Frauen, denen Gewalt durch Männer angetan wurde, dass sie Schuld dafür trügen, dass der Mann sie geschlagen hat.« Glück hielt inne. »Die menschliche Psyche ist komplex. Man darf diesen Frauen keinen Vorwurf machen oder sie kritisieren, man muss ihnen helfen, dafür benötigt man allerdings eine Menge Zeit und Geduld.«

Brandt hatte das Gefühl, als würde Glück in Gedanken weit weg sein, in einem fernen Land und einer zurückliegenden Situation, in der er viel Schmerz erlebt hatte. Unwillkürlich musste er an Afrika denken, ein Dorf, in dem Männer Frauen missbrauchten. Dabei war ihm bewusst, dass man dafür gar nicht so weit reisen musste, auch in Deutschland wurden jeden Tag Frauen Opfer männlicher Gewalt.

»Warum hat sie sich nicht getrennt?«, fragte Aydin.

»Weil sie verliebt war. Er war ihre erste große Liebe und sie wollte ihm glauben, dass er sie mindestens genauso liebte, dass er nicht fremdging. Sie war sehr jung. Verurteilen Sie bitte nicht ihr Handeln.«

»Das tue ich nicht.«

»Hat sie Ihnen von Problemen oder Streit mit anderen Personen erzählt?«, fragte Brandt, er wollte Glück nicht weiter mit Fragen bedrängen, da es in seinen Augen immer weniger Anhaltspunkte dafür gab, anzunehmen, dass er etwas mit Gesas Verschwinden zu tun haben könnte.

»Nein, und wenn, hat sie es mir nicht erzählt. Gesa hat nur langsam Vertrauen zu mir aufgebaut. Es wären noch mehrere Sitzungen nötig gewesen, damit sie mich tiefer in ihre Seele hätte schauen lassen.«

»Hatten Sie denn das Gefühl, dass sie andere Probleme hatte als mit ihrer Mutter und ihrem Freund?«, fragte Aydin.

»Nein. Glauben Sie mir, das waren schon sehr große Probleme. Ein feiner Riss in der Seele kann durch kleine Ereignisse ausgelöst werden, und je nach dem, was für ein Mensch man ist, lernt man, damit umzugehen, oder dieser feine Riss wird immer größer, bis man daran zerbricht, wenn man keine Hilfe in Anspruch nimmt.«

»Wann haben Sie Gesa das letzte Mal gesehen?«, fragte Brandt. Es war die letzte Frage, die er dem Arzt stellen wollte.

»Das war am Dienstagabend.«

»Am 15. Juni? Wo?«, fragte Aydin.

»Genau. Bei mir zu Hause.«

Damit hatte sich der Vorsatz, Glück eine letzte Frage zu stellen, erübrigt. Warum war Gesa am Abend ihres Verschwindens bei Glück gewesen? Und vor allem, wohin war sie danach gegangen oder war sie über Nacht geblieben?

24

Seine Nerven lagen blank!

Lars Zoller kam von seinem Gespräch mit Mei Knorr zurück und es war nicht so verlaufen, wie er sich das vorgestellt hatte. Sie hatte nicht angebissen, vielmehr hatte sie einen Rückzieher gemacht.

»Diese miese Schlampe, hat sie plötzlich ein Gewissen entwickelt?«, fluchte er. »Die beste Freundin betrügen und jetzt den Kontakt zu mir abbrechen!« Er schüttelte den Kopf. Erst vor Kurzem hatte sie ihm gegenüber den Eindruck erweckt, dass sie verliebt in ihn wäre, mit ihm zusammen sein wollte und nur Gesa im Weg stünde. Sie hatte auch keinen Hehl daraus gemacht, ihm zu verstehen zu geben, dass Gesa die falsche Wahl war.

»Und jetzt will sie von all dem nichts mehr wissen?« Er schnaubte und fuhr sich mit der Hand übers Gesicht.

Vermutlich hatte sie Angst, dass die Polizei sie verdächtigen könnte, wenn sie sich jetzt auf eine Beziehung mit ihm einließe. Eine andere Antwort hatte er nicht, auch wenn sie gesagt hatte, dass er sich das mit ihren Gefühlen für ihn nur eingebildet und der Tod ihrer besten Freundin alles verändert habe.

»Für wie dumm hält die mich eigentlich? Glaubt sie, dass ich ihr diesen emotionalen Mist abnehme? Sie ist wie ich, total egoistisch. Gesa ging ihr doch immer am Arsch vorbei.«

Seine letzte Hoffnung ruhte nun auf Michelle. Immerhin hatte sie diese Botschaft in ihrer Story gepostet, das machte ihm Mut. Außerdem war sie auf seine Einladung eingegangen und hatte vorgeschlagen, sich mit ihm im Café Rico auf einen Aperol zu treffen, da sie bereits in der Stadt war und das Wetter so schön. Da er sie nicht verärgern wollte, hatte er ihren Vorschlag angenommen.

Sein Blick wanderte zu seiner Armbanduhr. Noch eine Stunde. Er musste langsam los.

»Heute schenke ich dir den Himmel«, sagte Zoller zu sich. Er fand den Satz cool, vor allem, da er eine Eigenkreation war. Im Gegenzug würde Michelle ihm ein Alibi geben und den Verdacht auf sich lenken. Er grinste schelmisch. Daran, ob der Plan wirklich so durchdacht war, verschwendete er keinen Gedanken. Er war eher der Bauch- und nicht der Kopfmensch.

Eine gute Stunde später betrat Zoller die Terrasse des Cafés, es war bereits gut besucht. Von Michelle keine Spur. Dennoch fand er ein nettes Plätzchen und setzte sich.

»Olá, meu docinho«, begrüßte ihn der Brasilianer mit seiner überschwänglich positiven Laune. Zoller hätte dafür am liebsten seine Faust in dessen Gesicht versenkt.

Kein Mensch kann so glücklich sein, alles Fake, diese Schwuchtel, dachte er wütend, dennoch versuchte er, freundlich rüberzukommen. Er wollte es sich nicht mit Raúl verscherzen, weil er wusste, dass Michelle ihn sehr nett fand.

»Hallo.«

»Weißt du schon, was du möchtest, oder wartest du noch auf jemanden?«

»Ich nehme ein Kölsch. Michelle kommt gleich.«

»Sexy und schlau. Michelle ist eine gefährlich heiße Frau.« Raúl lachte.

Zoller fand den Spruch total unangebracht und er war davon überzeugt, dass diese Worte, wenn sie ein heterosexueller Mann gesagt hätte, ganz anders wahrgenommen würden. Homosexuelle durften sich viel mehr rausnehmen. Die Gesellschaft war schon verlogen.

Raúl entfernte sich und Zoller ließ seinen Blick durch die Umgebung wandern, bis er bei einer jungen Blondine, die auf der anderen Straßenseite stand, hängenblieb. Sie entsprach genau seinem Beuteschema, er konnte es nicht kontrollieren, sein erster Gedanke war, wie sie wohl im Bett war.

Seine Lust auf Sex kannte keine Grenzen, vor allem nicht seine Lust auf fremde Haut. Sex mit immer derselben Frau konnte zwar sehr intim sein, aber am Ende langweilte es ihn. Er brauchte die Abwechslung. Das war wie mit dem Essen: Wenn man jeden Tag seine Lieblingsspeise bekam, schmeckte sie irgendwann nicht mehr.

Er sah wieder zu der Frau rüber und jetzt schaute auch sie ihn an. Er lächelte und sie lächelte zurück.

Jackpot, dachte er, weil er wusste, dass sie Interesse hatte. Warum sonst sollte sie ihn anlächeln?

Das einzig Dumme war, dass er jetzt mit Michelle verabredet war und kein Risiko eingehen wollte. Diese junge blonde Frau hatte wirklich einen atemberaubenden Körper. Man sah ihr an, dass sie viel Sport trieb, das konnte nicht allein der genetischen Veranlagung geschuldet sein.

Soll ich kurz zu ihr rüber?, überlegte er. Zoller war kein schüchterner Mensch, er hielt sich für einen Jäger, und wenn ein Mädchen ihn anlächelte, zögerte er nicht und sprach sie an. Meistens bekam er daraufhin ihre Telefonnummer.

Aber was, wenn Michelle genau in dem Moment herkommt? Also beschloss er, vernünftig zu bleiben. Er schaute noch einige Male zu der jungen Frau, die auch immer wieder zu ihm herübersah, bis ein junger Mann kam, die Frau begrüßte, ihr einen Kuss gab und Händchen haltend mit ihr weiterzog.

Alle Frauen sind Schlampen, dachte er verärgert. Es nervte ihn, dass man immer den Männern die Schuld gab, wenn eine Beziehung wegen Untreue in die Brüche ging. Dass Frauen in Sachen Fremdgehen keinen Deut besser waren, wollte die fromme, oberflächliche und verlogene Gesellschaft, die sich ach so emanzipiert gab und jeden Mist genderte, nicht glauben.

»Ein Kölsch für den hübschen Fußballer«, holte Raúl ihn aus seinen Gedanken.

»Danke.«

»Wenn du noch was brauchst, sag mir einfach Bescheid.«

»Mache ich.«

Raúl ging mit seinem typischen Hüftschwung zu einem anderen Tisch. Zoller fand das maßlos übertrieben, aber irgendwie standen die Gäste darauf. Vor allem die weiblichen.

Am Ende will doch jede Frau einen Mann, der anpacken kann, nicht einen wie Raúl, war Zoller überzeugt. Er schaute auf sein Handy, weil sich Michelle noch immer nicht gemeldet hatte. Immerhin verspätete sie sich jetzt schon mehr als zwanzig Minuten.

Wo bist du?,

schrieb er ihr.

Die Antwort ließ auf sich warten, seine Laune war inzwischen im Keller. Das bisschen Alkohol im Kölsch war nur ein schwacher Trost.

Endlich kam eine Nachricht. Er öffnete sie und las:

Ich habe mir Gedanken gemacht. Ich glaube, es ist besser, wenn wir uns eine Zeit lang nicht mehr sehen.

Zoller fühlte sich wie vor den Kopf gestoßen. Hatte sich denn alles gegen ihn verschworen? Ließ auch Michelle ihn fallen wie eine heiße Kartoffel? Panik und Wut überkamen ihn gleichzeitig.

25

»Gesa war also bei Dr. Glück«, sinnierte Aydin. Die beiden Beamten legten gerade eine kurze Pause auf der Terrasse einer Bäckerei in Flittard ein.

»Hast aufmerksam zugehört. Worauf willst du hinaus?«

»Kramer lag gar nicht so verkehrt.«

»Spinnst du?«, entfuhr es Brandt. »Wenn es nach Kramer ginge, wäre Glück ein rücksichtsloser Mörder, der einen auf freundlicher Arzt macht.«

»Das meine ich doch gar nicht. Kramer hat dahingehend recht, dass Glück mehr weiß, als wir geahnt haben. Irgendwie komme ich mir gerade wie im falschen Film vor.«

»Inwiefern?«

»Ich bin doch normalerweise der Weichherzigere von uns beiden, aber jetzt scheint das fast andersherum zu sein. Natürlich verstehe ich, dass du Glück gegenüber nicht ganz unbefangen bist. Wir haben ihm viel zu verdanken.«

Brandt wollte etwas erwidern, verkniff es sich jedoch. Aydin hatte recht und es hatte keinen Sinn, seinen besten Freund anzulügen. »Das stimmt«, erwiderte er daher. »Ich weiß nicht, was an diesem Abend im Krankenhaus geschehen ist, aber ich weiß, dass ich ihm mein Leben verdanke. Und ich weiß, dass er Gesa nur helfen wollte, du hast ihn gehört. Er hat sie vor dem Ertrinken gerettet, sie besucht und ihr seine Hilfe angeboten, damit sie sich nicht aufgibt. Das tut kein Mensch, bevor er jemanden eiskalt umbringt.«

»Da bin ich doch bei dir. Ich zweifle keine Sekunde an seiner Unschuld. Aber wir müssen auch Kramer und die anderen Kollegen sehen. Es gibt niemanden, der bezeugen kann, dass Glück Gesa tatsächlich vor dem Ertrinken gerettet hat.«

»Vielleicht Zoller.«

»Das glaube ich nicht, das hätte Glück uns verraten. Aber wir können ihn fragen.«

»Das hatte ich vor. Wäre doch möglich, dass Gesa ihrem Freund von Glück erzählt hat.«

»Was mir noch Kopfschmerzen bereitet, ist, dass Glück zugegeben hat, dass Gesa am Abend ihres Verschwindens bei ihm war. Er hat zwar behauptet, dass sie anschließend zu ihren Eltern wollte, aber die haben ausgesagt, dass sie Gesa das letzte Mal ein paar Tage vor ihrem Verschwinden gesehen haben.«

»Dann lügen sie oder Gesa ist auf dem Weg zu ihren Eltern auf ihren Mörder getroffen.«

Brandt verstand Aydins Gedankengang und ihm war klar, dass Glück in den engeren Kreis der Verdächtigen aufrücken würde, weil Gesa bei ihm gewesen war, egal ob Brandt ihn für unschuldig hielt.

»Wenigstens wissen wir jetzt, dass Schmolls Theorie, Zoller habe sich das alles ausgedacht, nicht zutrifft.«

»Nicht unbedingt«, erwiderte Brandt. »Könnte doch sein, dass Gesa nicht bei ihren Eltern war, sondern zurück zu Zoller ist, weil er sie eingelullt hat, und es dann irgendwie zu dieser Tragödie gekommen ist.«

»Und wo soll er sie ermordet haben? Wir waren in seiner Wohnung. Es hat nichts darauf hingewiesen, dass dort so eine blutige Tat stattgefunden hat.«

»Er kann sie auch woanders getötet haben.« Wirklich überzeugt klangen Brandts Worte jedoch nicht, weil er sich wie Aydin kaum vorstellen konnte, dass Zoller seine Freundin in der eigenen Wohnung getötet und ihr den Kopf abgeschnitten haben sollte.

»Ich weiß nicht. Ein Einfamilienhaus wäre der geeignete Ort, aber doch nicht ein Wohnblock.«

»Wir müssen uns mit den Eltern unterhalten. Womöglich verschweigen sie uns etwas.«

»Und wenn nicht?«

»Dann schauen wir weiter. Wir werden uns Zoller noch mal vorknöpfen. Und vielleicht hat Fischer Glück und es gibt neue Hinweise.«

Aydin schob sich das letzte Stück seines Schokohörnchens in den Mund. Brandt hatte sich mit einem Espresso zufriedengegeben.

»Ist das nicht Mei Knorr?«, sagte Aydin, Brandt drehte sich in seine Blickrichtung.

»Das ist sie.«

»Soll ich sie stoppen?«

»Nein, wir haben keinen Grund dafür.« Knorr ging in Begleitung eines Mannes, der sie bei Weitem überragte, die Straße entlang. Es war keiner von denen, mit denen sie am Weiher Stress gehabt hatten.

»Bist du fertig?«, fragte Brandt.

»Bin ich.«

»Dann sollten wir keine Zeit verlieren. Gehen wir zu Fuß?«

»Klar, ist doch um die Ecke. Das Wetter ist bombig und etwas Bewegung tut gut.«

Brandt nickte. Sie verließen die Terrasse und wenige Minuten später erreichten sie das Einfamilienhaus der Familie Storm.

Diesmal arbeitete der Vater nicht im Vorgarten, sodass Brandt zur Tür ging und klingeln wollte, doch im selben Augenblick wurde die Tür geöffnet und der Vater trat heraus.

»Hallo«, grüßte Storm, er wirkte abgehetzt.

»Guten Tag. Wir hätten noch ein paar Fragen«, antwortete Aydin.

»Meine Frau können Sie heute nicht sprechen, das ist unmöglich. Sie fühlt sich nicht gut. Der Tod unserer Tochter macht ihr sehr zu schaffen.«

»Wir wollten uns mit Ihnen unterhalten«, erwiderte Brandt.

»Gut, kommen Sie bitte zur Terrasse. Die Nachbarn müssen ja nicht alles mitkriegen.« Storm schaute sich um, als fürchtete er neugierige Blicke. Dann wanderte sein Blick kurz zu seinem Haus zurück, schließlich ging er voraus. Brandt und Aydin folgten ihm zur Terrasse auf der Rückseite des Hauses.

»Welche Fragen haben Sie denn?« Der Vater hatte auf einem Terrassenstuhl Platz genommen und fuhr sich mit beiden Händen über die Oberschenkel. Er wirkte extrem nervös und angespannt.

»Es geht um den Freund von Gesa.«

»Hören Sie, der Lars ist ein guter Junge. Meine Frau hat übertrieben. Er hat sich Gesa gegenüber nichts zuschulden kommen lassen.«

»Woher wissen Sie das, wenn Sie kaum Kontakt zu beiden hatten?«

»Gesunder Menschenverstand.«

»Hatten Sie nie das Gefühl, dass jemand wie Zoller mit den Gefühlen Ihrer Tochter spielen könnte?«

»Sie unterschätzen Gesa. Sie konnte auch anders. Sie war keine hilflose junge Frau, sie wusste sich zu verteidigen. Meine Tochter mochte introvertiert wirken, aber sie war nicht dumm. Sie war sehr schlau. Hat ihr Abi mit 1,0 abgeschlossen. Bis heute verstehe ich nicht, warum sie nicht studiert und stattdessen in diesem dämlichen Call-Center gearbeitet hat.«

»Kennen Sie einen ihrer Kollegen?«

»Nein. Aber wie kann man mit einem perfekten Abi in einem Call-Center arbeiten?«

»Vielleicht war ihr der Erfolgsdruck zu hoch?«, bemerkte Aydin.

»Wahrscheinlich. Glauben Sie, es war jemand von ihren Kollegen?«

»Wir suchen nur nach Hinweisen, zudem glauben wir nicht, wir ermitteln. Aber wie kommen Sie auf so eine Annahme?«, fragte Brandt. Die Frage Storms erstaunte ihn. Erst sagte er, er würde keinen der Kollegen kennen, dann verdächtigte er sie.

»Wer sollte es sonst gewesen sein? Sie hatte doch keine Freunde.«

»Hat Ihre Tochter mit Ihnen über ihre Arbeit gesprochen?«

»Nein. Gesa war sehr verschlossen.«

War das wirklich so? Oder hatte der Vater kein Interesse an seiner Tochter gezeigt, weil er schon mit seiner Ehefrau überfordert war?

»Vielleicht hat sie mal was in einem Nebensatz erwähnt. Es wird ihr doch irgendwann ein Satz über die Arbeit rausgerutscht sein?«

»Nichts Besonderes. Nur, dass alles okay sei. Es tut mir leid, es kann ja wohl nur jemand aus dem Call-Center gewesen sein.«

Brandt beschloss, den Vater in ein paar Neuigkeiten einzuweihen.

»Sagt Ihnen der Name Dr. Glück etwas?«

»Glück? Nein, wer soll das sein?«

»Das ist ein Arzt, der Gesa das Leben gerettet hat.«

»Das Leben? Wann?«

»Im April wollte sie sich im Rhein ertränken. Glück war zufällig in der Nähe und hat ihr das Leben gerettet. Laut seinen Angaben war Gesa sehr verstört und unsicher. Sie hatte bereits im April Sorge, dass ihr Freund sie betrog.«

»Davon wusste ich nichts.«

»Das heißt, Sie kennen keinen Dr. Glück?«, wiederholte Aydin Brandts Frage.

»Nein, nein … Der Name sagt mir nichts.« Storm wirkte angeschlagen und gereizter als vorhin. Es war ihm anzusehen, dass das Gespräch ihn überforderte.

»Gesa ist am Dienstagabend weggelaufen, weil sie sich mit Zoller gestritten hat. Danach ist sie zu dem Arzt gegangen. Herr Dr. Glück behauptet, dass sie zu Ihnen wollte.«

»Er lügt«, platzte der Vater heraus. Er fuhr sich mit der Hand über die Haare. »Sie war nicht bei uns. Hat der Arzt sie ermordet?« Seine Augen waren weit aufgerissen und er schluckte, offensichtlich war seine Kehle vor Aufregung trocken.

»Dürfen wir Ihr und das Handy Ihrer Frau sehen?«

»Warum?«

»Wir möchten sehen, wann und was Gesa Ihnen geschrieben hat.«

»Sie verdächtigen doch nicht uns?«

»Nein, ganz und gar nicht. Wir möchten nur die Kommunikation zwischen Ihrer Tochter und Ihnen mit kriminalistischen Methoden betrachten. Was Ihnen unbedeutend erscheinen mag, kann für uns sehr wichtig sein«, erklärte Aydin.

Der Vater wirkte unsicher, sein Blick wanderte über die Terrasse, dann zurück zu Aydin. »Gut, warten Sie bitte.«

Er stand auf und ging ums Haus herum, da die Terrassentür von innen verschlossen war.

»Ist dir aufgefallen, wie nervös und angespannt er ist?«, fragte Brandt.

»Ist mir nicht entgangen. Vielleicht Stress mit der Frau.«

»Die beiden haben kein gesundes Verhältnis. Ich kann mir schwer vorstellen, dass das nur an den Depressionen der Frau liegt.«

»Wir wissen zu wenig über das Krankheitsbild. Ich wäre

da etwas vorsichtiger«, entgegnete Brandt. »Aber das werden wir gleich ändern, so leicht machen wir es dem Vater diesmal nicht.«

Storm betrat wieder die Terrasse, jetzt über die Terrassentür.

»Hier, bitte.« Er reichte Brandt die Handys. WhatsApp war bei beiden bereits geöffnet. Ob der Vater rasch einige Nachrichten gelöscht hatte, konnte Brandt nicht beurteilen.

Er nahm das erste Handy, es war das von Storm, und las die Nachrichten. Es waren keine dabei, die seine Aufmerksamkeit erforderten. Vater und Tochter hatten sich selten geschrieben. Wie es schien, hatte Storm bisher nicht gelogen. Aydin schaute ihm über die Schulter. Brandt gab das Handy zurück und nahm sich nun das Handy der Mutter vor. Die beiden hatten sich öfter geschrieben, die letzte Nachricht war vom 12. Juni. Also hatte auch die Mutter nicht gelogen.

Brandt fragte sich, warum die Tochter weder der Mutter noch dem Vater geschrieben hatte, dass sie auf dem Weg zu ihnen war.

Vielleicht hatte sie angerufen?

»Darf ich Ihr Handy noch einmal haben?«, bat Brandt.

Storm reichte es ihm ohne Gegenfrage und Brandt sah sich die Anrufliste an. Gesa hatte augenscheinlich nicht mit dem Vater telefoniert. Er gab ihm sein Handy zurück.

»Wonach suchen Sie?«, wollte Storm erneut wissen.

»Nach Hinweisen«, blieb Brandt vage und las sich die Nachrichten zwischen Mutter und Tochter durch. Er konnte nichts finden, was auf ein komplett zerrüttetes Verhältnis schließen ließ, nur einige Nachrichten waren grenzwertig, weil die Mutter kein Blatt vor den Mund nahm, was ihre Antipathie gegen Lars Zoller anbelangte.

Das reicht nicht, um die Mutter zu verdächtigen, dachte Brandt und schaute kurz zu Aydin, der nur nickte, sodass Brandt abschließend die Anrufliste aufrief. Der letzte Anruf lag noch weiter zurück.

Brandt gab Storm das Handy.

»Vielleicht sollten Sie den Arzt genauer unter die Lupe nehmen. Was wollte meine Tochter überhaupt bei ihm?«

»Er hat sie betreut. Sie war psychisch labil und neigte zu Depressionen.«

»Meine Tochter hat keine Depressionen, das ist doch Unfug. Sie war ein bisschen unsicher und introvertiert, aber das hat nichts mit Depressionen zu tun«, schimpfte der Vater. »Was ist das für ein Arzt?«

»Wir wissen heute, dass Depressionen vererbbar sind.«

»In unserer Familie gibt es so was nicht.« Brandt schien einen wunden Punkt getroffen zu haben, Storm wurde immer erregter.

»Nun, Ihre Frau zumindest leidet an starken Depressionen.«

»Ja, aber das ist nicht genetisch bedingt. Sie hat es bis heute nicht verkraftet, dass ein kleines Kind bei einem Unfall ums Leben gekommen ist.«

Die Antwort überraschte Brandt, sein Blick wanderte zur Terrassentür, weil er im Augenwinkel eine Bewegung registriert hatte. Die Gardine am linken Fenster neben der Terrassentür war ein wenig zur Seite geschoben. Die Mutter beobachtete sie. Als sie bemerkte, dass Brandt sie sah, verschwand sie vom Fenster.

26

Ich hätte nicht so überreagieren dürfen. Zum Glück ist meiner Begleitung nicht aufgefallen, warum ich so aufgebracht war.

Menschen sind leicht manipulierbar. Ich glaube, ich beherrsche das ganz gut. Auch wenn ich meine Tiefs habe, aber dieses Talent begleitet mich schon sehr lange, es lässt sich nicht von meinen Gemütszuständen beeinträchtigen.

Ich habe mich längst von meiner Begleitung getrennt, danach hatte ich noch eine andere Verabredung, die mich aber sitzen lassen hat, was mich sehr wütend gemacht hat. Also schlendere ich seit einer Stunde alleine durch die Innenstadt.

Ich möchte nicht nach Hause, warum auch? Das Wetter ist super und zu Hause erwarten mich bloß wieder die dunklen Gedanken.

Ich erreiche den großzügigen Platz am Kölner Dom, er überragt alles und noch immer strahlt er Macht über die Stadt und ihre Bewohner aus. Dabei finde ich das Gebäude im Grunde total hässlich und von der katholischen Kirche mit all ihren Skandalen halte ich gar nichts. Dass derzeit Tausende aus der Kirche austreten, ist kein Wunder. Mir unverständlich, wie jemand wie der Wölki noch im Amt sitzt.

Wäre so ein Skandal in der freien Wirtschaft passiert, hätte man die verantwortliche Person längst gefeuert.

Nicht immer, meldet sich eine innere Stimme und eine alte Erinnerung sticht in mein Herz wie ein giftiger Stachel.

Noch immer ist mein Blick auf den Dom gerichtet und ich frage mich, wie es wohl war, als er ganz in Weiß die Menschen in die Knie zwang. Mittlerweile hat er eine dunkle

Farbe angenommen von all den Abgasen und dem Dreck, der in unserer Luft liegt und den wir jeden Tag einatmen. Nur haben wir das Glück, dass er sich nicht an unserer Hautoberfläche festsetzt.

Ich habe genug vom Dom und gehe weiter.

»Hast du zwei Euro?«, spricht mich ein Bettler an.

»Geh arbeiten, du Hund«, platze ich heraus, obwohl das eigentlich nicht meine Art ist, aber ich kann Bettler nicht leiden. Wir alle müssen für unser Geld hart arbeiten, und die glauben, dass sie nur durch Schnorren an unser sauer verdientes Geld rankommen können. Wieso sollte ich solche Systemverweigerer unterstützen?

Warst du nicht selbst ein Systemverweigerer?

»Das war etwas ganz anderes«, knurre ich ärgerlich.

Irgendwie verliere ich die Lust am Bummeln, aber nach Hause möchte ich auch nicht. Viele Möglichkeiten bieten sich nicht, daher beschließe ich, zu meinem Auto zu gehen.

Ich steige ein und fahre los.

Wohin?

Keine Ahnung. Ziellos. Einfach nur fahren, meine Gedanken sortieren und die nächsten Schritte überlegen. Ich weiß, dass es so nicht weitergehen kann, denn das Gefühl, dass der Tod der Person nicht den gewünschten Erfolg gebracht hat, wird immer stärker.

Gleichzeitig lässt eine weitere Person meine Gedanken nicht mehr los. Sie sind wie ein Gift, das mir zuflüstert, dass ich die Falsche getötet habe, dass ich jemand anderen töten muss und nur dann wieder ruhig schlafen kann, weil die andere Person nicht die ist, für die ich sie halte.

Die Gedanken sind beängstigend, ich will sie nicht hören. Jemanden zu töten, ist nicht leicht, und ich weiß nicht, ob ich es ein zweites Mal tun könnte, erst recht nicht diese eine Person. Es macht einfach keinen Sinn.

Sie zu töten, war eine Riesensauerei. All das Blut …

Ich erreiche einen Schrebergarten außerhalb Kölns und parke den Wagen vor einer Holzhütte. In meine Gedanken vertieft, habe ich nicht mitbekommen, dass ich unbewusst zu meinem Schrebergartenhäuschen gefahren bin.

Ich betrete das kleine Holzhäuschen und mein Blick wandert zuerst zum Teppich, dann zu der großen Kühltruhe, die an der hinteren Wand im Raum steht. Ich öffne die Kühltruhe und sehe den Torso der Toten, in unzählige Einzelteile zerhackt.

Du hast die Falsche getötet!

Der Gedanke wird immer mächtiger, die Stimme immer lauter. Sie jagt mir große Angst ein.

27

»Fischer, du musst uns einen Gefallen tun«, sagte Brandt. Sie waren ins Präsidium zurückgekehrt und standen nun in Fischers Büro.

»Schieß los.«

»Wir müssen etwas über einen Unfall in Erfahrung bringen.«

»Was für einen Unfall?«

»Es geht um die Mutter von Gesa Storm.«

»War sie in einen Unfall verwickelt?«

»Genau. Das Ganze liegt wohl sechs Jahre zurück. Leider wollte der Vater nicht darüber sprechen, es ist ihm nur rausgerutscht. Als wir nachgehakt haben, hat er nichts verraten.«

»Was wisst ihr über den Unfall?«

»Nicht viel. Eigentlich haben wir nur den Zeitrahmen und den Namen.«

»Habe ich mir schon gedacht. Gut, ich bin dran. Aber es kann etwas dauern, wenn es keine Zeitungsberichte darüber gibt.«

»Danke. Hast du noch was für uns?«

»Derzeit nicht. An dem Bewegungsprofil bin ich dran, vielleicht gelingt es mir, es über die Vorratsdatenspeicherung abzubilden.«

Die Vorratsdatenspeicherung war in der Öffentlichkeit ein äußerst sensibles Thema, fürchteten doch viele, dass der Datenschutz damit ausgehebelt würde, aber für die Polizei war sie ein wichtiges Tool, das ihnen eine enorme Hilfe bei den Ermittlungen sein konnte.

»Tu, was immer notwendig ist«, sagte Brandt und blinzelte ihm zu. »Wir haben einen Mörder festzunehmen, da geht mir der Datenschutz am Allerwertesten vorbei …«

»Das habe ich angenommen. Trotzdem müsst ihr euch noch gedulden.«

»Ich habe genug Geduld, nur der Fall nicht«, antwortete Brandt. »Gibt es weitere Hinweise aus der Öffentlichkeit?«

»Jede Menge. So langsam kommt die Fahndung in Gang, aber bisher nichts Verwertbares. Auch darüber informiere ich euch, sobald ich was habe.«

»Sehr gut. Wir werden uns mal an Gesas Arbeitsplatz umsehen. Vielleicht haben wir etwas mehr Glück«, sagte Aydin.

»Macht das.«

Beide verließen Fischers Büro und gingen zurück zu ihrem Wagen, auf dem Weg wäre Aydin fast mit Rech zusammengestoßen.

»Augen auf!«, mahnte Rech scherzend. »Wohin so schnellen Schrittes?«

»Sorry. Wir wollen zu dem Arbeitgeber von Gesa Storm. Und du?«

»Zu euch.«

»Hast du was Interessantes?«

»Vielleicht. Das Labor hat was gefunden. Faserspuren …«

»Faserspuren? Ich dachte, wir hätten inzwischen alle Ergebnisse«, entgegnete Brandt.

»Du solltest meine Berichte gründlicher lesen, statt sie nur zu überfliegen, und bei den Besprechungen genau zuhören«, konnte sich Rech einen Kommentar nicht verkneifen. »Da stand, dass weitere Analysen und Ergebnisse erwartet werden könnten.«

»Könnten … Das heißt doch bei der Spurensicherung, dass meistens nichts mehr kommt.«

»Meistens heißt nicht immer.«

»Um was für Fasern handelt es sich denn?«, erkundigte sich Aydin.

»Die Fasern stammen von einer OP-Maske.«

»Wie bitte?« Brandt konnte nicht glauben, was er hörte, er dachte sofort an Dr. Glück.

»Genau, eine herkömmliche blaue OP-Maske.«

»Und wieso hat man das nicht vorher gefunden?«

»Du machst Witze, oder?« Rech wirkte etwas verwundert über Brandts Frage. »Lass das bloß nicht Kramer hören.«

»Danke«, antwortete Aydin. »Wir sehen uns.« Er berührte Brandt am Arm und gab ihm damit zu verstehen, dass er ihm folgen solle. Brandt verabschiedete sich ebenfalls von Rech und ging mit Aydin zu ihrem Dienstwagen.

»Was ist los mit dir?«, fragte Aydin.

»Wie meinst du das?«

»Du bist so emotional, so kenne ich dich gar nicht. Dass du Rech eben derart angegangen hast, war nicht nötig.«

»Ich habe ihn nicht angegangen.«

»Doch, hast du. Sobald der Verdacht irgendwie in Richtung Dr. Glück geht, reagierst du emotional. Das sieht dir gar nicht ähnlich. Was Rech sagt, stimmt. Wenn Kramer Wind davon bekommt, wird er dich als befangen ansehen.«

»Das bin ich nicht. So gut solltest du mich inzwischen kennen.«

»Das tue ich. Aber so, wie du dich derzeit verhältst, erkenne ich dich nicht wieder.«

»Die OP-Maske hat nichts zu bedeuten. Diese Dinger kriegst du in jeder Apotheke oder online. Möglicherweise hat der Täter sie benutzt, als er dem Opfer den Kopf abgeschnitten hat.« Brandt verstand Aydins Argumentation und in Gedanken gab er ihm recht, aber er wollte es nicht zugeben. Er stand Glück gegenüber in einer nicht wiedergutzumachenden Schuld und wollte nicht, dass dessen Image Schaden nahm, wenn die Polizei gegen ihn ermittelte und sich am Ende herausstellte, dass der Arzt doch nicht der Täter war.

»Vermutlich wird es so sein. Aber du musst echt entspannter reagieren. Wo ist mein alter Lasse, der sich immer über meine Gefühlsausbrüche lustig gemacht hat? Der Straßenpolizist mit der rauen Schale und dem weichen Kern.«

Diese Worte zu hören, tat Brandt gut, das war etwas, warum er Aydin so sehr schätzte. Er verstand es einfach, zu seiner Seele vorzudringen.

»Du hast recht, ich muss entspannter werden. Ich möchte einfach nicht, dass Glücks Ansehen Schaden nimmt. Als Mediziner lebt er von seinem Ruf.«

»Ich verstehe dich ja. Wir, nicht du, wir gemeinsam werden alles tun, um Glücks Ruf nicht zu schädigen. Das machen Freunde so, gemeinsam.«

Brandt huschte ein Lächeln über die Lippen, dann sah er, wie Aydin ihm die Faust zum Abschlagen entgegenstreckte, Brandt schlug ein.

Wo Gesa Storm gearbeitet hatte, hatte Fischer schnell herausgefunden. Es war ein Call-Center am Mediapark.

»Hallo. Was kann ich für euch tun?«, fragte die junge Frau am Empfang. Brandt schätzte sie auf Mitte zwanzig.

»Wir wollten mit einem Verantwortlichen sprechen.«

»Worum geht es?«

»Wir sind von der Kölner Kriminalpolizei. Es geht um den Mord an Gesa Storm. Wir würden uns gerne mit Ihrem direkten Vorgesetzten unterhalten«, erklärte Brandt.

»Kleinen Augenblick bitte.« Die Empfangsdame versuchte sich nicht anmerken zu lassen, wie nervös sie war, aber Brandt entging die Veränderung ihrer Körpersprache nicht. Ihr Lächeln wirkte plötzlich wie eingefroren.

»Herr Bunge ist gleich bei Ihnen. Wenn Sie mögen, können Sie im Wartebereich Platz nehmen.«

»Danke.«

Die beiden Beamten setzten sich.

»Wie ein Call-Center sieht das hier nicht aus«, bemerkte

Aydin. »Call-Center haben doch üblicherweise keinen Empfang für Kunden.«

»Warum nicht? Die arbeiten meistens für andere Unternehmen.« Brandt konnte Aydins Gedankengang nicht folgen.

»Mag sein, aber hast du mal in das große Büro links geschaut? Das sah nicht nach Call-Center aus.«

»Entspann dich. Gleich sind wir schlauer.« Kaum ausgesprochen, kam auch schon ein Mann, der einige Jahre jünger war als Aydin, auf die beiden zu. Er war etwa so groß wie Brandt, hatte eine strenge Kurzhaarfrisur und trug eine schwarze, dominante Brille.

»Guten Tag, die Herren. Ich nehme an, Sie sind von der Kripo.«

»So ist es. Herr Bunge?«

»Thorsten Bunge. Thorsten mit T-H. Wenn Sie mir folgen möchten.«

Die beiden Beamten taten ihm den Gefallen und betraten einen Konferenzraum.

»Bedienen Sie sich doch bitte.«

Aydin nickte und griff zu einer kleinen Colaflasche. »Noch jemand?«

»Für mich die Coke Zero bitte«, sagte Bunge. Brandt lehnte ab. Aydin öffnete die beiden Flaschen und reichte Bunge die Zero.

»Schlimme Sache mit Gesa. Das hat uns alle schwer getroffen«, begann Bunge. »Haben Sie schon einen Verdächtigen?«

»Wir stehen noch am Beginn unserer Ermittlungen«, antwortete Brandt. Er konnte Bunge schlecht einschätzen. Gesas Chef wirkte entschlossen und forsch, vermutlich war er einer dieser Überflieger, extrem ehrgeizig und nur auf eines fokussiert: so viel Geld wie möglich so schnell wie möglich verdienen.

»Verstehe. Wie kann ich Ihnen helfen?«

»Was genau war der Tätigkeitsbereich von Gesa Storm?«

»Gesa war im Call-Center für unsere ausländischen Kunden tätig.«

»Sind Sie ein reines Call-Center?«, erkundigte sich Aydin. »Und was meinen Sie mit ›derzeit‹?«

»Nun, sie war sehr fleißig und hat sich gut eingebracht. Ich wollte ihr mehr Verantwortung übergeben. Nun zu Ihrer ersten Frage: Wir sind kein reines Call-Center. Wir sind ein Start-up im Bereich Payment.«

»Und das Call-Center?«

»Es ist unser eigenes für die Fragen unserer Kunden weltweit. Unser Produkt ist in vierundzwanzig Ländern erhältlich.«

»Wie war Gesa als Mitarbeiterin?«, fragte Brandt.

»Das sagte ich bereits: Sie war zwar eine von den Ruhigeren, aber ihre Leistung war tadellos, sonst hätte ich sie kaum für eine andere Position vorgesehen.«

Bunges Überheblichkeit war geradezu greifbar, Brandt blieb dennoch gelassen, da er noch einige Fragen hatte.

»Und wie war ihr Verhältnis zu den Kollegen?«

»Unauffällig. Sie fügte sich gut ins Team ein. Keine, die sich mit anderen stritt oder Streit suchte. Für einen Arbeitgeber eine solide Mitarbeiterin.«

»Gab es Kollegen, die nicht mit ihr konnten?«

»Nein, dafür gab es keinen Grund. Sie hat nie Streit gesucht und anderen keine Angriffsfläche geboten.« Bunge verzog das Gesicht, als fände er diese Frage völlig überflüssig.

»Na ja, Sie haben eben gesagt, dass sie befördert werden sollte, und gerade in Start-ups ist der Konkurrenzdruck hoch. Möglicherweise hat sich ein Kollege übergangen gefühlt«, warf Aydin ein.

»Ganz sicher nicht. Ich weiß ja nicht, woher Sie diese haltlosen Vorwürfe haben, aber wir zahlen über Tarif und bei uns kann man noch was bewegen. Unser Unternehmen ist nichts für jemanden, der die Sicherheit eines Beamtenjobs sucht. Solche Menschen würden sich auch nicht bei uns bewerben.«

Brandt verstand die Spitze und so langsam nervte ihn die Art von Bunge doch. Glaubte er wirklich, dass er ein besserer Mensch war, weil er in einem jungen, aufstrebenden Unternehmen arbeitete und möglicherweise ein Vielfaches von Brandt verdiente? Außerdem hatte Aydin recht. Brandt hatte ebenfalls den Artikel gelesen, der eine Studie behandelte, die die schlechten Arbeitsbedingungen bei Start-ups und die miserable Bezahlung der Angestellten kritisierte. Nur Führungskräfte wie Bunge verdienten überdurchschnittlich gut, aber sicherlich niemand wie Gesa.

»Dann können Sie uns bestimmt sagen, was Frau Storm verdient hat«, konterte Brandt daher.

»Ich wüsste nicht, was das mit Ihren Ermittlungen zu tun hat. Allein wegen des Datenschutzes darf ich Ihnen keine Zahlen nennen.« Zum ersten Mal bröckelte die arrogante Fassade Bunges, er wirkte leicht unsicher.

»Mit wie vielen Kollegen hat Gesa zusammengearbeitet?«

»Wofür ist das wichtig?«

»Herr Bunge, beantworten Sie nur unsere Fragen, Sie unterschätzen unsere Möglichkeiten. Wenn wir das Gefühl haben, dass uns hier etwas vorenthalten wird, kommen wir mit einem Durchsuchungsbefehl zurück und nehmen Ihr Unternehmen auseinander. Sie können sicher sein, dass ich nicht bluffe«, wurde Brandt ungemütlich. Es war höchste Zeit, dass Bunge von seinem hohen Ross runterkam.

Der lachte gekünstelt auf, schenkte Brandt ein breites Grinsen, schob seine Brille hoch und fuhr sich kurz über die Haare. »Kein Grund, die Bazooka rauszuholen. Wo genau drückt denn der Schuh?«

»Der Schuh drückt nirgends, wir ermitteln in einem brutalen Mordfall, und es sollte auch in Ihrem Interesse liegen, dass wir den Mörder so schnell wie möglich festnehmen.«

»Das sehe ich wie Sie, aber noch immer weiß ich nicht, was Sie genau von mir wollen.«

»Beantworten Sie nur unsere Fragen. Es ist wirklich sehr einfach.«

»Gut, was wollen Sie denn wissen?« Noch immer versuchte Bunge den Eindruck zu erwecken, dass er Herr der Lage war, aber Brandt wusste es besser. Der Unternehmer war sichtlich nervös und angefressen, er zwinkerte unbewusst und schaute Brandt nicht mehr direkt an.

»Mit wie vielen Kollegen hat Gesa zusammengearbeitet?«

»Im Call-Center waren es vier Personen.«

»Wissen Sie, ob sie zu einer von ihnen engeren Kontakt hatte?«

»Woher soll ich das wissen?«, entfuhr es Bunge, er schien kurz die Fassung zu verlieren. »Ich bin doch nicht das Kindermädchen meiner Mitarbeiter.«

»Sicherlich können Sie uns die Kontaktdaten der Kollegen zukommen lassen.«

Bunge antwortete nicht sofort, er holte tief Luft und atmete dann langsam aus. »Welche Wahl habe ich denn?«

»Was glauben Sie, was das hier ist? Ein Wettbewerb, wer die dicksten Eier hat? Begreifen Sie endlich, dass es um einen Mord geht. Das hatten wir doch eben«, mahnte Brandt. Bunge sollte kooperieren und diese halbklugen Sprüche sein lassen.

»Ist ja gut. Ich lasse Ihnen die Kontaktdaten zukommen.«

Es klopfte an der Tür und eine junge Frau trat ein.

»Ja bitte?«

»Thorsten, da ist ein wichtiger Anruf für dich.«

Bunge drehte sich zu Brandt. »Sie haben doch nichts dagegen?«

»Nein, nehmen Sie den Anruf gerne an.«

Bunge stand auf und verließ den Konferenzraum.

»Das muss ja mächtig wichtig sein, wenn er ihn nicht in den Konferenzraum durchstellen lässt«, bemerkte Aydin.

»Komischer Vogel«, zischte Brandt, er mochte Bunge nicht.

»Das ist so in der Start-up-Szene. Diese Hipster, die sind cool und wissen alles. Jedenfalls die, die in den Führungspositionen sitzen, das Fußvolk wird eiskalt ausgebeutet.«

»Dem ist nichts hinzuzufügen. Ich frage mich, warum er sich so querstellt. Ob er was zu verbergen hat?«

»Er will sich nur wichtigmachen. Ich kenne solche Idioten. Willst du was zu trinken?«

»Ja, ein stilles Wasser.«

Aydin nahm sich noch eine Cola und reichte Brandt die kleine geöffnete Flasche mit stillem Wasser. Brandt trank einen großzügigen Schluck.

Die Tür wurde geöffnet und Bunge trat ein.

»Verzeihen Sie die Störung.« Bunge blieb stehen. »Welche Fragen haben Sie noch? Ich muss gleich in ein Meeting.«

»Sie sagten, dass Sie Gesa Storm befördern wollten.«

»Richtig.«

»Es gab doch sicherlich noch einen anderen Kandidaten für die Position, oder?«

»Es ist üblich, dass wir aus einem Pool von Potentials den Geeignetsten draften.«

»Wie viele Bewerber gab es?«

»Einen.«

Bunges Antwort überraschte Brandt.

»Und wie heißt der Bewerber?«

»Benno Hamm. Wars das?«

»Das wars.«

»Gut. Ich begleite Sie nach draußen.«

»Nicht nötig. Wir möchten uns gerne mit Herrn Hamm unterhalten.«

Brandt fragte sich, warum Bunge seit dem Anruf noch angespannter war als vorher.

28

Zoller fand keine Ruhe.

»Verdammt, Lars, wo bist du mit deinen Gedanken?«, brüllte ihn einer seiner Kameraden an.

»Entspann dich«, brüllte Zoller zurück.

»Du Idiot, ich stand frei, warum passt du nicht?«

»Weil du nicht schießen kannst.«

»Spast«, reagierte Jonas Heß gereizt und schüttelte den Kopf.

»Wisst ihr was, ich bin raus, ich hab heute echt keinen Nerv auf so einen Scheiß.« Zoller verließ das Spielfeld. Er hatte sich mit Freunden in der Halle getroffen, um Fußball zu spielen in der Hoffnung, dass diese Ablenkung ihm guttäte, aber das tat sie nicht.

Heß lief ihm hinterher. »Warte.« Seine Worte hatten an Schärfe verloren.

»Warum?«

»Das war eben nicht so gemeint. Ich hoffe, du weißt das.«

»Klar weiß ich das. Entspann dich.« Heß und er waren gut befreundet und im Fußball ging es manchmal rauer zu, aber gerade war Zoller zu empfindlich und konnte so einen Mist nicht gebrauchen.

»Lass uns kurz hinsetzen.«

Zoller überlegte und nahm dann auf der Bank Platz.

»Jungs, spielt mal eben ohne uns weiter«, sagte Heß zu den anderen, die nur nickten und den Ball weiterspielten. »Ich weiß, dass du momentan eine schwere Zeit durchmachst. Das mit Gesa ist bestimmt nicht leicht für dich.«

»Um ehrlich zu sein, drehe ich fast durch«, gestand Zoller.

»Sie fehlt mir unglaublich.« Dass die Wahrheit eine andere war, behielt er für sich. Es konnte nicht schaden, wenn alle glaubten, dass sein Kummer und seine Sorgen einzig und allein Gesas Tod galten.

»Ich glaub dir das. Dazu noch die Frage: Welcher Wahnsinnige schneidet ihr den Kopf ab? Hat die Polizei schon einen Verdächtigen?«

»Keine Ahnung, die erzählen mir nichts.«

»Macht Sinn. Die wollen ihre Ermittlungen nicht gefährden.«

»Indem sie mir nichts sagen? Ich bin der Freund. Wenn nicht ich, wer sonst hat das Recht, zu wissen, was los ist?«

»So meine ich das nicht. Sicherlich ermitteln die auch in deine Richtung.«

»Du bist doch bei der Polizei, kannst du nicht mal nachschauen?« Zoller ohrfeigte sich innerlich, dass er Heß nicht schon vorher darum gebeten hatte. Er saß schließlich an der Quelle und konnte leicht herausfinden, ob die Polizei gegen ihn ermittelte oder ob er sich das Ganze nur einbildete.

»Spinnst du? Das kann ich nicht machen, damit mache ich mich strafbar. Ich tue mal so, als hätte ich das nicht gehört«, entgegnete Heß.

Mist!, fluchte Zoller in Gedanken, dennoch hakte er nach: »Warum machst du dich damit strafbar? Ich halte es einfach nicht mehr aus. Was, wenn der Mörder es auch auf mich abgesehen hat?«

»Warum sollte er?«

»Warum hat er Gesa ermordet?«

»Woher soll ich das wissen?«

»Siehst du! Und woher soll ich wissen, dass er es nicht auch auf mich abgesehen hat? Verdammt, Jonas, wir kennen uns, seit wir zwölf sind. Ich breche zusammen, kann kaum schlafen, mich nicht konzentrieren. Sieh mich an. Du siehst doch, wie dreckig es mir geht.«

»Das ist nicht zu übersehen.«

»Warum hilfst du mir dann nicht? Wem schadest du, wenn du mal kurz reinschaust? Sonst tust du das doch ständig. Erinnere dich daran, als Jennifer Lawrence zu Besuch in Köln war und du die Datenbank angezapft hast, um zu sehen, in welchem Hotel sie ist.«

»Sie ist ein Hollywoodstar. Das ist was ganz anderes.«

»Und die Blonde, die du im Club kennengelernt hast? Von der hast du auch die Anschrift gesucht, was du sicherlich nicht durftest.«

»Das war …« Heß unterbrach sich und lachte. »Die war ein Brett.«

»Bedeutet dir unsere Freundschaft denn gar nichts? Ich will endlich wieder in Ruhe schlafen.«

Heß atmete aus, er schien zu überlegen. Dann antwortete er: »Gut, aber wehe, du sagst jemandem etwas.«

»Danke, du weißt gar nicht, wie viel mir das bedeutet.« Endlich fühlte sich Zoller wieder besser, weil er sich aufs Neue darin bestätigt sah, dass er mit seinem Charme noch immer andere Menschen für sich gewinnen konnte.

Vielleicht sollte ich Mei und Michelle doch noch mal aufsuchen.

29

»Damit hat er nicht gerechnet. Hast du den dämlichen Blick gesehen?« Aydin hatte Mühe, seine Schadenfreude zu verbergen.

»Wenn wir schon mal hier sind, sollten wir uns auf jeden Fall mit Hamm unterhalten.«

Aydin griff zur nächsten Colaflasche und öffnete sie.

»Willst du nicht mal ein Wasser trinken?«

»Warum?«

»Weil du immer jammerst, dass du nicht abnimmst. Bei deinem Colakonsum wundert mich das nicht.«

»Ich unterzuckere.«

»Du und unterzuckern? Weißt du, wie viel Zucker in so einer kleinen Flasche ist?«

Die Kritik schien an Aydin abzuprallen, er nahm einen Schluck. »Das Koffein hält mich wach.«

»Du bist ein hoffnungsloser Fall.«

Brandt trank den Rest aus seiner Wasserflasche. Er fragte sich, ob es Sinn machen würde, auch mit den direkten Kollegen von Gesa zu sprechen.

Nein, sie sollten vorerst das Gespräch mit Hamm abwarten.

Nur wenig später wurde die Tür geöffnet und ein junger Mann, höchstens Anfang zwanzig, trat ein. Hamm war groß, schlank und wie Bunge sah er optisch ansprechend aus. Unwillkürlich beschlich Brandt der Gedanke, dass das Personal hier nach dem Aussehen gewählt wurde. Auch die Frau am Empfang sah gut aus, aber wie passte Gesa Storm in dieses Bild? Sie war nicht hässlich, allerdings eher durchschnittlich, und wenn sie von ihrer Persönlichkeit her zurückhaltend war, wie hatte sie sich dann in dieser Umgebung, wo augenscheinlich viel Wert aufs Äußere gelegt wurde, durchsetzen oder gar wohlfühlen können?

»Guten Tag. Thorsten meinte, dass Sie mich sprechen wollen.«

»Genau.« Brandt und Aydin standen auf und reichten Hamm die Hand. »Wir sind von der Kölner Kriminalpolizei. Es geht um Ihre Kollegin Gesa Storm.«

»Ich weiß. Thorsten hat mir das eben erzählt. Schlimme Sache.«

»Nehmen Sie doch bitte Platz«, blieb Brandt freundlich.

»Danke. Ehrlich gesagt, weiß ich nicht, wie ich Ihnen behilflich sein kann.«

»Wir haben nur ein paar Fragen.«

»Und die wären?« Hamm wirkte deutlich nervöser als Bunge, vermutlich weil er jünger war. Oder weil er etwas zu verbergen hatte.

»Wie war Gesa als Kollegin?«

»Eher unauffällig. Sie war ruhig, hat aber ihre Ziele jedes Mal erreicht. Sie hatte immer die höchsten Call-Werte.«

»Und wie beliebt war sie unter den Kollegen?«

»Beliebt?«

»Na, wie kamen die Kollegen mit ihr klar oder sie mit den Kollegen?«

»Wie gesagt, sie war eher ruhig. Wir sind hier alle sehr professionell und der Druck ist enorm hoch. Da ist wenig Spielraum für privaten Kram oder Freundschaften.«

»Kein Platz für Freundschaften unter Kollegen?« Brandt war überrascht über diese Antwort. »Mein Kollege Aydin und ich beispielsweise sind sehr gut befreundet.«

»Sie sind auch Beamte, da fällt das leicht.«

»Und hier nicht?«

Hamm schaute Richtung Tür, er wurde immer nervöser.

»Das hier ist ein Start-up, wenn man erfolgreich sein will, muss man ein Löwe sein. Sie wissen doch, was Löwen tun?«

»Sie reißen ihre Beute.« Brandt sah Hamm in die Augen, dieser hielt dem Blick nicht stand und wandte sich ab.

»So meinte ich das nicht. Man muss fleißig und ehrgeizig sein. Die Start-up-Szene ist kein Kindergarten. Man kann schnell viel Geld verdienen, aber man muss Biss haben und darf sich nicht kleinkriegen lassen.«

»Wie passt Gesa in dieses Bild? Sie war doch eher zurückhaltend …«

»Wer sagt denn, dass sie nicht nur geschauspielert hat«, rutschte es Hamm heraus.

»Wie meinen Sie das?«

Hamm fühlte sich ertappt, aber jetzt konnte er nicht mehr zurück.

»Sie ist damit dem direkten Konkurrenzkampf aus dem Weg gegangen, hat sich einen Vorteil verschafft. Warum sonst sollte jemand aus dem Call-Center auf eine Stelle befördert werden, die eigentlich nur Akademikern offensteht?«

»Ich dachte, in der Start-up-Szene geht es eher um Visionen, Biss und Kreativität und weniger um einen Studienabschluss. Hat so etwas nicht der Guru der Start-up-Szene Elon Musk gesagt?«, antwortete Aydin.

»Ja, schon, aber es ist doch nicht von der Hand zu weisen, dass ein Studium enorme Vorteile bietet, gerade wenn es um Payment geht.«

»Wie war Ihr Verhältnis zu Frau Storm?«, erkundigte sich Brandt.

»Professionell.«

»Und wie haben Sie es aufgefasst, dass sie für dieselbe Stelle vorgesehen war wie Sie?«

»Professionell. Ich habe keine Angst vor Wettbewerb.«

»Eben haben Sie sich noch beschwert, dass es unfair …«

»Sie haben mich falsch verstanden«, fiel Hamm Brandt ins Wort.

»Wie haben Sie es denn gemeint?«

»Dass man nach Qualifikationen und nicht nach irgendwelchen Quoten gehen sollte.«

»Quote?«

»Es war doch offensichtlich, dass man Gesa befördern wollte, weil sie eine Frau ist. Wir sind angeblich unterbesetzt mit Frauen in bestimmten Bereichen und Investoren achten auf so einen Mist. Dabei sollte es doch nur um die Qualifikation gehen. Dieser ganze Quotenquatsch geht doch nur zu Lasten von Männern wie mir. Wofür reiße ich mir den Arsch auf, wenn eine Frau die Position allein aufgrund ihres Geschlechts bekommt?«, echauffierte sich Hamm.

Bis zu einem gewissen Grad verstand Brandt die Kritik, aber sie war zu einseitig und hier war sicherlich nicht der richtige Ort, um über Frauenquoten zu diskutieren.

»Haben Sie Herrn Bunge Ihren Unmut mitgeteilt?«

»Warum sollte ich? Die Geschäftsleitung hatte sich doch längst für Gesa entschieden, um bei den Investoren Eindruck zu schinden. Die Call-Center-Agentin, die Karriere macht.« Hamm verdrehte die Augen.

»Haben Sie mit Gesa Storm darüber gesprochen?«

»Nein, sie traf doch keine Schuld. An ihrer Stelle hätte ich das Angebot auch angenommen. Ihr gegenüber hege ich keinen Groll.«

»Eine letzte Frage, wo waren Sie am Donnerstag, den 17. Juni, ab 15 Uhr bis Freitag um 16 Uhr?«

»Warum?«

»Beantworten Sie nur die Frage.«

»Ich war zu Hause.«

»Kann das jemand bezeugen?«

»Ja«, erwiderte Hamm knapp und schwieg, aber es sah aus, als würde er sich ein Lächeln verkneifen.

»Und wer?«

»Meine Katze.«

»Das ist nicht lustig«, reagierte Brandt scharf.

»Glauben Sie, ich bin dumm? Natürlich weiß ich, warum Sie mich gefragt haben. Das ist sicherlich der Todeszeitpunkt. Aber ich habe Gesa nicht ermordet, ich gewinne fair. Ich sagte Ihnen doch, dass ich ein Löwe bin und kein Feigling. Glauben Sie allen Ernstes, dass ich meine Karriere aufs Spiel setze? Ich habe in London studiert.«

»Waren Sie zu der Zeit alleine?« Hamms Worte beeindruckten Brandt nicht im Geringsten. Er hatte schon Professoren als Mörder überführt. Eine hohe Bildung war kein Freifahrtschein.

»Ja, war ich.« Hamm wirkte genervt.

»Hier ist meine Karte. Können Sie sie bitte Herrn Bunge geben? Er wollte uns noch Kontaktdaten schicken.«

»Mach ich. Sind wir fertig?«

»Das sind wir.«

»Gut. Wenn ich mir noch eine Bemerkung erlauben darf?«

»Die wäre?«

»Verschwenden Sie nicht Ihre Zeit. Hier finden Sie den Mörder nicht. Die meisten in der Firma sind Karrieremenschen, die haben keinen Grund gehabt, Gesa zu töten. Und wenn, würden sie sicherlich nicht so stümperhaft sein und den Kopf in einen öffentlichen Abfallbehälter werfen. Das kann nur jemand gewesen sein, der einen Hass auf die Frau hat. Jemand aus ihrem engeren Bekanntenkreis.«

»Woher wissen Sie, dass der Kopf in einem Abfallbehälter war?«

»Das stand in der Zeitung. Auf Wiedersehen, die Herren, ich denke, Sie finden alleine raus.« Hamm stand auf und verließ den Konferenzraum.

Wenige Minuten später saßen Brandt und Aydin wieder im Auto und fuhren Richtung Flittard.

»Woran denkst du?«, wollte Brandt wissen.

»Ob es vergebene Mühe ist.«

»Was?«

»Na, die Kollegen im Call-Center.«

»Willst du sie pauschal aus dem Täterkreis ausschließen?«

»Ich glaube, ja. So arrogant dieser Hamm auch rüberkam, er hatte nicht unrecht. Welches Motiv sollte einer der Kollegen haben, Gesa zu töten? Sie war ruhig, hat keine Freundschaften mit den Kollegen gepflegt oder sich mit einem von ihnen angelegt. Jemand, der einem den Kopf vom Körper abtrennt, muss viel Wut im Bauch haben.«

»Möglich. Aber Hamm hat kein Alibi.«

»Das muss nichts heißen. Glaubst du, er könnte der Täter sein?«

»So langsam solltest du mich wirklich kennen.«

»Komm schon, was sagt dein berühmtes Bauchgefühl?«

»Nichts. Ich finde weder Hamm noch Bunge sauber, aber nur weil sie Karrieremenschen sind oder auf teuren Privatunis studiert haben, bedeutet das nicht, dass sie zu solch abscheulichen Taten fähig sind. Sobald wir die Kontaktliste haben, sollten wir mit den anderen Kollegen telefonieren. Aber du hast recht, zu viel Arbeit sollten wir in diese Spur nicht investieren.«

»Dann gib doch zu, dass ich recht habe und das Call-Center keine heiße Spur ist.«

»Wenn du das für dein Ego brauchst, bitteschön.«

Aydins Mundwinkel hoben sich. »Vielleicht sollten wir Zoller mal auf die Arbeitskollegen von Gesa ansprechen.«

»Die Idee hatte ich auch schon. Vor allem interessiert mich sein Verhältnis zu ihren Eltern. Irgendwas stimmt da nicht.«

»Du willst doch nicht andeuten, dass die Eltern etwas mit

Gesas Tod zu tun haben? Die WhatsApp-Nachrichten waren sauber.«

»Das hat nichts zu sagen. WhatsApp-Nachrichten kann man löschen.«

»So langsam wirkst du sehr verzweifelt«, entgegnete Aydin.

»Warum?«

»Na, erst die Kollegen von Gesa und jetzt die Eltern.«

»Ich schließe nichts aus, solange jemand kein Alibi für die Tatzeit hat.«

Wenig später parkte Brandt direkt vor dem Wohnblock von Lars Zoller.

»Was hältst du davon, wenn wir die anderen Nachbarn befragen?«, schlug er vor.

»Wollten das nicht die Kollegen von der Streife machen?«

»Ja, aber nun sind wir hier und sicherlich sind nicht alle zu Hause. Die fünf Minuten sollten wir haben.«

»Gut, meinetwegen. Sollen wir auch noch mal mit Pawlowski sprechen?«

»Nicht unbedingt. Gefühlt hat er uns schon alles erzählt.«

Brandt drückte auf die erste Klingel, aber niemand reagierte, sodass er den nächsten Knopf betätigte, mit demselben Resultat. Keine Reaktion.

Nach der siebten Klingel ertönte endlich der Türsummer.

»Wenigstens einer ist da«, sagte Brandt, als beide den Hausflur betraten. Ulbrich, so der Name neben der Klingel, wohnte auf derselben Etage wie Zoller. Als sie oben angekommen waren, wurde die Tür auch schon geöffnet.

»Ja, bitte?«, sagte der etwas dickliche Nachbar. Brandt schätzte ihn auf Anfang dreißig. Er hatte ein rundes Gesicht und trug eine Art Harry-Potter-Brille.

»Guten Tag, Herr Ulbrich, wir sind von der Kölner Kriminalpolizei. Können wir uns kurz unterhalten?«

»Scheiße, Mann, das war nur ein Mal, ehrlich, und das auch nur, weil ein Kumpel mich dazu verleitet hat«, geriet Ulbrich in Panik. Augenscheinlich hatte er etwas ausgefressen.

»Sie wissen, auch ein Mal ist strafbar.«

»Wirklich! Ich habe den Film gleich wieder gelöscht, nachdem ich ihn runtergeladen hatte.«

Nun wusste Brandt Bescheid und hatte Mühe, sich ein Schmunzeln zu verkneifen, während Aydin bereits grinste. Ulbrich hatte allem Anschein nach illegal einen Film runtergeladen.

»Wir haben nichts gehört, wenn Sie uns in einer anderen Angelegenheit ehrlich Auskunft geben.«

»Alles, was Sie wollen. Ich kann gerne als verdeckter Ermittler und so arbeiten. Aber nicht im Mafiamilieu, so mutig bin ich dann doch nicht.« Ulbrich war noch immer sehr nervös und fuhr sich mit der Hand über die kurzen braunen Haare.

»Lassen Sie uns das bitte in der Wohnung besprechen, muss ja nicht jeder mitbekommen, dass wir uns unterhalten.«

»Sie haben recht. Die Nachbarn sind sehr neugierig, vor allem dieser Pawlowski. Rentner halt.«

»Was wissen Sie über ihn?« Brandt und Aydin folgten Ulbrich ins Wohnzimmer.

»Das ist einer, der sich in alles einmischt und zu große Ohren macht, wenn Sie mich fragen. So ein Wichtigtuer, nur weil er mit Lars befreundet ist. Bildet sich da echt was drauf ein.«

»Sie meinen Herrn Zoller?«, tat Brandt unwissend. Es konnte nicht schaden, zu erfahren, was Ulbrich wusste. Womöglich waren Pawlowskis Aussagen nicht verwertbar, weil er so von Zoller angetan war. Dass er die Polizei absichtlich angelogen hatte, nahm er jedoch nicht an.

»Genau. Diesen Schönling und Möchtegernfußballer. Nicht falsch verstehen, ich habe nichts gegen Schönlinge. Sie sind ja auch ein hübscher Mann …« Ulbrich korrigierte seine Aussage so schnell, dass sich seine Stimme fast überschlug. »Aber man muss das ja nicht so raushängen lassen und ein Fußballprofi ist er auch nicht geworden. Trotzdem gibt er damit an wie nichts Gutes.«

»Und Herr Pawlowski wollte sich Liebkind bei Herrn Zoller machen?«, fragte Aydin.

»Genau. Pawlowski hat früher selbst Fußball gespielt, aber nicht so professionell wie Lars. Irgendwie ist er vernarrt in ihn, keine Ahnung warum.«

»Wie weit ging diese Vernarrtheit?«, fragte Brandt.

»Schon weit.« Ulbrich hielt inne und fuhr sich mit der Zunge über die Lippen. Dann setzte er einen verschwörerischen Blick auf, verengte die Augen und flüsterte beinahe: »Der hat Lars sogar beim Fremdvögeln gedeckt.«

»Ist nicht Ihr Ernst?«

»Wenn ich es doch sage.«

»Und wie kommen Sie auf so eine Aussage? Haben Sie es gesehen?«

»Klar habe ich es gesehen. So eine kleine Asiatin ist in Pawlowskis Wohnung verschwunden, als Gesa, früher als erwartet, zu Hause aufgetaucht ist. Er hat sie sicherlich von seinem Fenster aus beobachtet und Lars gewarnt, sodass die Asiatin schnell in seine Wohnung konnte.«

Brandt war sehr verwundert über diese Aussage. So viel Gemeinheit hätte er Pawlowski niemals zugetraut. Die asiatisch aussehende Frau konnte nur Mei sein, aber Brandt brauchte Gewissheit.

»Wann war das? Und wissen Sie, wie die junge Frau hieß und wie groß sie in etwa war?«

»Keine Ahnung, wie sie hieß. Sie war echt klein, maximal einen Meter sechzig. Das war vor drei Wochen oder so, aber nageln Sie mich nicht fest.« Ulbrich fuhr sich wieder mit der Zunge über die Lippen. »Darf ich Sie auch was fragen?«

»Und das wäre?«

»Wie sind Sie mir auf die Schliche gekommen?« Bevor einer der Beamten antworten konnte, fügte er hinzu: »Lassen Sie mich raten, es war sicherlich das fehlende VPN. Ich dachte halt, bei einem Film kann nichts passieren.«

»Das sind Ermittlungsgeheimnisse, darüber dürfen wir nicht reden«, blieb Brandt vage.

»Ganz sicher das VPN. Die Seite wurde nicht hochgenommen, das hätte ich gewusst.«

»Haben Sie die junge Frau öfter bei Herrn Zoller gesehen?«

»Klar. Bestimmt einige Male, aber keine Ahnung wann genau. Ist es okay, wenn ich mal kurz austrete? Meine Blase drückt.«

»Tun Sie sich keinen Zwang an.«

Ulrich eilte aus dem Zimmer.

»Komischer Vogel.«

»Oder ein Glücksfall«, entgegnete Brandt. »Ich frage mich, warum Pawlowski Zoller deckt.«

»Hast du doch gehört, so ein Promigeiler.«

»Glaubst du, nur das?«

»Was denkst du denn?«

»Nimm mal an, er hat sich einen Vorteil von Zoller erhofft.«

»Einen Vorteil?«

»Er hatte Zoller in der Hand, deshalb könnte er ihn irgendwann um einen Gefallen bitten«, überlegte Brandt laut.

»Was für ein Gefallen sollte das sein? Und vor allem, in welcher Verbindung sollte das zu der Tat stehen?«

»Das weiß ich noch nicht genau. Fischer soll Pawlowski mal intensiver überprüfen.«

»Ich ruf ihn nachher im Auto an.«

»Gut.«

Ulrich kehrte lächelnd zurück, wobei es aufgrund seines

rundlichen Gesichts grundsätzlich so wirkte, als würde er lächeln. »Das war knapp. Wie genau haben Sie sich denn die Zusammenarbeit vorgestellt? Ich hoffe nicht, dass ich so altmodisches Verdrahtungsequipment bekomme.«

»Was wissen Sie noch über Herrn Zoller?« Brandt würde auf Ulbrichs kindische Fragen nicht eingehen.

Ulbrich machte einen Schritt auf Brandt zu, dabei blickte er verschwörerisch in alle Richtungen, dann senkte er seine Stimme: »Er ist nicht der Sonnyboy, für den er sich ausgibt.«

»Wie meinen Sie das?«

»Er hat große psychische Probleme. War deswegen schon in der Psychiatrie und hat seine Exfreundin krankenhausreif geschlagen.«

»Meinen Sie Michelle Vogler?«

»Nein, vor der hatte er Angst, er war jeden Tag voll mit Beruhigungspillen. Ich meine die davor.«

30

Ein bestimmter Gedanke nimmt immer mehr Besitz von mir. Ich hasse diesen Gedanken, weil er es auch war, der mich dazu brachte, sie zu töten. Mir immer wieder einflüsterte, dass ich keine andere Wahl hätte.

»Aber nichts wird sich ändern«, jammere ich mein Spiegelbild an. »Überhaupt nichts.« Diese innere Stimme, die den Gedanken in mein Hirn hämmert, hat mich angelogen, und jetzt ist sie zurück und möchte, dass ich es erneut tue, doch ich vertraue ihr nicht.

Ich öffne den Spiegelschrank und mein Blick wandert zu der Packung Tabletten. Ich greife nach ihr. »Gleich ist der Spuk vorbei«, sage ich mir, stecke eine Tablette in den Mund und schlucke sie mit Leitungswasser runter.

Ich verstehe die Unruhe in meinem Körper nicht, diese Angespanntheit und dieses Gefühl, als hätte ich die Kontrolle über mein Handeln, ja über mein ganzes Leben verloren.

Die Ärzte nennen es Depression, aber das glaube ich nicht. Es hat doch seine Gründe, dass ich so geworden bin. Statt mich mit irgendeinem Mist zu behandeln, weshalb ich mir Tabletten einschmeißen muss, hätte man mir anders helfen müssen.

»Was jammerst du? Du hast doch gerade eines von diesen verteufelten Dingern genommen. Die Schulmedizin kann nun mal nur eins, die Leute ruhigstellen.«

Ich bin verwirrt über meine Grübeleien und denke an den Tod. Es ist nicht das erste Mal, dass ich an den Tod denke, dennoch habe ich diesen finalen Schritt immer gescheut, weil es einer Kapitulation gleichkäme, und das kommt für mich nicht infrage.

Trotzdem muss es doch eine Möglichkeit geben, mein Leben irgendwie in den Griff zu kriegen, trotz dieser großen Leere, die mich ständig in ihrem Würgegriff hat, in ein Korsett quetscht.

Ihr Tod hat diese Leere jedenfalls nicht dauerhaft verjagt.

»Nein, nein, nein!«, platzt es aus mir heraus. »Ich höre nicht mehr auf dich.«

Der Gedanke, noch einen Menschen töten zu müssen, ist wieder sehr präsent, obwohl ich die Tablette genommen habe.

»Ich entscheide, was richtig und was falsch ist. Ich allein. Nicht meine Dämonen.«

Mein Atem geht immer schneller. Hastig wasche ich mir das Gesicht mit Wasser. Wie wohltuend das ist.

Ich trockne mich ab und gehe in die offene Wohnküche, die ans Wohnzimmer angrenzt. Aus dem Kühlschrank hole ich mir eine Flasche Kölsch, öffne sie und setze mich auf die Couch. Ich gönne mir einen ordentlichen Schluck, dann stelle ich die Flasche auf den Tisch und klappe meinen Laptop auf.

Ich rufe Google auf und tue das, was ich immer mache: Ich google alles über den Mord an der jungen Frau. Möchte ja wissen, was die Presse weiß. Auch wenn ich noch andere Quellen habe, ist es wichtig, zu schauen, was im Internet steht.

Wirklich viel wissen sie nicht, was mich ungemein beruhigt. Vielleicht ist es auch die Tablette, die langsam wirkt, wer kann das schon wissen.

Über einen Googlelink lande ich auf der Facebookseite der Kölner Kriminalpolizei. Bisher wusste ich nicht einmal, dass die Kölner Polizei auf Facebook ist.

Ein Post erweckt meine Aufmerksamkeit.

Die Polizei bittet die Bevölkerung um Hilfe bei der Suche nach dem Mörder.

»Verdammt noch mal, ich bin kein Mörder«, brülle ich und klappe verärgert den Laptop zu. Dann greife ich zur Kölschflasche und leere sie in wenigen Zügen.

»Ich bin kein Mörder.«

Mein Atem geht schnell, meine Handflächen schwitzen. Wieder ist da dieser Gedanke, dass ich es erneut tun muss. Aber das ist total abartig. Die Polizei sucht mich als Mörder und meine innere Stimme flüstert mir zu, ich solle noch mal töten. Wie gestört ist das bitte?

Doch dann habe ich eine Idee.

»Was, wenn du die Polizei anonym anrufst und ihnen einen falschen Hinweis gibst?« Die Idee hat was. So könnte es mir gelingen, endlich diese verdammten Bullen abzuschütteln.

31

Brandt war auf das Gespräch mit Zoller gespannt, aber
vorher wollten Aydin und er sich mit Pawlowski unterhalten. Ulbrich hatte ihnen noch ein paar andere Dinge verraten, doch inwieweit die alle der Wahrheit entsprachen,
mussten sie erst überprüfen.

Pawlowski machte einen überraschten Eindruck, als die
Beamten direkt vor seiner Wohnungstür standen und nicht
übers Treppenhaus kamen.

»Guten Tag, Herr Pawlowski, dürfen wir kurz eintreten?«, fragte Aydin.

»Ja, sicher.« Pawlowski ließ sie herein. »War die Eingangstür offen, bevor ich geöffnet habe?«

»Das wissen wir nicht. Wir waren schon im Haus.«

»Verstehe, dann waren Sie sicherlich bei Lars. Wie gehts
dem armen Jungen? Das letzte Mal, als ich ihn getroffen
habe, war er sehr niedergeschlagen.«

»Wir waren nicht bei Herrn Zoller. Wir kommen gerade
von Herrn Ulbrich.«

»Was wollten Sie denn von dem komischen Vogel?«,
rutschte es Pawlowski heraus. Wie es schien, hielten beide
nicht viel voneinander.

»Wir haben Hinweise für unsere Ermittlungen gesammelt.«

»Und was für Hinweise?« Es war nicht zu übersehen, dass
Pawlowski großes Interesse daran hatte, zu erfahren, worüber
sie mit Ulbrich gesprochen hatten. Brandt kam eine Idee.

»Wie ist Ihr Verhältnis zu Herrn Ulbrich?«

»Was für ein Verhältnis? Mit so einem Pack möchte ich

nichts zu tun haben. Schlimm genug, dass ihm die Wohnung gehört und wir ihn deshalb nicht loswerden.«

Die heftigen Worte überraschten Brandt. Dass Pawlowski so schlecht über seinen Nachbarn sprach, hatte sicherlich seine Gründe. Die Frage war nur, ob sie berechtigt waren.

»Wie kommt es, dass Sie ihn nicht mögen?«, erkundigte sich Aydin.

»Weil er nur Lügen verbreitet, die Leute gegeneinander aufzuhetzen versucht und eine verdammte Schwuchtel ist«, empörte sich Pawlowski. Seine heftige Reaktion war absolut nicht nachvollziehbar und kein bisschen verhältnismäßig. Immerhin sprach er mit der Polizei und nicht mit Freunden. Brandts Blick wanderte zur Wand. Es war nicht zu übersehen, dass Pawlowski glühender FC-Fan war.

»Ich wüsste nicht, was die Sexualität mit dem Charakter eines Menschen zu tun hat«, gab Aydin zurück.

»Jede Menge. Männer tratschen nicht.«

Brandt warf Aydin einen Blick zu und der schien zu verstehen. Es brachte nichts, mit Pawlowski eine Grundsatzdebatte zu führen. Die ewig Gestrigen würde es immer geben, und sie waren nicht hier, um über Moral zu sprechen, sondern weil sie einen Mörder suchten.

»Wie gut ist Ihr Verhältnis zu Lars Zoller?«, fragte Brandt, er wollte sich wieder auf das Wesentliche konzentrieren.

»Das hatte ich Ihnen doch schon gesagt. Wir sind nachbarschaftlich verbunden und helfen uns so, wie es sich unter Nachbarn gehört.«

»Und wie sieht diese Hilfe aus?«

»Haben Sie keine Nachbarn?«

»Doch, aber mich würde interessieren, wie diese Hilfe zwischen Ihnen und Herrn Zoller aussieht.«

»Wie es halt üblich ist. Dass man ein Auge auf die Wohnung hat, wenn jemand mal für ein paar Tage nicht zu Hause ist. Solche Sachen halt.«

»Gehört dazu auch, dass man den Nachbarn dabei deckt, wenn er fremdgeht?«, erhöhte Brandt den Druck.

»Was soll diese dämliche Frage? Natürlich nicht.«

»Wir haben den Hinweis erhalten, dass Mei Knorr bei Ihnen war, als die Freundin von Herrn Zoller unerwartet nach Hause kam.«

»Das ist doch Unfug. Das hat Ihnen bestimmt dieser Depp erzählt. Warum sollte Lars seine Freundin betrügen?«

»Diese Frage stellen wir uns auch. Er hat es getan, das steht fest. Die Frage ist nur, wie oft und ob Sie ihn gedeckt haben.«

»Das habe ich nicht. Sagen Sie Ulbrich, dass ich ihn anzeigen werde, wenn er weiter Lügen über mich verbreitet.« Pawlowski kochte.

Sein Gesicht war rot angelaufen, aber Brandt glaubte ihm kein Wort. Ulbrich hatte auf ihn viel authentischer gewirkt, als er seinen Nachbarn beschuldigt hatte.

»Herr Pawlowski, Sie sollten sich Ihre nächsten Antworten sehr gut überlegen …«

»Warum?«, fiel Pawlowski ihm lautstark ins Wort.

»Entspannen Sie sich und lassen Sie mich ausreden«, reagierte Brandt nun ebenfalls schärfer. »Noch mal: Sie sollten sich Ihre nächsten Antworten genau überlegen. Wir werden auch Herrn Zoller mit den Vorwürfen konfrontieren.«

»Er wird meine Angaben stützen, weil sie der Wahrheit entsprechen. Ulbrich lügt.«

»Ebenso werden wir Mei Knorr damit konfrontieren. Wenn sie Ihre Angaben nicht stützt, haben Sie die Polizei belogen und sich strafbar gemacht. Das ist kein Kavaliersdelikt. Erst recht nicht bei Ermittlungen, in denen es um Mord geht«, wurde Brandt deutlich.

Pawlowskis Körpersprache änderte sich schlagartig von angriffslustig auf vorsichtig und unsicher. Brandt merkte, dass er nicht der harte Hund war, für den er sich gab.

Hunde, die bellen, beißen nicht, ging Brandt ein Spruch durch den Kopf.

»In Ihrem eigenen Interesse sollten Sie uns die Wahrheit sagen. Sie wollen doch nicht plötzlich als Verdächtiger in unseren Akten erscheinen«, fügte Aydin hinzu.

»Verdächtiger? Ich?« Pawlowskis Augen waren weit aufgerissen, sein Mund augenscheinlich staubtrocken, da er sich wie so oft mit der Zunge über die Lippen fuhr. »Ich habe mit Sicherheit nichts mit dem Mord zu tun.«

»Dann sollten Sie aufhören, uns zu belügen. Es bringt Ihnen nichts, jemanden zu decken.«

Pawlowski war wie erstarrt, so langsam schien er zu begreifen, worum es hier wirklich ging und dass er sich selbst in die Schusslinie brachte. Wenn sich Brandt nicht irrte, würde er gleich singen. Er kannte Menschen wie diesen Pawlowski.

»War Mei Knorr bei Ihnen?«, wiederholte Brandt.

Pawlowski ließ sich mit seiner Antwort Zeit.

»Schon möglich«, gestand er dann und bestätigte damit Brandts Einschätzung, dass Ulbrich der Ehrlichere von beiden war.

»Sie wussten, dass Herr Zoller seine Freundin betrügt?«

Wieder überlegte Pawlowski, bevor er eine Antwort gab. »Er ist ein Mann und begehrt. Das hat rein gar nichts damit zu tun, dass er Gesa nicht geliebt hat. Wir Männer können das gut trennen.«

»Haben Sie kein schlechtes Gewissen gehabt? Immerhin wusste Gesa Storm nichts davon. Es wäre doch möglich gewesen, dass sie das sehr verletzte.«

»Wie soll es sie verletzen, wenn sie nichts davon weiß? Lars hat Gesa geliebt, daran gibt es keinen Zweifel.«

Pawlowski hatte ein seltsames Verständnis von Moral und Brandt sah seinem Kollegen an, dass es ihn Mühe kostete, sich zu beherrschen.

»Gab es noch andere Frauen, mit denen Zoller eine Affäre hatte und für die Sie Schmiere stehen mussten?«

»Ich habe nicht Schmiere gestanden«, reagierte Pawlowski plötzlich gereizt. »Ich habe ihre Beziehung gerettet, weil ich wusste, dass Lars ein guter Junge ist und Gesa liebt.«

»Gab es denn noch andere Frauen?«

»Ja, da waren noch zwei, drei. Aber fragen Sie mich nicht nach den Namen. Ich kenne sie nicht.«

Brandt überraschte die Antwort nicht. Zoller schien ein notorischer Fremdgänger zu sein, dass Pawlowski ihn dabei immer wieder deckte, war schon sehr bedenklich. Manche Frauen hatten einfach Pech mit Männern.

»Wann war das?«

»Ist ein bisschen her. Letztes Jahr, ich weiß es nicht mehr so genau. Ich merke mir solche Dinge nicht.«

»Sicherlich kennen Sie auch seine Exfreundin Alina Schüler.« Ulbrich hatte ihnen den Namen genannt und einiges über sie erzählt.

»Ja, der Name sagt mir was. So eine kleine Zierliche. Was soll mit ihr sein?«

»Herr Zoller soll mehrmals handgreiflich gegen sie geworden sein.«

»Davon weiß ich nichts.«

»Sie wissen aber, dass Herr Zoller psychische Probleme hat?« Brandt war geneigt, Pawlowski zu glauben. Männer, die ihre Frauen schlugen, waren oft Meister im Vertuschen, und leider geschah es viel zu oft, dass die Frauen aus Scham ihre Männer noch deckten.

»Was für Probleme?«

»Er war in psychiatrischer Behandlung und braucht Medikamente, weil er nicht verkraften konnte, dass seine Profikarriere endete, bevor sie richtig begann«, erklärte Aydin.

»Wen lässt so etwas schon kalt? Der Junge hatte Talent. War beidfüßig. Ich habe ihn spielen sehen. Wären Sie nicht niedergeschlagen, wenn Ihr Traum wegen eines dummen Unfalls, für den Sie nichts können, zerplatzt? Ich wäre es. Ich kann Lars sehr gut verstehen, ich war einst selbst ein talentierter Fußballer.«

»Das mag sein, aber das rechtfertigt nicht, dass man seine Freundin schlägt«, widersprach Aydin.

»Sie verstehen das nicht. Glauben Sie, er hat das ohne Grund getan?«

»Kann es einen Grund geben, eine Frau zu schlagen?«, entgegnete Aydin gereizt.

»Jede Menge.«

»Hat er auch Gesa Storm geschlagen?«

»Wenn, dann sicherlich nicht ohne Grund.«

Brandt hatte genug gehört. Es war höchste Zeit, Zoller mit den Vorwürfen zu konfrontieren und möglicherweise zu einem Fehler zu verleiten. Langsam wurde er zu ihrem Hauptverdächtigen. Der Glanz eines Fastprofis hatte sich schnell als schäbige Patina herausgestellt.

32

»Alles kommt ins Lot«, dachte Zoller wieder mit deutlich mehr Optimismus. Mei hatte ihm geschrieben und das, ohne dass er den Druck erhöht hatte, was ja von Anfang an sein Plan gewesen war.

Sie hatte sich entschuldigt und angeboten, dass sie heute Abend zu ihm kommen könne.

»Frauen stehen einfach auf dich.« Zoller schmunzelte.

Er wertete es als Signal, dass er Mei nun doch für seine Zwecke würde manipulieren können. Michelle war da schon eine andere Hausnummer. Sie hatte sich seit ihrer niederträchtigen und feigen Antwort nicht mehr gemeldet. Aber so leicht würde er sie nicht davonkommen lassen. Morgen würde er bei ihr aufschlagen, ohne Ankündigung. Da sie jeden Mist in ihren Instagramstorys postete, würde er wissen, wann sie zu Hause wäre, und wenn er erst vor ihrer Tür stehen würde, würde sie ihn sicherlich nicht abweisen.

»Meinem Charme kann sie halt nicht widerstehen, egal wie schlau sie sein mag. Ich bin ein Löwe.«

Er griff nach seinem Handy, öffnete Instagram und überlegte, ob er etwas posten sollte, beließ es aber bei dem Gedanken. Stattdessen schaute er sich einige Profile an, auch die von Mei und Michelle. Michelle war gerade im Gym und hatte wieder eine Story gepostet, für die sie ihren runden Arsch in die Kamera streckte, um allen zu zeigen, wie man seinen Po trainierte.

»Die hat schon einen verdammt geilen Körper.«

Gesa hatte nie viel von Sport gehalten und es war ihm nicht gelungen, sie ins Fitnessstudio zu locken. Auch sonst war Gesa viel langweiliger gewesen als Michelle. Gerade im Bett war sie richtig fantasielos.

Zoller legte sein Handy zur Seite.

Er hatte Gesa geliebt, eben weil sie so anders war als die anderen Frauen und weil er bei ihr sicher sein konnte, dass sie nur ihn liebte, nicht seinen Fame. Jetzt war sie tot und die Polizei nahm ihn in die Mangel. Als ob er nicht schon genug Probleme hätte.

Sein Handy leuchtete auf. Er griff danach und schaute aufs Display. Für einen Moment war er zu keiner Regung fähig.

Gesas Mutter rief an. Er konnte den Anruf unmöglich entgegennehmen, weil er nicht wusste, was er ihr sagen sollte. Sein Verhältnis zu ihr war sehr schwierig, denn sie hatte nie einen Hehl daraus gemacht, dass sie ihn nicht mochte. Im Gegensatz zu dem Vater. Der war deutlich entspannter.

Andererseits war die Mutter auch schwer depressiv, daher hatte er versucht, das alles nicht persönlich zu nehmen, was manchmal nicht leichtfiel.

»Hätte ich die Eltern anrufen sollen?«, überlegte er.

Aber wofür? So ein enges Verhältnis hatten sie nicht gehabt.

»Trotzdem, sie sind immer noch die Eltern. Das macht man doch dann so, oder?«

Zoller wollte sich nicht weiter mit dieser Frage quälen. Er beschloss, der Mutter und dem Vater später eine Beileidsnachricht zu schreiben.

Er legte das Handy wieder zur Seite und ging ins Bad, um sich zu rasieren, schließlich würde Mei an diesem Abend kommen und er hatte sich seit einigen Tagen nicht mehr rasiert.

Nach der Intimrasur duschte er sich ab und cremte seinen Körper ein, wie immer nach dem Duschen. Dann zog er sich an und ging zurück ins Wohnzimmer.

Sein Handy leuchtete erneut auf, gleichzeitig klingelte es an der Tür. Er warf einen flüchtigen Blick aufs Handy und sah, dass Pawlowski ihm geschrieben hatte.

»Der Depp, was hat der wieder?«

Es klingelte erneut, dennoch öffnete er rasch die Nachricht von Pawlowski und las sie:

Die Bullen kommen zu dir rüber, Ulbrich, das schwule Arschloch, hat denen gesteckt, dass du ein Schläger bist und Gesa geschlagen hast.

Unvermittelt überfiel Zoller Panik und seine gute Laune war verflogen. Es war klar, dass die Polizei vor der Tür stand, und wenn sie wussten, dass ihm ab und an die Hand ausrutschte, würden sie ihn nur noch mehr verdächtigen.

»Mach nicht die verdammte Tür auf!«, ermahnte er sich.

Doch das war leichter gesagt, als getan, weil er Angst hatte, dass er jeden Moment eine Panikattacke bekommen und nur einen Wunsch haben würde: die Wohnung so schnell wie möglich zu verlassen.

»Reiß dich zusammen!«, ermahnte er sich erneut.

33

»Vermutlich ist er nicht da.«

»Um die Zeit?« Es war mittlerweile früher Abend.

»Vielleicht trifft er sich mit Freunden. Ist ja kein alter Mann wie du«, sagte Aydin grinsend.

»Scherzkeks. Ich habe eher das Gefühl, dass Pawlowski ihn gewarnt hat.«

»Meinst du?«

»Würde mich nicht wundern. Der hat irgendwie einen Narren an Zoller gefressen.«

»Es gibt Menschen, die stehen auf Promis und machen sich für sie gerne zum Affen.«

»So berühmt ist er nicht.«

Brandt drückte erneut auf die Klingel, aber Zoller reagierte nicht.

»Soll ich ihn anrufen?«

»Nein, hat keinen Sinn. Ich möchte ihn persönlich zu fassen kriegen. Schau doch mal auf sein Instagramprofil. Vielleicht hat er gepostet, wo er sich rumtreibt.«

»Mach ich.« Aydin fischte sein Handy aus der Hosentasche und öffnete Instagram.

»Erinnere mich bitte daran, dass wir Fischer damit beauftragen, Informationen über Alina Schüler einzuholen. Mich würde interessieren, wer sie ist.«

»Willst du sie aufsuchen?«

»Möglich. Aber bisher sehe ich noch keine Verbindung zu unserem Fall, außer, dass Zoller ihr und Gesa gegenüber handgreiflich geworden ist.«

»Er hat nichts gepostet«, sagte Aydin.

In dem Moment wurde die Tür einen Spalt weit geöffnet.

Doch da!, fühlte sich Brandt bestätigt. Zoller trug eine Sporthose und ein T-Shirt, er wirkte verschlafen oder wollte diesen Eindruck erwecken.

»Verzeihen Sie, ich war am Pennen«, sagte er gähnend.

Brandt nahm ihm das Schauspiel nicht ab.

»Schlafen Sie immer mit Socken?« Er jedenfalls kannte keinen Mann, der mit Socken schlief.

»Meine Füße sind immer kalt.«

»Auch bei über 30 Grad draußen?«

»Immer.« Zoller huschte ein verzweifeltes Lächeln über die Lippen. »Kommen Sie doch bitte rein.«

Die beiden Beamten folgten ihm in die Wohnung.

»Wie kann ich Ihnen helfen?«

»Wir haben noch ein paar Fragen«, antwortete Aydin. »Sagt Ihnen der Name Dr. Glück etwas?«

»Glück? Nein, wer soll das sein?«

»Ein Arzt, der durch Zufall Ihrer Freundin das Leben gerettet hat.«

»Das Leben? Sie meinen Gesa?« Zoller wirkte überrascht, Brandt nahm ihm das ab.

»Ja, Ihre Freundin. Sie hat im April versucht, sich das Leben zu nehmen.«

»Wie das?«

»Indem sie sich im Rhein ertränken wollte.«

»Sicher? Gesa? Warum sollte sie das tun?«

»Das möchten wir gerne von Ihnen erfahren.«

»Woher soll ich das wissen?« Zollers Stimme gewann an Schärfe, von Müdigkeit keine Spur. Seine Augen wirkten unruhig, etwas stimmte mit ihm nicht.

»Sie war immerhin Ihre Freundin.«

»Na und? Ich kann doch keine Gedanken lesen.«

»Haben Sie sich nie nach dem Wohlbefinden Ihrer Freundin erkundigt?«

»Natürlich habe ich das, aber Gesa war eher verschlossen. Sie hat nie den Eindruck gemacht, dass ihr was fehlen würde. Sie hat immer gesagt, dass sie glücklich wäre, wenn ich glücklich bin. Vielleicht hat Ihnen ja dieser Arzt einen Bären aufgebunden. Welcher Arzt heißt schon Glück? Jede Wette, das war ein Fake.«

»Das war kein Fake. Wir haben uns mit dem Mann unterhalten.«

Die Arroganz und Überheblichkeit Zollers war ebenso wenig zu übersehen wie seine Eitelkeit. Sicherlich hatte es ihn kein bisschen interessiert, wie es Gesa ging, solange sie tat, was er wollte. Brandt hätte ihm am liebsten die Meinung gegeigt, aber er musste sich zurückhalten, denn er hatte noch einige Fragen, auf die er Antworten erwartete.

»Hören Sie, ich weiß nichts von einem Dr. Glück und auch nicht, dass sich Gesa das Leben nehmen wollte. Ich hatte immer den Eindruck, dass sie glücklich ist …«

»Und deswegen ist sie nach dem Streit mit Ihnen weggelaufen«, unterbrach Aydin.

»Wenn niemand gepetzt hätte, dass ich fremdgehe, hätte sie noch leben können«, giftete Zoller. Wieder wanderten seine Blicke überallhin, als könnte er sie nicht kontrollieren, gleichzeitig wurde er plötzlich seltsam blass, seine rechte Hand zitterte und auf seiner Stirn bildeten sich Schweißperlen. Brandt hatte etwas Ähnliches schon einmal gesehen, bei Menschen, die kurz vor einer Panikattacke standen.

»Geht es Ihnen gut?«

»Nein, verdammt. Mir geht es nicht gut. Ich kriege noch die Krise hier. Ich muss raus, ich kriege keine Luft«, brüllte Zoller. »Wieso lassen Sie mich nicht einfach in Ruhe? Ich habe Gesa nicht getötet. Ja, ich war nicht immer nett zu ihr, aber ich habe sie geliebt.«

»Sie sehen nicht gut aus.«

»Ach wirklich? Ich muss raus hier.« Zoller wurde immer unruhiger.

»Bleiben Sie ruhig, das wird eine Panikattacke sein. Versuchen Sie, Ihre Atmung zu kontrollieren. Atmen Sie langsam durch die Nase, dann Luft anhalten und ganz langsam und tief durch den Mund ausatmen«, antwortete Aydin. »Das wiederholen Sie einige Male und ballen Ihre Fäuste dabei. Wenn sich der Puls beruhigt hat, waschen Sie Ihr Gesicht.« Aydin trat zu ihm und hielt Zoller fest, der tatsächlich auf Aydins Anweisungen hörte und die Atemübungen machte.

Der arrogante und selbstverliebte Mann wirkte mit einem Mal überaus verletzlich und überhaupt nicht mehr so überheblich wie sonst.

Zoller beruhigte sich langsam. Als er sich halbwegs im Griff hatte, begleitete Aydin ihn ins Bad. Das wäre in Brandts Augen nicht nötig gewesen, aber sein jüngerer Kollege war zu empathisch, er konnte nicht aus seiner Haut. Brandt hätte das nicht getan, er fand, dass es nicht schaden konnte, wenn jemand wie Zoller spürte, was es bedeutete, hilflos zu sein.

Um die Zeit wenigstens sinnvoll zu nutzen, schaute er sich im Wohnzimmer um. Sein Blick wanderte zur Couch, wo Zollers Handy lag. Er machte einen Schritt darauf zu und nahm es hoch. Codegesichert. Immerhin war auf dem Display zu sehen, dass Mei Knorr ihm eine Nachricht geschrieben hatte. Da Zoller WhatsApp vermutlich so eingestellt hatte, dass man auch bei gesperrtem Handy die Nachrichten sehen konnte, las Brandt:

Ich komme eine halbe Stunde später. Habe was richtig Geiles an, wirst dich freuen.

Angewidert schüttelte Brandt den Kopf. Wie konnte Zoller

mit der besten Freundin von Gesa ein Date haben, obwohl sie erst wenige Tage tot war? Dass die beiden sich nur auf eine Cola treffen wollten, glaubte Brandt nicht, und dass Mei moralisch in der gleichen Liga wie Zoller spielte, machte sie nicht gerade sympathischer.

Gesa konnte einem leidtun. Angesichts solcher Freunde erstaunte es Brandt nicht, dass eine schüchterne und introvertierte Person wie sie zum Äußersten bereit gewesen war.

Allerdings war sie erfolgreich im Beruf, sie sollte aufsteigen, überlegte Brandt. Das passte irgendwie nicht zu einer Person, die sich das Leben nehmen wollte, oder übersah er etwas? War Gesa möglicherweise viel depressiver, als er annahm, sodass selbst Erfolge im Beruf sie nicht von den schlechten Gedanken befreien konnten?

Plötzlich hatte er eine Eingebung.

Die Mutter ist depressiv und Zoller scheint depressiv zu sein, warum sonst die Panikattacken, und Gesa vermutlich auch. Gibt es da eine Verbindung?

Die Depressionen zogen sich wie ein roter Faden durch diese Ermittlungen, vielleicht waren sie ein Hinweis auf den Täter. Er würde mit Aydin darüber sprechen.

In diesem Moment kehrten Aydin und Zoller ins Wohnzimmer zurück. Zoller sah deutlich entspannter aus als vorhin. Wenig erinnerte an die Panikattacke.

»Haben Sie diese Anfälle öfter?«, fragte Brandt. Er sah keinen Grund, warum er sich Zoller gegenüber diskret oder verständnisvoll verhalten sollte. Erst recht nicht, nachdem er die WhatsApp-Nachricht von Mei gesehen hatte.

»Ja, ab und zu. Sie kommen einfach.«

»Seit wann?«

»Ich war vierzehn und im Internat des FC. Der Druck, immer abliefern zu müssen, war riesig, ich habe mich einsam gefühlt und da kam es über mich. Seitdem habe ich diese Attacken immer wieder.«

»Waren Sie deswegen beim Arzt?«, fragte Aydin.

»Natürlich. Aber was wissen Ärzte schon? Die haben meinen Eltern geraten, dass ich den Fußball an den Nagel hängen soll. Diese Idioten«, schimpfte Zoller. »Am Ende war es dann auch egal, die Verletzung hat dafür gesorgt, dass mein Traum vom Profidasein geplatzt ist.« Zoller wirkte bedrückt, als hätte er eine Wunde aufgerissen, die nie verheilt war. In dieser Hinsicht wirkte er auf Brandt endlich aufrichtig. Dass er beim Tod seiner Freundin nicht denselben Schmerz, dieselbe Bedrücktheit nach außen zeigte, wunderte Brandt, bewies ihm jedoch, dass Zoller der Fußball wohl immer wichtiger gewesen war als Gesa.

»Haben Sie Depressionen?«

»Depressionen?«

»Ich denke, Sie wissen, was Depressionen sind? Haben Sie welche oder hatten Sie welche? Und wenn ja, nehmen Sie Tabletten dagegen?«

Zoller zögerte. »Nein, nicht wirklich. Nur Tabletten gegen die Panikattacken.«

»Sie müssen sich nicht schämen, wenn Sie an Depressionen erkrankt sind«, munterte Aydin ihn auf.

»Ich habe keine Depressionen«, reagierte Zoller scharf.

»Hat Gesa Ihnen gegenüber erwähnt, dass ihre Mutter Depressionen hat?«

»Ja, hat sie. Die Mutter hat sie doch ständig terrorisiert.«

»Inwiefern?« Brandt wurde hellhörig. Bei ihrem letzten Gespräch hatte Zoller nicht den Eindruck gemacht, als wollte er über Gesas Eltern sprechen, er hatte so getan, als wüsste er nichts über sie.

»Was soll ich Sie anlügen?«, begann Zoller und holte kurz Luft. »Die Mutter mochte mich nicht, das hat sie mich immer wieder spüren lassen, dabei kam sie selbst mit ihrem Leben nicht klar. Auch wenn man das nicht sagen soll, aber sie war und ist ein Psycho.«

»Wie meinen Sie das?«

»Sie wollte Gesa kontrollieren, bestimmen, was sie zu tun und zu denken hatte. Sie glauben gar nicht, was das für ein Akt war, dass Gesa zu mir zog. Ihr Vater war da entspannter, aber die Mutter hat sich aufgeführt, als würde Gesa Landesverrat begehen.«

Dass die Mutter Zoller nicht mochte, hatten sie bereits erfahren, aber dass sie sich so quergestellt hatte, war Brandt neu.

»Und was war der Grund dafür?«, hakte Aydin nach.

»Das sagte ich doch, sie wollte Gesa kontrollieren und sie mochte mich nicht. Psycho halt. Keine Ahnung, wie der Vater es mit ihr aushält.«

»Depressionen wirken sich unterschiedlich auf die Betroffenen aus. Frau Storm hat sie seit dem schweren Unfall …«, setzte Aydin zu einer Erklärung an, aber Zoller fiel ihm ins Wort.

»Ja, immer ist der Unfall schuld. Ich konnte das nicht mehr hören. Sie war doch nicht schuld, dass der Junge einfach über die Straße lief.«

»Sie wissen von dem Unfall?«

»Natürlich. Gesa hat es mir erzählt.«

»Was genau ist damals passiert?«

»Die Ampel war grün, als Gesas Mutter abbog, da lief plötzlich ein Junge über die Straße. Sie hat ihn nicht gesehen und ihn überfahren. Er starb im Krankenhaus an seinen Verletzungen.«

»Und seitdem ist sie depressiv?«, fragte Aydin weiter.

»Genau. Sie hat sich Vorwürfe gemacht, weil sie den Jungen nicht gesehen hat, obwohl die Ampel auf Grün stand. Aus meiner Sicht hätte sich viel eher die Mutter des Jungen Vorwürfe machen müssen, wie ihr Kind über die Straße laufen konnte.«

»Wie alt war der Junge?«

»Keine Ahnung. Sechs oder sieben. Ist doch am Ende egal. Gesas Mutter hat seitdem einen Knacks. Aber wenn Sie mich fragen, hatte sie sicherlich vorher schon einen weg. Vor ihrem Unfall soll sie extrem herrisch und bestimmend gewesen sein. Vermutlich war der Unfall nur ein Brandbeschleuniger für ihre labile Psyche.«

»Wie lange ist der Vorfall her?«

»Ich glaube, das war vor sechs Jahren, aber nageln Sie mich nicht fest.«

Endlich wussten sie, was damals genau passiert war. Brandt überlegte, ob er Fischer informieren sollte, damit er seine Suche einstellte. Vielleicht würde er aber noch mehr herausfinden. Brandt hatte zwar nicht das Gefühl, dass der Unfall in direkter Verbindung zu dem Mord stand, er war jedoch vermutlich eine treibende Kraft, warum sich das Verhältnis zwischen Mutter und Tochter derart verschlechtert hatte. Und es war ein Puzzleteil für die Beantwortung der Frage, warum Gesa sich das Leben nehmen wollte, und womöglich auch dafür, warum sie am Ende ermordet worden war. Noch immer wollte Brandt nicht glauben, dass eine völlig fremde Person dafür verantwortlich war, ganz ausschließen konnte er es allerdings nicht.

»Hat das komplizierte Verhältnis zwischen Gesa und ihrer Mutter sie sehr belastet?«

»Ich glaube nicht. Sie war erleichtert, nicht mehr in den Fängen dieses Drachens zu sein. Bei mir zu wohnen, hat ihr gutgetan.«

Brandt hatte genug über die Mutter erfahren, es war an der Zeit, andere, dringendere Fragen zu stellen, denn plötzlich hatte er einen Einfall. Dass er nicht vorher darauf gekommen war, ärgerte ihn ein wenig.

»Sie sagten vorhin, dass Ihnen der Name Glück nichts sagt.«

»Tut es auch nicht.«

»Sind Sie ganz sicher?«

»Ja, das sagte ich doch. Gesa hat nie einen Arzt mit diesem komischen Namen erwähnt.«

»Und Herr Pawlowski?«

»Warum sollte er?«

»Nun, er scheint Sie ja sonst über alles zu informieren«, provozierte Brandt. »Dass er dann ausgerechnet einen gutaussehenden Arzt, der mehrmals in Ihrer Wohnung war, nicht erwähnt hat, sieht ihm nicht ähnlich.«

»Sie können die Frage noch tausendmal stellen, ich kenne diesen Glück nicht. Und weder Gesa noch Bruno haben den Namen mir gegenüber erwähnt.«

»Das klingt mir nicht glaubwürdig. Er hat Ihnen doch sicherlich längst geschrieben, dass wir ein Gespräch mit ihm hatten. Es ging auch um Ihren Nachbarn Herrn Ulbrich.«

»Verdammt noch mal«, platzte Zoller nun der Kragen. »Ich weiß ja nicht, was für einen kranken Scheiß Ihnen Ulbrich erzählt hat, aber die Schwuchtel lügt doch, wenn sie nur das Maul aufmacht. Der ist ja bloß gekränkt.«

»Wie meinen Sie das?«, erkundigte sich Aydin.

»Das ist ein dämlicher, eifersüchtiger Gockel. Er ist bis über beide Ohren verliebt in mich, hat meine Ansage aber nicht verkraftet.«

Brandt horchte auf. Wenn Zollers Worte stimmten, konnten sie das, was Ulbrich ihnen anvertraut hatte, gleich in die Tonne stecken.

»Sie wissen, dass wir das überprüfen werden. Sind Sie sicher, dass er homosexuell ist und Ihnen Avancen gemacht hat?«

»Natürlich, warum sollte ich lügen? Ich habe noch seine WhatsApp-Nachrichten.«

»Dürfen wir sie sehen?« Brandt glaubte zwar nicht, dass Zoller log, dennoch wollte er Gewissheit.

Zoller hob sein Handy von der Couch auf. Als er auf das

Display sah, veränderte sich sein Gesichtsausdruck, seine Mundwinkel hoben sich kurz, dann versuchte er wieder seine neutrale Miene aufzusetzen. Brandt wusste, warum Zoller so reagierte, er kannte die Nachricht von Mei.

»Hier.« Zoller hatte die WhatsApp-Kommunikation zwischen ihm und Ulbrich aufgerufen. Brandt überflog die Nachrichten, Aydin sah ihm über die Schulter. Wie geahnt, hatte Zoller nicht gelogen.

»Sie haben ihn aber ganz schön zappeln lassen. Sind Sie bisexuell oder haben Sie sich einen Spaß mit ihm gegönnt?«

»Sehe ich wie eine Schwuchtel aus? Ich wollte ihm eine Lektion erteilen, weil er nur Unruhe in unseren Block bringt, dieses fiese Tratschweib.«

»Ich möchte Sie bitten, dieses Wort nicht mehr in unserer Gegenwart zu benutzen«, ermahnte Brandt ihn.

»Warum? Ist einer von Ihnen auch eine Schwuppe?«

»Das geht Sie nichts an. Warum beleidigen Sie Menschen grundlos?«

»Tue ich doch gar nicht. Es ist normal, wenn man auf Frauen steht, aber nicht, dass man als Mann einen anderen Mann in den Arsch fickt.« Zoller lachte.

Langsam begriff Brandt, Zoller lenkte von sich ab, wollte das Gespräch ins Leere laufen lassen. Aber nicht mit ihm.

»Sie mögen Ihre Differenzen mit Herrn Ulbrich haben, aber mit Herrn Pawlowski verstehen Sie sich ja blendend.«

»Quatsch. Er ist nur jemand, den ich gern ausnutze, weil es so herrlich leicht bei ihm ist. Sie glauben doch nicht im Ernst, dass so jemand mein Freund sein könnte?« Zoller war im Angriffsmodus, von seiner Panikattacke und der Verletzlichkeit war nichts mehr übrig geblieben. Er war wieder der arrogante Miesepeter, von dem Brandt nicht viel hielt.

»Wie auch immer. Er hat bestätigt, dass Sie Ihren Freundinnen gegenüber aggressiv und handgreiflich waren.«

»So ein Müll, das war ich niemals. Was glaubt er, wer er ist?«

»Wollen Sie sagen, dass auch Herr Pawlowski, Ihr Speichellecker, lügt? Überlegen Sie Ihre Antwort sehr genau.«

»Ja, das will ich. Keine Ahnung, was mit denen nicht stimmt!« Zoller kriegte sich gar nicht mehr ein.

»Bitte beruhigen Sie sich und lassen Sie dieses Affentheater. Wir haben keinen Grund, an Herrn Pawlowskis Worten zu zweifeln. Und nur, damit Sie informiert sind: Wir werden Ihre Exfreundin Alina Schüler in dieser Angelegenheit aufsuchen, und wenn sie die Informationen bestätigt, sieht es nicht gut für Sie aus, wenn Sie uns jetzt weiter belügen.« Brandt war bedient von Zollers Marotten.

»Ich lüge nicht …« Zollers Stimme wurde immer leiser, als überlegte er gleichzeitig, ob es clever war, so vorzupreschen.

»Es sollte in Ihrem Interesse sein, uns nicht zu belügen«, erklärte Aydin. Seine Stimme war deutlich freundlicher und entgegenkommender.

»Na gut, vielleicht ist mir mal die Hand ausgerutscht. Aber bei Gesa ist das nur ein Mal passiert.«

»Und wann war das?«

»Weiß ich nicht.«

»Warum immer wieder diese Spielchen? Wollen wir das Gespräch auf dem Präsidium weiterführen?« Brandt war furchtbar verärgert von der Hinhaltetaktik, die Zoller gerade über Gebühr strapazierte.

»Ich spiele keine Spielchen«, versuchte der sich unbeeindruckt zu geben, doch er schluckte und zuckte kurz zusammen, sicher unbewusst, aber es genügte, dass Brandt es sah. Mit so einer deutlichen Ansprache hatte Zoller wohl nicht gerechnet.

»Dann sagen Sie uns die Wahrheit. Sie wollen doch auch, dass wir den Mörder fangen.«

»Natürlich will ich das. Gesa war meine Freundin. Aber ich habe sie nicht geschlagen.«

»Es reicht, Herr Zoller. Ihnen ist nicht bewusst, was Sie hier gerade tun und welche Konsequenzen Ihre Lügen für Sie haben werden«, reagierte Brandt scharf. Wie Aydin so ruhig bleiben konnte, war ihm ein Rätsel. Er hatte den Eindruck, dass Zoller mit Vernunft nicht beizukommen war. Jemanden wie ihn musste man hart anpacken und ihm schonungslos zeigen, welche Alternativen er hatte. Er würde sonst ewig weitermachen mit der Scharade.

»Ich …« Zoller unterbrach sich, schluckte erneut, dann holte er tief Luft und presste die Lippen zusammen.

»Wann haben Sie Gesa geschlagen?«, wiederholte Brandt seine Frage.

»Sie hat mich so sehr provoziert, dass mir die Hand ausgerutscht ist«, gab Zoller dann zu.

Endlich war es raus. Zoller schien mit einem Mal dünnhäutig, das wollte Brandt nutzen.

»Wann war das?«, fragte er daher erneut. Dass er sie nur ein Mal geschlagen hatte, konnte er sich kaum vorstellen, darauf würde er jetzt allerdings nicht eingehen. Noch nicht.

»An dem Tag, als sie weggelaufen ist.« Seine Worte waren äußerst leise, aber sie waren raus und hatten eine Sprengkraft, derer sich Zoller möglicherweise nicht bewusst war.

»Ist Gesa wieder nach Hause gekommen?« Glück hatte Brandt und Aydin gegenüber nichts davon erwähnt, dass Gesa an dem Tag, an dem sie bei ihm gewesen war, geschlagen worden war. Hatte er vergessen, es zu erwähnen, oder bedeutete es, dass Gesa nach dem Gespräch mit Glück wieder Mut gefasst hatte und nach Hause gegangen war?

Zoller traute sich nicht, Brandt anzuschauen, sein Blick wanderte zu Boden.

»Gesa ist nach ihrem Besuch bei dem Arzt wieder zu Ihnen gekommen, richtig?«, fragte Aydin. »Sie haben sich noch mal unterhalten, aber das Gespräch ist eskaliert und Ihnen ist die Hand ausgerutscht.«

»Ja, verdammt. Trotzdem habe ich sie nicht getötet. Ich habe Gesa geliebt«, gab Zoller zu und fing an zu weinen. »Ich könnte ihr nie wehtun.«

Aber sie schlagen konnten Sie schon, dachte Brandt ohne Mitleid für Zoller.

34

Irgendwo, 22. Juni

Ich bin klatschnass, als ich aufwache, und mein Rücken tut weh. Ich weiß, woher das kommt. Ich habe heute im Gartenhäuschen übernachtet.

Einiges ist gestern schiefgelaufen, deshalb habe ich mich noch spät abends ins Auto gesetzt und bin einfach losgefahren. Am Ende bin ich in meinem kleinen Gartenhäuschen gelandet.

Schon meine Eltern waren Mitglied in einem Kleingartenverein, da war es für mich nur naheliegend, ebenfalls Mitglied zu werden. Ich mag die Ruhe und Abgeschiedenheit. Einen grünen Daumen habe ich nicht gerade, aber es klappt irgendwie.

Die Hütte ist größer, als es von außen erscheint, mit knapp vierundzwanzig Quadratmetern hat sie die maximal zulässige Größe. Früher war ich öfter hier, in letzter Zeit eher weniger, was eigentlich schade ist. Hier komme ich immer runter.

Ich stehe auf, ziehe mein T-Shirt aus und öffne den kleinen Schrank, in dem ich noch einige Klamotten habe. Ist ja nicht das erste Mal, dass ich hier übernachte, ich habe immer Kleidung hier. Jetzt zahlt sich das aus.

Ich nehme ein weißes T-Shirt und ziehe es an.

Mein Magen meldet sich, ich habe Hunger, aber es gibt in der Hütte nichts zu essen, da ich nicht einkaufen war. Mein Blick wandert zur Tiefkühltruhe. Wie erstarrt schaue ich auf den Deckel. Für eine ganze Weile kann ich mich nicht bewegen, doch dann löse ich den rechten Fuß vom Boden. Der Bann ist gebrochen.

Ich öffne die Truhe und sehe die vielen zerkleinerten Körperteile der Leiche. Das Messer, mit dem ich die Teile durchgeschnitten habe, liegt auch in der Truhe, ebenso die Säge, mit der ich den Kopf abgetrennt habe. Eigentlich müsste ich das Messer und die Säge verschwinden lassen, aber aus irgendeinem Grund kann ich das nicht. Auch die Körperteile müssten weg, doch das ist mir ebenfalls nicht möglich. Es ist dasselbe Gefühl wie bei der Halskette, die ich nicht vernichten kann, die bei mir bleiben muss.

Beim Anblick der Körperteile spüre ich nichts, es ist, als würde ich in eine Kühltruhe voller Steaks schauen. Kein Ekel, keine Wut, keine Trauer, nichts. Es ist nur totes Fleisch.

»Guten Morgen«, höre ich da jemanden sagen.

Erschrocken drehe ich mich um.

»Verzeih, ich wollte dich nicht erschrecken.«

»Alles gut. Ich war nur in Gedanken«, versuche ich meinen Schreck kleinzureden und ärgere mich, dass ich die Tür nicht abgeschlossen habe.

»Ich habe kurz angeklopft, dachte, du hast das gehört.«

»Nicht wirklich, ich war in Gedanken«, wiederhole ich. Ich hasse Hans Scherbe, meinen Gartenhausnachbarn, weil der sich immer so aufspielt.

»Verstehe.« Der Mann schaut mich prüfend an, dann wandert sein Blick zur Truhe. »Lass mich raten, Vorrat für den Grill.«

»Du hast es erraten«, antworte ich in der Hoffnung, dass er sich gleich verpisst. Scherbe ist einer dieser Nachbarn, die gerne ihre Nase in Dinge stecken, die sie nichts angehen.

»Muss ich mir auch mal anlegen. Der Sommer verwöhnt uns ja gerade mit voller Wucht. Nächste Woche sollen es über 35 Grad werden. Was gibt es da Besseres, als abends zu grillen, dazu ein kühles Blondes.«

»Habe ich auch gehört. Du sagst es.«

»Was hast du denn für Fleisch in der Truhe?«

»Das Übliche. Rindersteaks, Würstchen und so.«

»Sag mal, würdest du mir ein paar Steaks verkaufen?« Er macht einen Schritt auf mich zu.

In der kleinen Hütte stehen wir damit fast Nasenspitze an Nasenspitze. Scherbes Blick wandert zum Teppich.

»Der war doch letztens noch nicht da.«

»Stimmt. Ich dachte, ich verschönere meine Hütte ein bisschen.«

»Macht Sinn, gefällt mir. Wie schaut es jetzt mit den Steaks aus? Gibst du mir ein paar?«

»Leider habe ich nur drei Stück«, versuche ich ihn abzuwimmeln. Dass er auf den Teppich aufmerksam geworden ist, gefällt mir gar nicht und zeigt mir deutlich, wie leichtsinnig ich geworden bin. Auf der anderen Seite kommt eigentlich nie jemand in meine Hütte, bisher war nur Scherbe zweimal hier drinnen, sonst niemand. Es war eben Pech, dass die Tür offen war und Scherbe zu den unverschämten Nachbarn gehört, die einfach eintreten. Noch größeres Pech aber ist, dass der Deckel der Truhe offen steht. Wenn er einen großen Schritt macht, sieht er, dass keine Steaks darin liegen.

»Drei sollten reichen. Wie gesagt, ich bezahle sie oder bring dir morgen welche von der Metro mit.«

»Warum gehst du heute nicht in die Metro?«

»Ich schaffe es leider nicht.«

So ein Lügner, denke ich, weil ich weiß, dass er ein Schnorrer ist. Wie oft hat er sich schon von mir etwas geliehen, aber ich habe weder Geld noch einen Ersatz gesehen.

»Wirklich ungern. Möglich, dass ich heute Abend auch grille«, ziehe ich meinen letzten Joker, da ich ihn und seine Unverschämtheit zu gut kenne. Meine rechte Hand liegt auf dem Rand der Truhe, mein Blick wandert zum Messer.

»Ist doch super. Du wirst sicherlich nicht alle Würstchen und Steaks brauchen. Jede Wette, deine Truhe ist voll, ich kenne dich doch.« Er grinst und macht einen halben Schritt auf die offene breite Truhe zu, um einen Blick auf den Inhalt zu erhaschen.

Ich weiß, dass ich keine Wahl habe. Ich muss ihn töten, bevor er zu einer Gefahr für mich wird.

»Da irrst du dich. Ich war eine ganze Zeit lang nicht hier«, suche ich nach einer letzten Ausrede, um ihn endlich abzuwimmeln. Am liebsten würde ich ihn einfach wegschubsen, aber das ist nicht meine Art, außerdem würde es mich nur verdächtig machen. Warum ausgerechnet er jetzt hier auftauchen muss, ist mir unbegreiflich.

Weil er immer hier abhängt, der hat doch keine Familie.

»Sicher? Ich habe dich vor einigen Tagen schon hier gesehen.«

Ich erstarre. Ich war mir so sicher, dass niemand hier war, als ich getan habe, was getan werden musste.

»Das kann nicht sein. Du irrst dich.«

»Nein, ganz sicher nicht. Ich war abends noch mit dem Fahrrad unterwegs. Dein Auto stand an der Rückseite.«

Tausend Gedanken gehen mir durch den Kopf und keiner ist beruhigend. Was, wenn er mehr gesehen hat, als er bisher verrät, weil er mich erpressen will?

Nein, er ist niemand, der Informationen für sich behält, seine Neugierde lässt das gar nicht zu.

Was soll ich nur tun?

»Ach ja, jetzt, wo du es sagst. Stimmt. Ich habe das Fleisch in die Truhe gelegt, damit ich alles griffbereit habe.«

Er lacht. »Siehst du, ich kenne dich doch. Du kaufst immer auf Vorrat, daher diese große Truhe, die für meinen Geschmack viel zu viel Platz wegnimmt.«

»Ja, hast recht.« Ich atme erleichtert aus, er hat wohl nichts gesehen. Dennoch muss ich ihn abschütteln.

»Na, wenn die Truhe gut gefüllt ist, wird es dir ja nichts ausmachen, mir ein paar Steaks abzugeben.«

Ich ärgere mich, dass mir keine andere Ausrede eingefallen ist, denn jetzt stehe ich wieder da, wo wir vorhin schon waren. Dieser Idiot will sich einfach nicht abschütteln lassen.

»Ich kann dir …«, sage ich.

»Stell dich nicht so an. Wir sind doch Nachbarn und hier in der Anlage helfen wir uns aus.« Er richtet sich auf und schaut mich an, als würde er mich belehren wollen. Das gefällt mir gar nicht. Ich spüre, wie ich wütend werde.

Meine rechte Hand ist unwillkürlich in die Truhe gerutscht und greift jetzt nach dem Messer. Wenn er noch einen Schritt macht, werde ich es ihm in sein verdammtes Herz rammen.

35

Köln, 22. Juni

»Die Schlinge zieht sich langsam zu«, sagte Aydin. Er und Brandt standen in ihrem Büro vor der Wand, auf der sie ihren Fall mit Fotos und Querverweisen zwischen den beteiligten Personen und den Orten visualisiert hatten.

»Glaubst du, dass es Zoller war?«

»So viele Lügen, wie der uns aufgetischt hat, dann noch der Streit …« Aydins Blick war auf das Foto von Zoller gerichtet. »Du nicht?«

»Ich bin mir unsicher. Er hat uns die ganze Zeit angelogen, das stimmt. Aber am Ende hat er gestanden, dass Gesa erneut bei ihm war und der Streit bei der Aussprache eskalierte. Zoller ist ein schlechter Lügner. Das Einzige, woran er festhält, ist, dass er sie nicht getötet hat.«

»Weil er das selbst glauben möchte. Er steht unter Medikamenteneinfluss.«

»Was hat das damit zu tun?«

»Jede Menge. Möglich, dass er sehr gut im Verdrängen ist. Das Einzige, was mir etwas Kopfzerbrechen bereitet, ist die Frage, was er mit der Leiche getan hat. Ich war mit ihm im Badezimmer und konnte einen kurzen Blick ins Schlafzimmer werfen. Nirgends Blutspuren.«

»Sicherlich ist er nicht so dumm und hat sie in der Wohnung getötet.«

»Wäre bei einer Affekthandlung aber am naheliegendsten.«

Aydins Argumente waren nicht von der Hand zu weisen, dennoch wollte Brandt nicht glauben, dass sie kurz vor der Aufklärung ihres Falles standen. Er mochte Zoller nicht, doch das machte ihn nicht zu einem Mörder.

»Und eben deswegen ist es unwahrscheinlich, dass er unser Täter ist.«

»Es sei denn, er belügt uns weiter und ist mit ihr rausgefahren, dort hat er sie dann getötet. In dem Fall hätte Schmoll doch recht, dass Gesa nie weggelaufen ist.«

»Wir sollten überlegen, ob wir Zoller nicht ins Präsidium vorladen.«

»Glaubst du, Bender spielt da mit?«

»Das werden wir sehen. Immerhin hat er uns gestern kein Alibi für die Zeit ihres Verschwindens nennen können. Aber wir müssen uns unbedingt mit dieser Alina Schüler unterhalten.«

»Besuchen wir sie?«

»Nein, anrufen reicht aus. Die hat sicherlich nichts mit dem Mord zu tun.« Brandts Blick wanderte zum Foto von Mei Knorr. »Und Mei auch nicht. Sie hat sich gestern Abend noch mit Zoller getroffen. Ich möchte wissen, was zwischen den beiden wirklich läuft.«

»Das hast du mir gar nicht erzählt.«

»Nicht mehr dran gedacht. Als ihr im Bad wart, habe ich die Nachricht von ihr auf dem Handydisplay gesehen.«

»Und wenn Mei eine Nebenbuhlerin loswerden wollte?«

»Nichts deutet darauf hin, dass Gesa bei ihr war.«

»Leider. Aber warum trifft sich Gesas angeblich beste Freundin nur wenige Tage nach ihrer Ermordung mit Zoller? Für meinen Geschmack verhalten sich einige hier sehr asozial.«

»Was sie trotzdem nicht unbedingt zu Mördern macht.«

»Klugsch…«, sagte Brandt, sprach das Offensichtliche jedoch nicht aus, nur seine Mundwinkel hoben sich.

»Ich fürchte, wir drehen uns im Kreis.«

Brandt nickte. Sie hatten zwar einige Hinweise und Indizien, aber nichts, womit sie zu Bender oder zum Staatsanwalt gehen konnten. Nachdenklich verfolgte er erneut die unterschiedlichen Verbindungen zwischen den Hinweisen an der Wand, doch es tat sich keine neue Erkenntnis für ihn auf.

»Weißt du was? Lass uns die Schüler jetzt anrufen.« Fischer hatte ihnen vor einer halben Stunde die Kontaktdaten zukommen lassen.

»Gut.«

Sie gingen zu Aydins Schreibtisch, wo dieser über das Bürotelefon die Nummer von Zollers Exfreundin wählte.

»Schüler«, meldete sie sich.

»Guten Morgen, Frau Schüler. Lasse Brandt hier von der Kölner Kriminalpolizei, neben mir ist mein Kollege Emre Aydin.«

»Polizei? Was habe ich denn verbrochen?« Schülers Stimme wirkte verunsichert. Für Brandt nichts Ungewöhnliches.

»Nichts, wir rufen wegen Ihres Exfreundes Lars Zoller an.«

»Was hat der Idiot angestellt?« Wie es schien, hielt sie nicht viel von ihrem Exfreund.

»Wir haben nur ein paar Fragen zu Ihrer Beziehung mit ihm.«

»Was wollen Sie denn wissen?«

»Ist Herr Zoller Ihnen gegenüber handgreiflich geworden?«, kam Brandt gleich zum Punkt.

»Wofür brauchen Sie diese Info?«

»Wir ermitteln gerade in einem Mordfall.«

»Habe ich mir schon gedacht. Ich habe die öffentliche Fahndung auf Facebook gesehen. Gesa war Lars' Freundin.«

»Genau«, erwiderte Aydin. »War Zoller Ihnen gegenüber handgreiflich?«

»Lars ist ein unkontrollierbarer Psycho«, antwortete sie, ihre Stimme klang aufgeregt.

»Wie meinen Sie das?«

»Er wollte immer alles kontrollieren und das Sagen

haben. Ein Nein hat er nicht geduldet, und wehe, er stand mal nicht im Mittelpunkt. Ganz schlimm waren seine plötzlichen Wutausbrüche, einfach so. Anfangs dachte ich, das liegt daran, dass seine Fußballkarriere zerbrochen ist und er deswegen psychische Probleme und Depressionen hat, aber ich glaube, das war schon immer in ihm.«

»Hatte er auch Panikattacken?«, erkundigte sich Brandt.

»Ja, nicht nur ein Mal. Manchmal mitten in der Nacht. Da ist er aufgesprungen, aus dem Bett und einfach raus. Ab und an hat er mir wirklich leidgetan und ich wollte ihm helfen, aber ich werde ihm niemals verzeihen, dass er mich geschlagen hat.« Bei den letzten Worten schwangen Enttäuschung und Bitterkeit in ihrer Stimme mit. Ihre Erzählung erinnerte Brandt an ähnlich gelagerte Fälle, in denen Frauen der naiven Vorstellung erlagen, sie könnten ihre gewalttätigen Männer retten. Brandts Erfahrung sagte leider, dass Männer, die ihre Frauen schlugen, das immer wieder tun würden.

»Wann war das und wie oft kam es vor?«

»Das erste Mal etwa drei Monate, nachdem wir ein Paar geworden waren. Bis dahin hatte er sich wirklich Mühe gegeben und ich war bis über beide Ohren verliebt, aber dann haben wir uns wegen einer Nichtigkeit gestritten und ihm ist die Hand ausgerutscht. Er hat sich am nächsten Tag dafür entschuldigt und ich war so dumm und habe ihm geglaubt, er kann eben sehr charmant sein.«

»Das heißt, es ging weiter?«

»Leider. Die Abstände wurden immer kürzer, einmal hat er mich so heftig geschlagen, dass ich ins Krankenhaus musste, weil ich Platzwunden hatte. Das war für mich dann zum Glück der Punkt, wo ich es geschafft habe, mich von ihm zu trennen. Lars braucht dringend professionelle Hilfe.« Ihr Atem wurde schneller, das war über das Telefon deutlich zu hören.

»Wann war das?«

»Das war im Juli 2019.«

»Hatten Sie danach noch Kontakt zu ihm?«

»Nein, ganz sicher nicht. Wobei ich gestehen muss, dass ich ihn manchmal sehr vermisst habe, aber meine Eltern waren mir eine große Stütze. Und dann habe ich meinen aktuellen Freund kennengelernt und seitdem interessiert mich Lars nicht mehr. Glauben Sie, er hat Gesa auf dem Gewissen?«

»Trauen Sie es ihm zu?« Brandt wollte sie testen.

»Ehrlich gesagt nicht, auch wenn er mich damals verletzt hat. Er ist wie ein verwöhntes Kind, dem man sein Spielzeug weggenommen hat, aber ein eiskalter Killer, der seiner Freundin den Kopf abschneidet? Kann ich mir nicht vorstellen. Er braucht eine Antiaggressionstherapie.«

»Ich danke Ihnen für Ihre offenen Antworten«, sagte Brandt und beendete das Gespräch.

»Schon erstaunlich«, bemerkte Aydin.

»Was?«

»Na, dass man einen Mann, der einen schlägt, noch verteidigt und vermisst.«

»Das nennt sich kranke Liebe. Haben wir leider viel zu oft erlebt. Schüler ist der Absprung zum Glück gelungen. Zoller sieht gut aus und kommt charmant rüber, einige Frauen sind leider so naiv und erliegen ihm.«

»Ja, mit dem Aussehen hat er ein leichtes Spiel. Es gab bei uns in der Hochschule auch so einen.«

»Einen Schläger?«

»Nein, einen hübschen, charmanten Kommilitonen. Ich behaupte zwar auch von mir nicht, dass ich hässlich bin, aber ich musste immer ackern. Die Mädels einladen, nett sein und mich um sie bemühen. Dieser Mads Johannsen dagegen – sobald der in einem Raum war, haben sich alle Mädels umgedreht und er brauchte sich nur eine aussuchen, die er daten wollte.«

»Höre ich da etwa Neid?«

»Auf jeden Fall«, lachte Aydin. »Ich hätte damals nichts dagegen gehabt, es genauso leicht zu haben bei den Mädels. Das Schlimme war ja, dass er dazu noch verdammt nett und ein sehr guter Absolvent war. Einige kriegen das Glück einfach in die Wiege gelegt.«

»Jammer nicht, aus dir ist doch auch was Ordentliches geworden.«

»Ich weiß, aber ich habe hart dafür gearbeitet.«

»Er sicherlich genauso. Was kann er dafür, dass er so gut aussieht und intelligent ist? Er wusste das nur richtig einzusetzen. Wer weiß, vielleicht ist er jetzt so ein fetter Schreibtischpolizist. Jede Wette, der hat geheiratet und sich gehen lassen.«

»Da kennst du Mads Johannsen nicht. Der stammt aus einer Polizistenfamilie und ist ein absoluter Sportsnarr. Glaub mir, der sitzt nicht faul am Schreibtisch. Aber mich würde schon interessieren, was aus ihm geworden ist. Wie gesagt, er war wirklich nett und aufrichtig.«

»Wenn du nicht verheiratet wärst …«

»So ein Quatsch«, reagierte Aydin empfindlich.

»Na, deine Schwärmerei für sehr erfolgreiche Männer ist schon fragwürdig.«

»Für wen schwärme ich denn noch?«

»Du scherzt, oder? Ich sage nur: Peter Walsh. Sobald du an den denkst, drehst du ja voll am Rad. Wie ein Fanboy.«

»Blödsinn. Aber im Gegensatz zu dir habe ich kein Problem damit, wenn ein anderer besser und cooler ist als ich.«

Brandt lag noch ein Spruch auf der Zunge, doch in dem Moment klingelte das Bürotelefon und Aydin nahm den Anruf an.

»Gut, wir sind gleich da«, sagte er und legte auf. »Bender möchte uns sehen.«

»Das kann ja nichts Gutes heißen.«

»Fürchte ich auch. Den Bericht habe ich gestern Abend noch abgeschickt, kann mir schwer vorstellen, dass sie daran etwas zu bemängeln hat. Vielleicht möchte sie nur wissen, wo wir stehen und ob wir mehr Support von den Kollegen brauchen. Oder sie hat etwas für uns.«

»Du redest jetzt wirklich von Bender? Unserer Chefin?«

»Ja, warum nicht? Sei doch nicht so pessimistisch.«

»Bin ich nicht, aber im Gegensatz zu dir bin ich Realist und kein Träumer und Fanboy.«

Aydin schmollte, versuchte es jedoch nicht zu zeigen, was Brandt mit einem Schmunzeln quittierte. »Komm, lass uns gehen. Du weißt, sie hasst es, zu warten.«

»Setzt euch bitte.« Benders Begrüßung fiel knapp aus.

Brandt und Aydin nahmen ihr gegenüber Platz. »Worum geht es?«

»Wie ist der Stand der Ermittlungen?«

»Zu unserem Bericht von gestern Abend gibt es nichts Neues hinzuzufügen. Wir wissen, dass Gesa zu Zoller zurückgekehrt ist, es kam zu Handgreiflichkeiten, woraufhin Gesa die Wohnung erneut verlassen hat. Wohin sie dann gegangen ist, wissen wir nicht.«

»Glaubt ihr, dass Zoller der Täter sein könnte?«

»Es spricht einiges dafür, aber auch einiges dagegen.«

»Was habt ihr sonst noch, was nicht im Bericht steht?«

»Nichts.«

»Was ist mit Dr. Glück?«

»Was soll mit ihm sein?«

»Könnte er nicht der Täter sein?«

»Ganz bestimmt nicht. Welchen Grund sollte er haben?« Brandt verstand nicht, worauf Bender hinauswollte.

»Solltet nicht ihr mir diese Frage beantworten? Gesa war bei ihm und warum auch immer genoss Glück ihr Vertrauen …«

»Weil er ihr selbstlos das Leben gerettet hat«, fiel Brandt ihr ins Wort. Der Gesprächsverlauf gefiel ihm gar nicht.

»Lass mich ausreden«, konterte Bender unbeeindruckt. »Sowohl die Spurensicherung als auch das Labor gehen davon aus, dass ihr Kopf mit einer Säge abgetrennt wurde, die in der Chirurgie genutzt wird, außerdem wurden Faserspuren eines OP-Mundschutzes gefunden. Kommt man da nicht auf die Idee, diesen Glück etwas genauer unter die Lupe zu nehmen?«

»Das haben wir. Wir hatten ein ausführliches Gespräch mit ihm und er hat uns zu allen Punkten Rede und Antwort gestanden. Es gibt überhaupt keinen Grund, an seiner Ehrlichkeit zu zweifeln. Das ist eine Sackgasse und ich werde meine knappen Ressourcen nicht für Glück verschwenden. Wie kommst du auf den Unsinn, dass er eine heiße Spur sein könnte?«

»Kramer sieht das anders.«

»Ich wusste es!«, platzte Brandt heraus. »Kramer ist ein Idiot.«

»Beherrsch dich. Ich weiß, dass ihr beide euch nicht riechen könnt, aber Kramer ist wie du in seinem Bereich ein Vollprofi.«

»Mir egal. Glück ist eine Sackgasse und weder Aydin noch ich werden in seine Richtung ermitteln.«

»Siehst du das wie Brandt?« Benders Blick verharrte bei Aydin.

»Ohne Ausnahme. Du kennst Dr. Glück nicht. Er erinnert mich an Rémy, den Straßenmusiker, den wir damals auch ohne Grund verdächtigt haben. Gott sei Dank gibt es Menschen wie Rémy und Glück, die wirklich ein gutes Herz haben und aufrichtig sind.«

»Nichts anderes habe ich von dir erwartet. Sehr gut. Dennoch muss ich euch warnen.«

»Inwiefern?«

»Kramer ist bei der Direktion ausgesprochen beliebt, sein Wort hat da deutlich mehr Gewicht als das von Brandt.«

»Na und? Du bist die Chefin.«

»Ja, von euch, aber ich habe auch Chefs über mir. Kramer ist es gelungen, Glück als potenziellen Täter zu präsentieren. Die wenigen Hinweise reichen dem Staatsanwalt, um zu prüfen, ob er einen Durchsuchungsbeschluss beantragt.«

»Das ist doch der größte Schwachsinn«, wurde Brandt laut. Sie sollten Glück in Ruhe lassen. »Das musst du unterbinden.«

»Ich kann euch eine Woche decken, wenn ihr bis dahin nichts findet, um ihn zu entlasten, fürchte ich, dass es zu einer Hausdurchsuchung kommen wird. Ihr habt eine Woche. Enttäuscht mich nicht. Wenn wir uns bei Glück irren, wisst ihr, was auf dem Spiel steht.«

Brandt kochte vor Wut. Dass Bender ihnen den Rücken freihielt, rechnete er ihr hoch an. Sie hätte auch den einfachen Weg wählen und den Staatsanwalt unterstützen können, doch wenn es darauf ankam, hielt sie zu ihnen und war bereit, sich für sie mit den Deppen aus der Direktion anzulegen.

»Tut mir nur einen Gefallen.«

»Welchen?«

»Kein Wort zu Kramer, sonst könnte das Ganze nach hinten losgehen.«

»Das kriegen wir hin«, antwortete Aydin. Brandt schwieg, da er ihr dieses Versprechen gerade nicht geben konnte, denn am liebsten wäre er in Kramers Büro gestürmt, um ihm die Faust zwischen die Zähne zu schieben.

Und was, wenn Glück doch etwas mit dem Mord zu tun hat? Es wäre immerhin denkbar, dass Gesa erneut zu ihm gegangen ist, meldete sich ein Gedanke, der ihm große Sorge bereitete. Dass ausgerechnet der Mensch, der ihm das sein Leben gerettet hatte, ein skrupelloser Killer sein könnte, war kaum zu ertragen.

36

Was für eine Nacht! Zoller stand noch immer unter dem Eindruck der Ereignisse, obwohl es längst Mittag war. Er hatte fast die ganze Nacht mit Mei Sex gehabt, es war wie so oft phänomenal mit ihr gewesen. Mei hatte es einfach drauf.

»Schade, dass Gesa nicht so experimentierfreudig und belastbar war.«

Mei dagegen war devot, richtig devot und irgendwie pervers. Das geilte Zoller noch mehr auf, war er doch gerne dominant im Bett und mochte es, wenn sich Frauen von ihm benutzen und beherrschen ließen.

Sie hatte ihm aus der Hand gefressen und er glaubte, dass er langsam ihr Vertrauen zurückgewonnen hatte. Sie hatte sich mehrmals entschuldigt, dass sie ihn angegangen und ihm das Gefühl gegeben habe, sie wolle den Kontakt zu ihm abbrechen. Der Verlust von Gesa habe mehr Spuren bei ihr hinterlassen, als sie sich eingestehen wolle.

Zoller hatte sie daraufhin ausgefragt, aber Mei hatte ihm keinen Hinweis geliefert, dass sie etwas mit Gesas Verschwinden oder gar ihrem Tod zu tun hatte.

»Oder sie vertraut dir nicht so, wie du es gerne hättest.«

Oder …, meldete sich noch ein anderer Gedanke.

»Ich muss dringend auch Michelle irgendwie wieder auf Spur bringen«, sagte Zoller zu sich. Er hatte den Bullen gestern zu viel erzählt. Dass der Streit mit Gesa beim zweiten Mal so eskaliert war, hätte er nicht sagen sollen. Aber er hatte sich schlecht gefühlt, war psychisch nicht auf der Höhe gewesen und die Polizisten hatten diese Schwäche eiskalt ausgenutzt.

»Wann meldet sich Jonas endlich?« Kurz überlegte er, ob er ihm eine Nachricht schicken sollte, beließ es aber bei dem Gedanken. Jonas war Polizist, und wenn er zu sehr nachbohrte, machte er sich vielleicht verdächtig. Freundschaft hin oder her, er konnte nicht einschätzen, wie loyal Jonas ihm gegenüber wirklich war, wenn er in der Pflicht seines Arbeitgebers stand. Polizisten waren ein seltsames Völkchen, fand Zoller.

Die Ungewissheit, was die Polizei über ihn wusste und ob er dringend tatverdächtig war, nervte. Er hasste es, wenn er nicht die Kontrolle hatte.

»Soll ich das mit Mei wirklich tun?« Er war unschlüssig, ob er seinen Plan in die Tat umsetzen sollte. Immerhin war sie Gesas beste Freundin und die Polizei würde ihm möglicherweise nicht abkaufen, was er da geplant hatte. Dann würde Mei ungeschoren davonkommen und er würde wieder in den Fokus der Ermittlungen geraten.

Michelle dagegen war nicht mit Gesa befreundet. Sie hatte ihn zurückhaben wollen, davon ging auch die Polizei aus, und sie hatte ein Motiv: Eifersucht. Er sollte es bei Michelle versuchen. Sie könnte sich bei den Bullen nicht so leicht rausreden.

Zoller stand von der Couch auf und trat an den Kühlschrank. Er brauchte ein Bier. Mit einer Kölschflasche in der Hand setzte er sich anschließend auf den Balkon. Der Himmel war wolkenlos, die Sonne schien warm auf ihn herab. Zoller hatte kein Problem mit Hitze und ein kühles Blondes passte perfekt zu diesen Temperaturen.

Du hast gestern einige Fehler gemacht. Warum hast du den Bullen erzählt, dass Gesa noch mal bei dir war? Die hätten das niemals herausgefunden. Zoller schnaubte. Er hatte der Polizei unnötig Hinweise gegeben, die ihn belasteten.

»Wenn ich nur wüsste, wo sie danach hin ist?«

Er erinnerte sich sehr gut an den Streit. Die Situation war

aus dem Ruder gelaufen und ihm war die Hand ausgerutscht, daraufhin war sie völlig ausgeflippt, hatte ihre Sporttasche genommen und war weggelaufen. Wohin, wusste er
nicht.

Sicher …?, meldete sich wieder seine innere Stimme, doch
er schob den Gedanken rasch beiseite.

Zoller war ein Profi im Verdrängen und im Erfinden von
alternativen Wahrheiten. Nur so hatte er den unendlichen
Schmerz verarbeiten können, kein Fußballprofi geworden zu
sein.

»Gar nichts hast du verarbeitet, du Idiot. Du lebst mit
einer Lüge. Depp«, schimpfte er mit sich. »Und du hasst dein
Leben ebenso, wie du die Menschen um dich hasst.«

Sein Atem wurde schneller und die Angst überkam ihn,
dass er wieder in diese gefährliche Spirale geraten könnte, in
der sein Kopf die seltsamsten Bilder vor seinem geistigen
Auge abspielen und er eine Panikattacke bekommen würde.

Wobei die Panikattacke noch die ungefährlichste Version
war, denn manchmal tat er dann Dinge, an die er sich später
nicht mehr erinnern konnte.

Jemand klingelte. Er erschrak, doch immerhin ließen die
Angst und die Sorge eines drohenden Kontrollverlustes nach.

Es klingelte erneut.

Zoller stand auf, ging zur Wohnungstür und öffnete sie.

»Hallo, Lars. Ich hoffe, dass ich nicht störe«, hörte er
Pawlowski sagen.

»Nein, alles gut. Ich habe gerade ein Bier auf dem Balkon
getrunken«, antwortete er. An sich hatte er gar keine Lust
auf ihn, doch in diesem Moment tat ihm jede Gesellschaft
gut. »Möchtest du ein Bier?«

»Eigentlich wollte ich nur kurz nach dem Rechten
schauen, aber warum nicht.« Pawlowski trat ein und zog
schon im Flur die Schuhe aus, dabei wäre das gar nicht nötig
gewesen.

Zoller holte ein Kölsch aus dem Kühlschrank, öffnete es und reichte es Pawlowski, dann nahmen beide auf dem Balkon Platz. Sein Nachbar kannte seine Wohnung, er sah immer nach dem Rechten, wenn Zoller im Urlaub war, versorgte die Blumen, holte die Post und erledigte die Dinge, die anfielen. Das hatte er der Polizei natürlich nicht erzählt, die sollten nicht wissen, dass ihr Kontakt enger war, als sie ohnehin annahmen. Zoller hatte das Gefühl, dass die Polizei davon ausging, Pawlowski sonnte sich im Ruhm von Zoller und täte deswegen alles, worum er ihn bat. Ihm war das recht, denn genau so sah er das auch.

»Genau das Richtige bei diesem Wetter«, bemerkte Pawlowski. Als er das Bier anhob, zitterte seine Hand ein wenig, vermutlich war das seinem Alter geschuldet. Der Jüngste war sein Nachbar nicht mehr.

»Du sagst es.« Beide stießen an und gönnten sich einen Schluck.

»Ich hoffe, die Polizei hat dich nicht zu sehr in Anspruch genommen.«

»Ging so. Sie nerven halt. Als ob ich nicht schon genug Sorgen wegen Gesas Tod hätte.«

»Was wollten die denn genau wissen?«

»Wo ich war, wie mein Verhältnis zu Ulbrich und dir ist und so Zeug.« Zoller holte kurz Luft. »Dem Ulbrich werde ich noch was husten, hier Lügen zu verbreiten.«

»Keine Sorge, ich knöpfe ihn mir auch noch mal vor. Haben die irgendwas Besonderes über mich erzählt? Du sollst wissen, ich habe denen nichts gesagt, was dich in Bedrängnis bringen könnte. Wir Nachbarn müssen ja zusammenhalten.«

»Ich weiß. Du hast recht, wir müssen zusammenhalten.« Das Display von Zollers Handy leuchtete auf.

Endlich, dachte er erleichtert. Jonas hatte ihm eine Nachricht geschrieben.

Zoller las sie.

Bro, du wirst verdächtigt. Aber mach dir keinen Kopf, das ist reine Routine. Und noch jemand anderer wird verdächtigt. Gesa soll sich mit ihm getroffen haben am Tag ihres Verschwindens. Ein Arzt. Es sieht danach aus, dass es bald eine Durchsuchung in seinem Haus geben könnte. Tu mir den Gefallen und lösch diese Nachricht bitte sofort, wenn du sie gelesen hast. Will echt keinen Stress. Danke!

Mach ich. Danke, Bro,

antwortete Zoller und löschte die Nachricht. Da hatte er eine Idee. Dieser Arzt konnte nur Dr. Glück sein und damit war er das perfekte Opfer. Jetzt musste er nur noch herausfinden, wo er wohnte, dann würde er ihm einen Besuch abstatten und eine Kette von Gesa in seiner Wohnung verstecken. Sollte es diese Durchsuchung tatsächlich geben, würde die Polizei die Kette finden und Glück wäre dringend tatverdächtig.

Unwillkürlich begann er zu grinsen, weil er ab jetzt weder Mei noch Michelle brauchte. Der Arzt war ein echter Glücksfall für ihn. Er war froh, dass Jonas ihm diese Information besorgt hatte.

»Alles gut?«, fragte Pawlowski, vermutlich weil Zollers Lächeln eingefroren war.

»Alles bestens. Heute ist ein guter Tag.«

37

»Du hast Bender versprochen, keine Dummheiten anzustellen«, sagte Aydin.

»Was fällt diesem Giftzwerg nur ein?« Brandt hatte noch immer Mühe, sich zu beruhigen.

»Nicht falsch verstehen, aber du musst das auch mal aus Kramers Warte sehen.«

»Verteidigst du den Idioten wieder?«

»Nein, er hat nur keinen persönlichen Bezug zu Glück und die Hinweise, die wir haben, sprechen nun mal gegen ihn.«

Brandt antwortete nicht sofort, weil er als erfahrener Kriminalpolizist wusste, dass Aydin recht hatte.

»Am Ende ist es ja egal. Wir beide wissen, dass Glück nichts mit Gesas Tod zu hat, und es liegt an uns, das zu beweisen. Wir schaffen das, wie in unseren anderen Fällen auch«, sprach Aydin ihm Mut zu.

»Natürlich schaffen wir das. Aber eine Woche ist verdammt knapp. Wir haben nicht viel, und du weißt, wie der Ruf eines Menschen ruiniert werden kann, wenn so eine Hausdurchsuchung publik wird.«

»Dann wird sie eben nicht publik. Außerdem ist eine Woche gar nicht so wenig. Wir arbeiten halt Tag und Nacht.«

»Bestimmt nicht. Deine Frau und deine Tochter sollen was von dir haben. Ich werde die Überstunden schieben.«

»Kommt nicht infrage. Wir hängen da zusammen drin. Hast du Hunger?«

»Ein bisschen, warum?«

»Ich hätte Bock auf eine Currywurst, und ich glaube, ein Besuch bei Walter wird dir guttun. Etwas Ablenkung.«

»Warum nicht? Wir sollten uns dann unbedingt noch die Fallakte und alle dazugehörigen Notizen anschauen. Ich möchte wissen, was Kramer und die Direktion festgehalten haben, und vor allem, wer alles Zugriff auf die Fallakte hatte.«

»Das kriegen wir hin.«

Zwanzig Minuten später betraten sie Walters Grill.

»Wenn das mal kein glücklicher Zufall ist«, grüßte sie der Imbissbudenbesitzer mit seiner herzlichen Art.

»Warum? Hast du an uns gedacht?«, fragte Brandt.

»So sieht es aus.«

»Bevor ihr weiterredet, solltest du die Rindswurst vom Grill nehmen, damit sie nicht verbrennt.« Aydin schien hungriger zu sein, als er Brandt hatte glauben lassen.

»Dann sollst du sie haben. Nehmt doch Platz. Ein Bier geht auch, oder?«

»Klar, eine Wurst ohne Bier ist wie Ketchup ohne Pommes.«

»Aus Aydin wird jedenfalls kein Philosoph. Ich schätze, er wollte dir nur durch die Blume sagen, dass er auch Pommes möchte«, zog Brandt seinen Freund auf. »Für mich nur eine Currywurst und ein Stück Toast.«

»Aydin kriegt so viel Pommes, wie er will. Lass den Jungen in Ruhe.«

»So ist Lasse, wenn er meine Lust auf leckeres Essen nicht veralbert, ist er nicht glücklich, aber heute werde ich keinen tödlichen Konter loslassen. Er ist etwas dünnhäutig.«

»Lasse und dünnhäutig? Das passt überhaupt nicht zusammen.«

Aydin schmunzelte. »Doch, weil ein Kollege Dr. Glück als Täter ins Spiel gebracht hat.«

»Kramer, oder?«

»Du sagst es«, knurrte Brandt.

»War mir irgendwie klar. Aber auch ohne die Hintergründe zu kennen, sagt mir meine Menschenkenntnis, dass Glück kein blutrünstiger Mörder ist. Vermutlich ist sein einziges Vergehen, dass er Gesa helfen wollte.«

»So ist es«, rutschte es Brandt etwas lauter heraus, als beabsichtigt. »Du bringst es auf den Punkt.«

»Wenn nicht ihr, wer sonst sollte den Fall aufklären?«

»Das werden wir. Darauf kannst du dich verlassen. Lasse und ich werden die nächste Zeit ein paar Extraschichten schieben«, erklärte Aydin.

»Jungs, ich bin mit im Boot. Wann immer ihr Hilfe braucht, sagt Bescheid. Ich unterstütze euch, egal wann und wo, das wisst ihr. Auch gerne Botengänge. Im Auskundschaften und Beschatten bin ich übrigens nicht zu schlagen.« Instinktiv krempelte Walter den Ärmel seines Kochhemdes hoch.

»Du und unauffällig im Beschatten? Da ist ja jeder Braunbär unauffälliger«, konnte sich Brandt eine Spitze nicht verkneifen, da er sich Walter allein wegen seiner kräftigen Statur nicht als unbemerkten Verfolger vorstellen konnte.

»Unterschätze mich nicht. Ich meine das ernst, ich würde mich gerne einbringen«, brummte der.

»Das wissen wir. Aber entspannt euch mal. Der Einzige, der extra Schichten schiebt, bin ich.«

»Da ist das letzte Wort noch nicht gesprochen«, entgegnete Aydin, dem Walter bereits den Teller mit Rindswurst und Pommes gereicht hatte. Anschließend gab er beiden ein Bier und sie stießen an.

Brandt war froh, dass er auf Aydin gehört hatte, seine Laune hatte sich deutlich gebessert. Nun bekam auch er seinen Teller mit der Currywurst, dem Toastbrot und der Spezialsoße, die das schlichte Essen zu einer Geschmacksexplosion werden ließ.

»Die Frage, die wir unbedingt beantworten müssen, ist, ob Gesa die gemeinsame Wohnung noch mal verlassen hat«, sagte Aydin und spießte ein paar Pommes auf.

»Weiß keiner der Nachbarn was darüber? Hat niemand sie gesehen?«, fragte Walter.

»Die, die wir gefragt haben, leider nicht. Einige haben wir nicht erreicht, sie werden heute von den Kollegen der Streife befragt, auch die Nachbarschaft.«

»Was ist mit Handyortung?«

»Leider erfolglos, Fischer versucht, einen Workaround über die Vorratsdatenspeicherung zu erreichen, kann aber nichts versprechen.«

»Habt ihr schon mal überlegt, dass sie vielleicht gar nicht weggegangen ist? Immerhin kam es zu einem Streit und ihr habt erzählt, dass Zoller labil ist und seine Nerven nicht im Griff hat. Was, wenn er sie im Affekt getötet hat?«

»Möglich, aber warum sägt er ihr den Kopf ab?«

»Weil er ein krankes Arschloch ist.«

»So einfach wie du können wir es uns nicht machen«, entgegnete Brandt.

»Manchmal ist die naheliegende Antwort die richtige. Immerhin habt ihr es nicht mit einem Profi zu tun, und ihr wisst doch besser als ich, wozu Psychos fähig sind, wenn sie die Nerven verlieren.«

»Alles korrekt, allerdings ist Zoller kein Psycho. Ja, er ist labil, ein nervliches Wrack, aber ein eiskalter Killer?« Brandt wollte das noch immer nicht glauben.

»Gebt mir fünf Minuten mit ihm und ich weiß, ob er schuldig …«

»Du?« Brandt schmunzelte. »Du kannst doch keiner Fliege was zuleide tun. Zoller würde dich mit seinem Charme um den kleinen Finger wickeln.«

»Du unterschätzt den guten alten Walter einmal mehr. Na gut, wenn meine Hilfe nicht gefragt ist, werde ich das zur

Kenntnis nehmen.« Er grummelte noch etwas vor sich hin und gönnte sich einen kräftigen Schluck Kölsch. »Was ist jetzt euer Plan?«

»Wir werden uns noch mal mit Mei unterhalten. Ich möchte sie mit der WhatsApp-Nachricht konfrontieren. Mal sehen, wie sie reagiert.« Brandt leerte die Flasche. »Machst du bitte die Rechnung? Kollege Aydin zahlt.«

Diesmal grummelte Aydin etwas vor sich hin und fischte die Geldbörse aus der Tasche.

»Heute nicht, Emre. So frech, wie Brandt ist, kann ich von dir kein Geld nehmen.«

»Quatsch. Was schulde ich dir?«

»Zwei Dinge. Ein nettes Lächeln und dass ihr mir dieses Schwein fangt, damit wir zusammen in den Urlaub können.«

»Wir schnappen den Täter, aber sag schon, was schulde ich dir?«

»Nächstes Mal. Wenn Lasse wieder zahlt, schlag ich das drauf.« Walter lachte und Aydin konnte sich ein Lachen ebenfalls nicht verkneifen.

»Danke. Aber du weißt …«

»… dass es nicht nötig ist. Jungs, wann begreift ihr endlich, dass ich es gerne mache? Müsst ihr nicht dringend zu Mei?«

»Danke«, sagte Brandt und auch Aydin bedankte sich, bevor sie sich verabschiedeten und zu ihrem Dienstfahrzeug gingen.

»Ich hoffe, wir enttäuschen Walter nicht.«

»Inwiefern?«

»Bender hat eine Urlaubssperre verhängt, bis der Täter gefasst wird, und du siehst ja, wie sehr sich Walter auf den Urlaub freut.«

»Der Urlaub findet statt, und für den Fall, dass wir den Mörder bis dahin nicht haben, fährst du mit Walter vor.«

»Quatsch. Das kommt überhaupt nicht infrage. Lass uns lieber diese Mei in die Mangel nehmen, vielleicht weiß sie doch mehr, als sie bisher zugegeben hat. Einer Frau, die kurz nach dem Mord an ihrer Kindergartenfreundin mit dem Freund der Toten vögelt, traue ich jeden Mist zu.«

»Das war aber ein sehr umständlicher Satz.«

»Bin halt ein anspruchsvoller Mensch. Einfache Sätze sind was für Leute wie dich.«

»Scherzkeks.« Brandts grinste trotzdem, weil Aydin sehr gut gekontert hatte.

»Was glaubst du, wer die EM gewinnt?«

»Ich glaube, die Engländer sind an der Reihe. Du?«

»Schwere Kiste. Deutschland darf man nie abschreiben, zumal es Jogis letztes Turnier ist und wir eine Turniermannschaft sind.«

»Das glaube ich nicht. Jogis Mannschaft ist keine Einheit. Du tippst also auf Deutschland?«

»Das habe ich nicht gesagt, ich tippe auf Dänemark oder Italien. Die Dänen spielen für Eriksen, das kann Kräfte freisetzen, und die Italiener sind saustark, nicht mehr so defensiv eingestellt.«

»Entscheide dich.« Brandt verfolgte die EM nur am Rande, was vielleicht an ihrem aktuellen Fall lag. Abgesehen davon gefiel ihm das derzeitige System, dass die Spiele in unzähligen europäischen Städten stattfanden, überhaupt nicht. Gerade vor dem Hintergrund von Diskussionen um den CO_2-Ausstoß passte das nicht in die jetzige Zeit. Aber wenn es um Geld ging, waren die Mächtigen dieser Welt gerne auf beiden Augen blind.

»Gut, ich sage Italien. Um was wetten wir?«

»Such dir was aus, ich gewinne eh.«

»Ein Frühstück mit Walter im Café Rico.«

»Okay.« Brandt reichte Aydin die Hand, womit die Wette besiegelt war.

So im Gespräch erreichten sie die Anschrift von Mei und Brandt parkte.

»Ist das nicht Gesas Mutter?«, fragte Brandt. Er hatte eben eine Frau entdeckt, die aussah wie sie und in die entgegengesetzte Richtung eilte.

»Keine Ahnung, wollen wir schauen?«

»Nein, sie steigt ins Auto.« Brandt sah der Frau nach. Er war sich sicher, dass es Frau Storm gewesen war. »Vielleicht war sie bei Mei.«

»Ich dachte, sie verlässt die Wohnung nicht.«

»Na ja, nur weil man Depressionen hat, heißt es nicht, dass man nur zu Hause hockt, es gibt doch inzwischen ganz gute Medikamente, mit denen man das behandeln kann.«

Aydin betätigte die Klingel, der Summer ertönte und sie traten ein. Die Wohnungstür war geöffnet.

»Ich sagte doch, ich weiß nichts«, hörte Brandt Mei rufen. Als sie die beiden Beamten erkannte, zuckte sie nervös zusammen. »Was wollen Sie denn hier?« Ihre Stimme wurde giftig.

»Dreimal dürfen Sie raten.«

»Ich habe echt keine Zeit.«

»Die fünf Minuten haben Sie.«

»Wieso können Sie nicht anrufen wie jeder vernünftige Mensch?«

»Wäre ja langweilig. Dürfen wir eintreten?«

»Welche Wahl habe ich denn?« Sie stöhnte und atmete laut aus. »Worum geht es diesmal?«

»Es geht um Ihr Gespräch mit Gesas Mutter …«

»Das dauerte nur zwei Minuten«, fiel Mei Brandt ins Wort. »Die Alte ist echt krank im Kopf.«

»Um was ging es denn?« Brandt hatte also richtig gelegen, dass die Frau Gesas Mutter gewesen war.

»Das müssen Sie sie fragen.«

»Wir fragen aber Sie«, blieb Brandt hartnäckig.

»Die ist nicht ganz sauber im Kopf, sagte ich doch. Sie

hat mir Vorwürfe gemacht, warum ich mich noch nicht bei ihr gemeldet hätte.«

»Und warum haben Sie das nicht?«

»Ganz ehrlich, was hätte das gebracht? Die ist doch durch hoch zehn.«

»Das macht man so, Sie waren schließlich sehr gut befreundet mit Gesa.«

»Ja, mit Gesa, aber nicht mit der Mutter. Gesa hat sie gehasst.«

»Wie kommen Sie darauf?«

»Weil es so ist. Ihre Mutter war herrisch, selbstsüchtig und hat Gesa keinen Freiraum gegeben. Sie ist doch am Ende nur zu Lars gezogen, um ihrer Mutter zu entkommen.«

»Frau Storm war mit der Beziehung nicht einverstanden.«

»War doch klar. Lars hat ihr die Stirn geboten, damit kam sie gar nicht klar. Ihr Mann hat ja längst resigniert.«

»Was wissen Sie über den Unfall?«

»Sie meinen die Sache mit dem Kind? Nicht viel, nur dass sie einen Jungen überfahren hat. Angeblich war sie nicht schuldig. Aber wenn Sie mich fragen …« Sie unterbrach sich und hob eine Augenbraue, »… ist sie schuldig. Warum sonst nimmt sie die Sache so mit? Sie hat ihre Tochter und ihren Mann doch auch vor dem Unfall terrorisiert.«

Brandt verstand Meis Gedankengang, fand ihn aber zu einfach. Vermutlich war die Sachlage deutlich komplizierter. Dennoch stellte er sich die Frage, ob sie die Rolle der Mutter in dem Fall bisher unterschätzten.

»Kennen Sie einen Dr. Glück?«

»Sie meinen diesen unverschämt gut aussehenden Arzt?«

»Genau den. Hat Gesa Ihnen von ihm erzählt?«

»Ja, aber mehr unfreiwillig.«

»Und was hat sie erzählt?«

»Nicht viel, nur dass sie ihn in der Uniklinik kennengelernt hätte. Ich habe sie dabei erwischt, wie sie auf der Seite der Uniklinik sein Profil angeschaut hat.«

»Sicher?«

»Ja, klar. Was soll das schon wieder? Sagen Sie nicht, dass Gesa eine Affäre mit dieser Granate hatte. Unsere Gesa?« Spott und Unglauben lagen in ihrer Stimme.

»Nein, sie hatte keine Affäre mit ihm. Dr. Glück war ihr behandelnder Arzt. Gesa wollte sich im April das Leben nehmen und er hat sie davor bewahrt.«

»Echt? Wieso rettet mich nicht mal so ein hübscher Arzt?«

»Wusste Herr Zoller von Dr. Glück?«

»Der? Das kann ich mir nicht vorstellen, der wäre doch vor Eifersucht ausgerastet.«

»Herr Zoller scheint seine Nerven nicht im Griff zu haben«, bemerkte Aydin.

»Ja, der ist sehr dünnhäutig.«

»Trotzdem haben Sie eine Affäre mit ihm«, übernahm Brandt wieder die Gesprächsführung.

»So ein Quatsch.«

»Das ist mit Sicherheit kein Quatsch. Herr Zoller hat uns heute erzählt, dass Sie die gestrige Nacht gemeinsam verbracht haben«, provozierte Brandt. Der Vorstoß war nicht ungefährlich. Wenn Mei nicht darauf einging, konnte das auch nach hinten losgehen, schließlich hatte er keinen Beweis dafür.

»Dieser Mistkerl. Aber von mir verlangen, dass ich für ihn lüge.«

Brandt horchte auf. Warum wollte Zoller, dass Mei für ihn log? Hatte Walter am Ende recht, als er sagte, dass manchmal die naheliegende Antwort die richtige war?

38

Pawlowskis Fragen hatten extrem genervt. Dass er immer so neugierig sein musste, gefiel Zoller nicht, aber das hatte er nicht angesprochen. Er war nur froh gewesen, dass sein Nachbar nach einem Bier seine Wohnung verlassen hatte.

»Ohne Pawlowski würdest du jetzt die Anschrift von Glück nicht kennen«, sagte er zu sich. Er saß noch immer auf dem Balkon und hatte bereits die zweite Bierflasche geleert. »Dem entgeht echt nichts.«

Pawlowski hatte erzählt, eine Freundin habe Gesa und Glück gesehen und sie wisse auch, wo er wohne: in einem Einfamilienhaus am Rhein, nicht weit entfernt. Zoller kannte das Haus, es hatte lange leer gestanden. Vielleicht war dieser Glück wirklich der Mörder. Es war schließlich denkbar, dass Gesa zu ihm zurückgegangen war und er sie geköpft hatte.

Lügner! Das denkst du doch nur, weil du diesem Glück einen Mord anhängen willst, meldete sich wieder die kritische Stimme.

Zoller schüttelte sich und trank einen Schluck Kölsch, um sie zum Schweigen zu bringen. Es würde ihn nicht wundern, wenn es diese Freundin von Bruno gar nicht gab und er das alles selbst gesehen hatte. Vermutlich war es ihm nur peinlich, weil er ihm nicht von Glück erzählt hatte.

»Nein, Pawlowski klebt an deinem Arsch. Diese Freundin gibt es.« Er überlegte. »Vielleicht sollte ich mir das Haus mal etwas genauer anschauen. Kann nicht schaden.«

Er leerte die Flasche, da leuchtete sein Handy auf. Er hatte eine Nachricht von Mei bekommen. Er öffnete sie.

Du Arschloch!

»Wow!«, entfuhr es ihm. »Was ist jetzt schon wieder?«

?

Er schickte nur das Fragezeichen. Die Antwort ließ nicht lange auf sich warten.

Tu nicht so. Du hast mit den Bullen gesprochen.

Mit den Bullen? Wann denn und worum geht es überhaupt?

Zoller konnte Meis Worten nicht folgen.

Lügner! Du hast denen erzählt, dass ich gestern bei dir war. Jetzt stehe ich wie die böse beste Freundin da, die sich sofort nach dem Tod ihrer Freundin an deren Partner ranmacht. Das hast du gut eingefädelt. Den Verdacht von dir auf mich lenken! Die eifersüchtige beste Freundin, die die Nerven verliert.

Zoller antwortete nicht sofort und las sich die Nachricht ein zweites Mal durch. Woher wusste die Polizei, dass Mei bei ihm gewesen war? Dann fiel es ihm ein. Als er im Bad gewesen war, hatte sein Handy auf der Couch gelegen. Dieser Brandt hatte Meis Nachricht sicherlich auf dem Handydisplay gesehen und diese Information eiskalt genutzt.

»Dieser dreckige Bulle.«

Zoller hielt inne. Auf der anderen Seite kam ihm das gar nicht ungelegen. Jeder wusste, dass Eifersucht ein starkes Motiv war. Vielleicht sollte er Mei besuchen und Gesas Schmuck bei ihr in der Kommode verstecken. Sollte er das mit Glück also sein lassen?

Er schrieb Mei eine Antwort:

Du dumme Kuh, die Polizei hat dich gelinkt und du bist voll

*drauf reingefallen. Die waren nicht bei mir. Du kannst Paw-
lowski fragen, der war die ganze Zeit hier. Wir haben auf dem
Balkon Bier getrunken.*

Du lügst!

kam die Antwort prompt.

*Warum sollte ich? Ich komme gerne zu dir und dann reden wir
in Ruhe oder wir rufen Bruno gemeinsam an. Die Bullen waren
nicht bei mir. Wie konntest du so dumm sein und denen auf den
Leim gehen?*

Wieder kam die Antwort schnell.

Gut. Komm morgen um 22 Uhr her, und wehe, du belügst mich.

Ich habe keinen Grund, dich zu belügen. Bis morgen.

Zoller legte das Handy zur Seite. Seine Laune besserte sich
deutlich, denn jetzt hatte er zwei Optionen, wer über die
Klinge springen würde: entweder Glück oder Mei. Wer, war
ihm am Ende egal, solange er seine Ruhe hatte.

Er ging ins Schlafzimmer, öffnete die Schublade, in der
Gesa ihren wenigen Schmuck verstaut hatte, und nahm zwei
Ketten heraus. Beide hatte er ihr geschenkt, daher fand er es
nur fair, dass er über beide frei verfügte.

»Du bist schon ein Arschloch«, sagte er zu sich und
grinste.

Er wusste, dass er sehr gefühlskalt wirken musste in Bezug
darauf, wie er gerade dachte, und weil er nicht so in Trauer
war, wie es sich gehörte. Aber sollte er sich belügen?

Du belügst dich doch ununterbrochen …

Egal, er war, wie er war. Er hatte sich noch nie viel mit

Trauer oder mit den Sorgen anderer beschäftigt, er hatte genug eigene Probleme. Es war eben seine Art, zu trauern, und es hatte rein gar nichts damit zu tun, dass er nicht traurig war, dass Gesa nicht mehr Teil seines Lebens war, oder dass er sie nicht geschätzt hatte. Wichtiger war jetzt, dass er seinen Kopf aus der Schlinge zog, die die beiden Polizisten ihm anlegen wollten, völlig unberechtigt.

»Soll ich das mit Glück wirklich riskieren oder mich nur auf Mei konzentrieren? Sie hat einen Fehler gemacht, den ich ausnutzen sollte.« Zoller schwankte.

Andererseits wurden nur Glück und er als Tatverdächtige in den Polizeiakten geführt und allein der Fund einer Kette würde Mei nicht in Verdacht bringen. Er holte tief Luft und atmete durch die Nase aus.

»Na ja, eine Kette und ihre Aussage schon.«

Er verengte die Augen zu Schlitzen. Er wollte bei seinem Plan bleiben und je eine Kette in beiden Wohnungen verstecken. Dann würde er der Polizei einen anonymen Tipp geben, wo sie zuerst suchen sollten.

Zoller ballte die Hand zur Faust, zog sich an und verließ die Wohnung. Er wollte nicht weiter grübeln. Der Plan war gut und einen von beiden würden die Bullen schon verhaften, dann hätte er endlich seine Ruhe.

»Wohin des Weges?«, wurde er draußen von Pawlowski angesprochen, der vor dem Zaun stand.

»Etwas die Beine vertreten. Du?«

»Einkaufen.«

»Mit dem Auto?« Pawlowski hatte keinen Einkaufskorb dabei, den hatte er sonst immer bei sich, wenn er zu Fuß einkaufen ging.

»Ja, genau«, nuschelte er. Er wirkte, als wäre er nicht ganz bei der Sache.

Zoller überlegte kurz, ihn zu fragen, ob er ein Stück mitfahren dürfe. Glück wohnte etwas außerhalb und Pawlowski fuhr sicherlich zu dem EDEKA, der auf dem Weg dorthin lag, doch ein Spaziergang schadete nicht, um die Gedanken zu sortieren. Er konnte auch joggen. Das Wetter war angenehm und er hatte ohnehin kurze Hose und T-Shirt an.

»Gutes Gelingen«, antwortete Zoller und verabschiedete sich.

Als er die Straße überquerte, sah er, wie Pawlowski ihm nachschaute, er wirkte seltsam nachdenklich und starrte ihm förmlich hinterher.

Ganz selten, so wie eben, bereitete Pawlowski ihm eine Gänsehaut, wenn er ihn so komisch anstarrte oder ihm hinterherschaute, als würde er sich mehr von ihm erhoffen, für ihn schwärmen. Ein echter Fan. Ein Psychofan.

Entspann dich, er ist nur ein alter einsamer Mann, der gerne dein Leben hätte. Sein Talent hat eben nur für die Verbandsliga gereicht.

Zoller entschied sich für ein leichtes Joggen. Seine Gedanken wanderten zu Gesa, ihrer Mutter und ihrem Anruf. Er hatte sie noch immer nicht zurückgerufen, allerdings verspürte er auch keinen Drang mehr, das zu tun oder ihr eine Nachricht zu schicken.

Gesas Mutter war ihm noch unheimlicher als Pawlowski. Gesa war so anders als ihre Mutter gewesen. Wie der Vater es mit ihr aushalten konnte, war ihm ein Rätsel.

Vermutlich, weil er keine Eier hat.

Nach einer Weile erreichte er die Anschrift, wo Glück wohnen sollte. Es war ein älteres Haus, das einsam lag.

Der perfekte Ort, wo ein Psychodoc junge Frauen töten kann. Sicherlich haben die Bullen dasselbe gedacht, als sie hier waren. Glück ist der perfekte Täter.

Zoller war guter Dinge, dass sein Plan gelingen würde. Er ruhte sich kurz aus, damit er nicht so außer Atem war, immerhin war er bis hierher gejoggt, und als sein Puls und sein Atem sich normalisiert hatten, näherte er sich dem Haus.

Ob er da ist? Er überlegte, ob er klingeln sollte. *Aber was sagst du ihm dann?*

Sich ranzuschleichen und heimlich in die Wohnung einzudringen, ohne zu wissen, ob Glück da war, war allerdings auch nicht so clever, zumal es noch nicht dunkel war.

»Das ist es«, murmelte er. Er würde klingeln, und sollte er die Tür öffnen, würde er sagen, dass er Gesas Freund sei und sich mit ihm unterhalten wolle. Er würde garantiert keinen Verdacht schöpfen.

Manchmal bin ich schon verdammt clever. Michelle, du Bitch, wärst du mal hier.

Dass er ausgerechnet an sie denken musste, war kein Zufall. Bis heute wurmte es ihn, dass sie ihn für einen einfältigen Menschen hielt. Sie war auch bis heute die einzige Frau, die sich in einer Beziehung mit ihm nicht gefügt und nach seiner Nase getanzt hatte, und damit die Einzige, bei der ihm noch nie die Hand ausgerutscht war, denn er hatte immer gefürchtet, dass sie ihn erpressen oder den Vorfall auf Instagram posten und so seinen guten Ruf gefährden könnte. Schließlich lebte er von seinem positiven Image.

Zoller trat vor die Haustür und klingelte. Sein Herz begann schneller zu schlagen und seine Handflächen wurden nass, da ihn, obwohl er von seinem Plan überzeugt war, die Sorge begleitete, dass Glück seine Absicht durchschauen und es zu einem Streit kommen könnte, dessen Ausgang nicht vorherzusehen war. Immerhin wusste er nicht, was Gesa diesem Arzt über ihn erzählt hatte und wie gefährlich der Typ in Wirklichkeit war.

Nun gab es aber kein Zurück mehr, er hatte geklingelt und er war kein Feigling, der wie ein aufgescheuchtes Huhn davonlaufen würde.

Niemand öffnete.

Zoller entspannte sich ein wenig.

Er drückte noch einmal auf die Klingel, er brauchte Gewissheit, dass Glück nicht im Haus war.

Wieder keine Reaktion.

»Er ist nicht da.« Zoller ballte die Hand zur Faust.

Jetzt musste er nur noch einen Eingang in die Wohnung finden. Er schaute sich um und sah, dass ein Fenster auf Kipp stand, leider war es zu weit oben. Also ging er um das Haus herum auf die Rückseite. Ein großes Grundstück breitete sich vor ihm aus, direkt dahinter floss der Rhein. Der Ausblick war gigantisch. So zu wohnen, hatte er sich auch immer gewünscht, aber Häuser in so einer Lage waren sehr teuer, selbst zur Miete.

Ärzte verdienen halt gut, dachte er bitter, da er ebenfalls deutlich mehr hätte verdienen können, wenn diese dumme Verletzung nicht gewesen wäre, und wie aus dem Nichts war es wieder da, dieses verhasste Gefühl. Die Schwere, die sich auf seinen Köper legte, ihm merkwürdige Dinge zuflüsterte und ihn lähmte. So sehr lähmte, dass er sich in diesem Moment am liebsten ins Bett verkrochen hätte, weil nichts mehr einen Sinn ergab.

Er würde nie Fußballprofi werden und mit den Instagramfollowern, die er hatte, würde er auch nie reich werden. Er würde dieses langweilige Leben leben müssen, bis er alt und grau wurde.

Der Gedanke daran blockierte ihn komplett.

Entspann dich, du bist nicht hier, um zusammenzubrechen. Bring es hinter dich, ermahnte er sich. Das hier war zu wichtig, als dass er jetzt den Schwanz einziehen würde.

Zoller machte ein paar Atemübungen, versuchte seine Gedanken auf etwas Positives zu richten, und ganz langsam verschwand die Schwere.

Die Terrassentür ist auf Kipp! Sie zu öffnen, war ein Leichtes, schon bei seinen Eltern hatte er häufig die Terrassentür geöffnet, wenn er mal seinen Schlüssel vergessen hatte und betrunken heimlich in die Wohnung wollte.

Es dauerte nicht lange, dann hatte er es mithilfe seines Schnürsenkels vom Turnschuh geschafft. Er öffnete die Tür und wollte gerade eintreten, als er eine Stimme hinter seinem Rücken hörte.

»Wollten Sie zu mir?«

Zoller drehte sich um und schaute in die blauen Augen von Dr. Glück, der ihn bedrohlich anstarrte. Er hielt seine rechte Hand unheilvoll hinter dem Rücken versteckt. Zoller war zu keiner Reaktion fähig.

»Sie sind doch Lars Zoller, der Freund von Gesa.« Kaum hatte er das ausgesprochen, holte er seine rechte Hand hinter dem Rücken hervor.

39

Köln, 23. Juni

Immer mehr sprach dafür, dass Zoller ihr Mann war.

»Ich bin gespannt, was Fischer für uns hat«, sagte Aydin. Er und Brandt standen in der Küche im Polizeipräsidium, um sich einen Kaffee zu holen.

»Nicht nur du. Er wird sich über den Kaffee freuen.«

»Logisch, ist ja von mir.«

»Von dir? Du hast bloß das Pulver reingetan, den Rest macht die Maschine.«

»Das aber mit viel Liebe.« Aydin hob die Augenbrauen und holte drei Becher aus dem Hängeschrank. »So langsam wird es eng für Zoller. Wenn Fischer in dieser Richtung noch Hinweise für uns hat, könnte er unser Mann sein.«

»Möglich. Ich frage mich schon die ganze Zeit, warum Zoller Mei gebeten hat, für ihn zu lügen.«

»Ist doch offensichtlich: um jeden Verdacht von sich fernzuhalten.«

»Eine wirklich clevere Strategie ist das aber nicht.«

»Tja, die hellste Kerze auf der Torte ist er eben nicht. Vor allem, Mei zu bitten, uns zu erzählen, Gesa habe sie angerufen und zu ihren Eltern gewollt, weil sie sich mit ihm gestritten habe.«

»Zumal Mei uns bereits erzählt hat, dass es Tage her war, dass sie zuletzt Kontakt hatten. Wenn sie uns diese Lüge wirklich aufgetischt hätte, hätte sie ein Eigentor geschossen.«

»Genau. Aber Zoller war überzeugt davon, dass sie seinem Charme nicht widerstehen könnte, und uns eben diese Lüge auftischt. Ich sags ja, nicht gerade die hellste Kerze … « Aydin füllte die Becher.

»Aber überleg mal, sie hätte es doch getan? Dann hätte sich Zoller dadurch ein Alibi beschafft, weil wir davon hätten ausgehen müssen, dass Gesa doch bei ihren Eltern war.«

»Wir sollten froh sein, dass es nicht so gekommen ist. Das hat uns jede Menge Arbeit erspart. Gut, dass du die Nachricht auf seinem Handy gesehen hast.«

»Und was …« Brandt brach mitten im Satz ab.

»Wenn was?«

»Was, wenn Mei lügt, um Zoller in die Pfanne zu hauen? Wenn Gesa sie tatsächlich angerufen hat und zu ihren Eltern gegangen ist?«

»Ich weiß nicht. Die Eltern haben verneint, dass Gesa bei ihnen war. Warum sollten sie lügen?« Aydin warf Brandt einen Blick zu. »Du glaubst doch nicht, dass die Mutter ihre eigene Tochter getötet hat?«

»Ich glaube gar nichts, ich überlege nur laut.«

»Kann ich mir beim besten Willen nicht vorstellen. Zoller hat gesagt, dass ihm die Hand ausgerutscht ist, und wer sagt denn, dass der Streit nicht viel heftiger war und er sie im Affekt getötet hat?«

»Möglich. Aber ihr den Kopf abschneiden?«

»Warum nicht? Der Junge hat nicht alle Tassen im Schrank. Erinnere dich an den Fall in München, den haben wir jetzt oft genug angeführt.«

»Irgendwie sagt mir mein Bauchgefühl, dass Zoller kein eiskalter Mörder ist. Der bellt nur, beißt aber nicht. Schönlinge wie er machen sich nicht die Hände schmutzig.« Brandt konnte nicht erklären, was es war, irgendetwas störte ihn an der Version, obwohl immer mehr gegen Zoller sprach und er sich nicht beschweren würde, wenn er der Täter wäre, weil das hieße, dass sie den Fall bald zu den Akten legen und sich auf ihren wohlverdienten Urlaub freuen konnten.

»Spätestens wenn Fischer die Verbindungsnachweise hat,

wissen wir, ob es den Anruf gab«, bemerkte Aydin. Er hatte gerade den dritten Becher gefüllt.

Eine Gestalt erschien in der Küchentür.

»Hallo«, grüßte sie Kramer.

»Hallo«, antwortete Aydin.

Brandt hatte Mühe, ruhig zu bleiben. Am liebsten hätte er Kramer gepackt, an die Wand gedrückt und ihn gefragt, was in seinem kranken Kopf vorging, dass er Glück verdächtigte.

»Und, habt ihr Neuigkeiten?«

»Nicht wirklich. Aber Zoller macht sich immer verdächtiger.«

»Inwiefern?«

»Er hat Mei Knorr zur Lüge angestiftet. Möchtest du einen Kaffee?«

»Gerne. Das ist interessant. Wenn ihr das beweisen könnt, würde das diesen dubiosen Doktor womöglich entlasten.«

»Dubios?«, fragte Brandt scharf. Aydin schaute ihn an, als wollte er ihn dringend bitten, sich zurückzuhalten.

»Astrein kann er schwer sein, wenn er eine junge Frau, die Suizid begehen wollte, öfter aufsucht, dabei weder den Freund noch die Eltern informiert und erst recht keinen Psychiater zurate zieht«, erklärte Kramer mit einem gekünstelten Lächeln und schob seine Brille hoch.

»Vielleicht hatte er bloß ihr Wohl im Auge und wollte ihr Vertrauen nicht ausnutzen«, sagte Brandt und zwang sich, ruhig zu bleiben. Kramer hatte ihren Bericht sicher gründlich gelesen, daran zweifelte Brandt keine Sekunde, dass er ihre Angaben jedoch so falsch interpretierte, sah ihm ähnlich.

»Er ist Arzt und kein Psychologe. Ich weiß um deine emotionale Bindung zu Glück, aber die Indizien gegen ihn sind nun mal nicht zu übersehen.«

»Dein Kaffee«, sagte Aydin und reichte Kramer den Becher.

»Danke.«

»Emotionale Bindung?«, wurde Brandt lauter. Aydin drückte ihm zwei Kaffeebecher in die Hand.

»Komm, Fischer wartet. Nicht, dass sein Kaffee kalt wird.« Damit drängte Aydin ihn aus der Küche.

»Irgendwann klatsche ich dem eine, darauf kannst du wetten«, murrte Brandt im Flur.

»Ich weiß, aber weder ist das hier der richtige Ort noch der richtige Zeitpunkt.«

»Wieso hast du den Idioten gefragt, ob er einen Kaffee möchte?«

»Weil man das unter Kollegen so macht.«

»Das ist kein Kollege. Kollegen halten zusammen.« Brandt hatte Mühe, runterzukommen, auch wenn er wusste, dass Aydin recht hatte.

Der erwiderte nichts, was Brandt nur recht war, konnte er doch nicht dafür garantieren, dass ihm nicht etwas herausrutschte, was er später bereuen würde.

Schweigend erreichten sie das Büro von Fischer. Brandt klopfte an und beide traten ein.

»Guten Morgen«, begrüßte Fischer sie. Aydin reichte ihm einen Becher. »Besten Dank. Nehmt doch Platz.«

»Bin gespannt, was du hast«, sagte Aydin. Brandt schaute wortlos auf den Bildschirm.

»Alles okay?«, erkundigte sich Fischer. Brandts miesepetriges Gesicht konnte ihm nicht entgangen sein.

»Kramer ist ihm in der Küche begegnet.«

»Verstehe.« Fischer schien seine Frage plötzlich unangenehm zu sein. »Dann kommen wir lieber direkt zum Punkt.«

»Schieß los.« Brandt bemühte sich, entspannter rüberzukommen, er wollte seine schlechte Laune bestimmt nicht an Fischer auslassen. »Hast du vielleicht schon die Verbindungsnachweise?«

»Leider nicht. Ich habe den Provider heute erneut kontaktiert, aber nichts zu machen. Die haben ihre Prozesse – angeblich.«

»Verstehe. Müssen wir uns also gedulden. Was ist mit der Ortung des Handys? Kannst du sagen, wo es sich zuletzt befunden hat?«

»Auch da bin ich dran. Was ich habe, wird euch vermutlich nicht viel bringen.«

»Und das wäre?«

»Die letzte Ortung ist der Wohnblock, wo sie gewohnt hat.«

»Das bringt uns tatsächlich nicht viel. Schließlich wissen wir, dass sie an dem Abend zu Hause war. Wie realistisch ist es, dass du die weiteren Ortungspunkte noch herausfindest?«

»Mit etwas Geduld geht da was.«

»Genau das ist das Problem, die Zeit läuft gegen uns«, gestand Brandt ein.

»Es wäre demzufolge aber auch möglich, dass sie ihre Wohnung nie verlassen hat, das könnte der Grund sein, warum du die Ortungspunkte noch nicht hast, oder?«, fragte Aydin.

»Das wäre möglich, leider kann ich das technisch nicht filtern. Gibt es denn Hinweise, dass das Opfer die Wohnung nicht verlassen hat?«

»Der Verdacht, dass Zoller der Täter ist, erhärtet sich. Er hat versucht, Mei Knorr zu einer Lüge zu bewegen, damit er aus dem Schussfeld kommt.«

»Hört sich an, als hätte er Angst, dass ihr ihn verdächtigt.«

»Genau. Und ich frage mich, warum? Jemand, der unschuldig ist, muss sich doch keine Sorgen machen.«

»Stimmt. Aber manchmal geraten auch Unschuldige in Panik und begehen Dummheiten, die sich jeder Erklärung entziehen.«

Brandt nickte, das Gefühl hatte er ebenfalls. »Wenn wir

beweisen könnten, dass sie die Wohnung nicht verlassen hat, würde das unsere bisher gesammelten Hinweise deutlich erhärten, dann wäre Zoller in Erklärungsnot. Wir brauchen unbedingt diese Ortungsdaten und die Verbindungsnachweise.«

»Die Verbindungsnachweise sind nur eine Frage der Zeit. Das mit den Ortungsdaten ist schon komplizierter.«

Brandt atmete leise aus. Bisher waren die Informationen von Fischer enttäuschend, er hatte sich mehr erhofft.

»Was hast du über Mei Knorr und Michelle Vogler herausgefunden?«

»Nichts, was einen Hinweis darauf liefern könnte, dass sie als Täterinnen infrage kämen. Das einzige Motiv, das ihr ja schon angesprochen habt, wäre Eifersucht, aber auch dafür konnte ich keine Beweise finden. Die Untersuchung von Gesas Laptop ist abgeschlossen. Es befindet sich nichts darauf, was uns in irgendeiner Weise helfen könnte, einen Verdächtigen näher zu bestimmen, und erst recht nichts, um den Täter zu identifizieren. Sie hielt sich privat nicht viel im Internet auf. Ich habe auch ihren Arbeitgeber und die Kollegen durchleuchtet, wie von euch erbeten. Nichts Auffälliges.«

Damit hatte Brandt gerechnet. Warum hätte Mei oder Michelle Gesa in der digitalen Welt drohen sollen? Auch dass die Kollegen und der Arbeitgeber eine Sackgasse waren, hatte er geahnt. Jemandem den Kopf abzuschneiden, war schon ein besonders brutaler Akt.

»Womöglich hast du nichts gefunden, weil es nichts gibt und Schmoll richtig damit lag, dass Gesa die Wohnung eben nie verlassen hat«, wiederholte Aydin seine Theorie.

»Möglich, trotzdem fehlt uns immer noch der entscheidende Hinweis«, entgegnete Brandt.

»Vielleicht solltet ihr ihn ins Präsidium einladen und verhören«, schlug Fischer vor.

»Das wäre eine Möglichkeit.« Diesen Gedanken hatten Brandt und Aydin auch schon gehabt. Manch Tatverdächtiger hatte im Verhörraum ein überraschendes Geständnis abgegeben.

»Was hast du sonst für uns?« Brandt nahm den letzten Schluck aus seinem Kaffeebecher.

»Ich habe einiges über den Unfall herausgefunden.«

»Und das wäre?«

»Wie ihr in eurem Bericht geschrieben habt, liegt das alles sechs Jahre zurück, im Mai 2015. Es gibt verschiedene Gutachten.«

»Ist was Interessantes dabei?«

»Eines der Gutachten entlastet die Mutter nicht vollständig. Ihr Handy wurde auf dem Beifahrersitz gefunden. Laut diesem Gutachten wäre es möglich, dass sie es benutzt und nach dem Unfall auf den Beifahrersitz gelegt hat, damit man ihr keine Teilschuld gibt.«

»Wurden die Handydaten ausgelesen?«

»Das wurden sie. Das letzte Mal, dass sie das Handy aktiv genutzt hat, war drei Minuten vor dem Unfall, daher konnte ihr Anwalt die Einschätzung dieses Gutachtens schnell entkräften. Was aber nicht heißt, dass sie das Handy nicht doch in der Hand gehalten hat.«

Brandt konnte nicht verstehen, warum Menschen ihr Handy benutzten, während sie Auto fuhren. Konnte man sich nicht gedulden, bis man geparkt hatte? So wichtig konnte keine Nachricht sein, dass man dafür sein Leben und das anderer Menschen gefährdete. Es gab unzählige Studien, die bewiesen, dass schon eine Sekunde Ablenkung am Handy zu schweren Unfällen führen konnte.

»Hast du noch mehr über ihre Krankheit herausgefunden?«

»Es war etwas tricky, aber ich habe da einiges aufgedeckt. Es gibt mehrere psychologische Gutachten über sie und einige Behandlungsakten, auf die ich zugreifen konnte.« In Fischers Augen schien es aufzublitzen. Brandt hatte so eine Ahnung, wie Fischer an die Unterlagen gelangt war, sprach das aber nicht an. Ihn interessierten nur die Resultate.

»Was hast du herausgefunden?«

»Sie war schon vor dem Unfall depressiv, es gibt da eine erbliche Vorbelastung. Außerdem liegt bei ihr das Borderline-Syndrom vor.«

»Gefährliche Kombination. Aber würde sie deswegen so verrückt sein und ihre eigene Tochter töten?«, fragte Aydin.

»Das ist nicht das Interessante, was ich herausgefunden habe.«

»Sondern?«

»Es geht um die Mutter des Opfers, die bei den Verhandlungen dabei war, obwohl sie an zwei Verhandlungstagen zusammengebrochen ist.«

»Nur zu verständlich«, bemerkte Aydin.

»Stimmt. Aber jetzt kommt es: Einmal hat sie in der Verhandlung die Mutter angeschrien und geschworen, dass sie ihre Tat mit Blut bezahlen werde.«

»Wenn sie da vorher zusammengebrochen ist, wird sie sich ihrer Worte vermutlich gar nicht bewusst gewesen sein. In der Wut kann einem schon mal was rausrutschen. Ist sie danach erneut auffällig geworden?«

»Nein, strafrechtlich nicht. Ein komplett unbeschriebenes Blatt. Wir haben nichts in der Datenbank, nicht mal einen Strafzettel.«

»Siehste«, fühlte sich Aydin bestätigt, Brandt hatte allerdings das Gefühl, dass da noch was kommen würde.

»Vielleicht hat sie nichts mit der Tat zu tun, aber ihr solltet wissen, dass sie Krankenschwester ist. Die Spurensicherung hat doch Faserspuren gefunden, die von einer OP-Maske stammen.«

40

»Glaubst du, sie könnte es gewesen sein?«, fragte Aydin. Sie saßen wieder im Auto, Brandt steuerte die Anschrift von Gesas Eltern an.

Der Fall hatte eine Wendung genommen, mit der Brandt nie gerechnet hätte. Doch bevor sie Klara Benz einen Besuch abstatteten, wollte sich Brandt mit Gesas Eltern unterhalten. Zwar stand in ihren Akten nichts darüber, dass Benz auffällig gewesen wäre, das hieß aber nicht, dass sie die Storms, vor allem die Mutter, nicht trotzdem tyrannisiert hatte.

»So langsam glaube ich gar nichts mehr. Wer hätte denn ahnen können, dass die Mutter des Jungen als Täterin infrage kommt?«

»Niemand. Fischer hat wieder hervorragende Arbeit geleistet.«

»Stimmt. Kramer könnte sich eine große Scheibe von ihm abschneiden.«

»Sein Kind auf so tragische Weise zu verlieren, kann große Narben in der Seele, Wut und eine überdimensionale Leere hinterlassen. Ein Motiv hätte sie.«

»Auch das stimmt. Nur müssen wir das noch beweisen. Bisher haben wir nichts in der Hand, außer ihren Ausraster während der Verhandlung.«

Aydin nickte und schaute aus dem Beifahrerfenster. »Sie tut mir irgendwie leid.«

»Ich verstehe dich, niemand sollte sein Kind verlieren. Das rechtfertigt allerdings nicht einen brutalen und feigen Mord.«

»So meinte ich das auch nicht. Da bin ich bei dir. Aber ganz

ehrlich, ich weiß nicht, was ich tun würde, wenn Leah …«
Aydin wagte den Gedanken nicht auszusprechen.

»Denk nicht mal dran.« Leah war nicht nur Aydins Tochter, an der er sehr hing, sondern auch Brandts Patenkind. Der Gedanke, dass ihr etwas Schlimmes zustoßen könnte, war für Brandt genauso quälend, und er wollte sich nicht ausmalen, wie Aydin mit dem Verlust umgehen würde.

Kein Vater sollte sein Kind zu Grabe tragen.

Die restliche Fahrt verlief sehr ruhig, sie sprachen wenig und jeder gab sich seinen Gedanken hin.

Wie die letzten Male öffnete der Vater ihnen die Tür.

»Guten Tag. Wir hätten noch ein paar Fragen.«

»Treten Sie doch ein«, antwortete er sehr zur Überraschung von Brandt, er hatte wieder mit irgendeiner Ausrede gerechnet.

Noch überraschter war er, dass sogar die Mutter im Wohnzimmer war. Sie blieb jedoch sitzen, als sie die Beamten sah.

»Guten Tag, Frau Storm. Wir haben noch ein paar Fragen.«

»Sie fragen für meinen Geschmack zu viel. Wann finden Sie den Mörder meiner Tochter?« Sie schien angriffslustig.

»Genau das ist unser Ziel, dafür müssen wir Ihnen …«

»Sie sollten weniger fragen«, wiederholte sie deutlich aggressiver. »Wir alle wissen doch, wer meine Tochter auf dem Gewissen hat.«

»Und der wäre?« Noch beherrschte sich Brandt.

»Lars, dieser Hund. Er hat sie getötet, weil sie herausgefunden hat, dass er sie betrügt, und weil sie mit ihm Schluss machen wollte.«

»Wie kommen Sie darauf?«

»Wie? Lügen Sie mich nicht an!«, ihre Stimme wurde beinahe schrill. »Das wissen Sie doch längst. Mei hat es mir erzählt.«

Brandt horchte auf. Mei schien ein seltsames Spiel zu spielen. Auf der einen Seite umgarnte sie Zoller, besuchte ihn und hatte Sex mit ihm, auf der anderen gestand sie der Mutter, dass Zoller Gesa betrogen hatte.

Konnte es wirklich sein, dass Mei versuchte, Zoller als idealen Mörder zu präsentieren, um von sich abzulenken, wie er und Aydin bereits spekuliert hatten? Hatten sie Mei unterschätzt?

Eifersucht ist ein starkes Motiv, huschte es Brandt einmal wieder durch den Kopf.

»Entspannen Sie sich bitte«, sagte er zu Frau Storm. »Wir sind weder wegen Lars Zoller noch wegen Mei Knorr hier.«

»Mei hat mit all dem nichts zu tun. Sie sollten Ihren Job machen und Lars verhaften, statt meinen Mann und mich zu nerven.« Ihre Stimme war noch immer herrisch.

»Wir haben ein paar Fragen zu Klara Benz.«

»Was hat sie mit dem Tod meiner Tochter zu tun?« Die Stimme der Mutter wurde noch eine Spur schriller, aber sie hatte das Bedrohliche verloren und wirkte eher ängstlich.

»Das möchten wir herausfinden. Hat Frau Benz Sie während der Gerichtsverhandlungen oder danach aufgesucht?«

»Es war ein Unfall. Das Kind ist einfach über die Straße gelaufen, ich konnte nichts mehr ausrichten. Wieso tun Sie das?«

»Beantworten Sie nur unsere Fragen.«

»Meine Frau hat recht. Was hat der Autounfall mit dem Tod unserer Tochter zu tun?«, mischte sich Storm ein.

»Es besteht die Möglichkeit, dass sich Frau Benz an Ihnen rächen wollte«, erklärte Aydin. Brandt war unschlüssig, ob es clever war, das zu sagen.

»Rache?« Der Vater wirkte verunsichert. Die Mutter sagte nichts, sie starrte ins Leere.

»Rache ist ein starkes Motiv. Daher ist es für uns wichtig,

zu wissen, ob es während der Gerichtsverhandlungen oder danach zu irgendeinem Kontakt gekommen ist.«

»Nein!«, platzte die Mutter heraus. Der erstaunte Blick des Mannes verriet Brandt, dass sie log.

»Herr Storm, es sollte in Ihrem Interesse liegen, uns nicht anzulügen. Sie möchten doch auch, dass wir den Mörder Ihrer Tochter fassen?«

Der Vater schaute verstört zu Boden, er schien zu überlegen. Die Mutter warf ihm einen vernichtenden Blick zu, aber dann berappelte er sich. »Ja, sie war hier.«

»Warum sagst du das?«, brüllte die Mutter ihren Mann an.

»Weil es die Wahrheit ist. Und weil ich genug habe. Ich will, dass der Mörder von Gesa zur Rechenschaft gezogen wird.«

»Lars ist der Mörder, warum willst du das nicht akzeptieren? Du elender Schlappschwanz.« Bevor Brandt etwas erwidern konnte, sprang die Mutter auf und lief weg.

»Wann war Klara Benz bei Ihnen?«, fragte Brandt, er wollte auf die heftige Reaktion der Mutter nicht eingehen.

»Das erste Mal kurz nach dem Freispruch meiner Frau.«

»Das erste Mal? Wie oft war sie denn hier?«

»Ich weiß es nicht. Die ersten zwei Jahre regelmäßig. Sie stand draußen und hat uns beobachtet. Ich wollte mit ihr reden, aber meine Frau wollte das nicht. Sie wollte auch nicht, dass ich die Polizei anrief. Sie meinte, sie würde es verdienen, dass die Frau uns beobachtet, weil sie ihren Schmerz fühlen könne. Meine Frau hat nicht verstanden, dass sie das Ganze nur noch kränker gemacht hat.«

»Wie lange ging das?«

»Eine ganze Weile. Vor zwei Jahren hörte es auf. Wie gesagt, die ersten zwei Jahre war sie mehrmals die Woche da, dann wurden die Abstände größer und vor ungefähr zwei Jahren war es vorbei.«

»Haben Sie nie mit ihr geredet?«

Der Vater antwortete nicht sofort, als würde er seine Worte genau überlegen. »Doch, ein Mal«, gestand er dann.

»Und worüber?«, fragte Aydin.

»Warum sie uns nicht in Ruhe lässt.«

»Was hat sie geantwortet?«

»Sie würde uns erst in Ruhe lassen, wenn wir wie sie das Kostbarste im Leben verlieren.«

»Wann war das?« Brandt schwante nichts Gutes. Das Kostbarste für die Eltern waren immer ihre Kinder.

»Vor zwei Jahren. Danach habe ich sie nicht mehr gesehen.«

»Wusste Ihre Frau von dem Gespräch?«

»Nein, ich habe es ihr nie verraten, und ich bitte Sie, es ebenfalls nicht zu tun. Glauben Sie, dass sie die Mörderin ist?«

»Wir wissen es nicht. Warum haben Sie uns das nicht schon vorher verraten?«

»Ich sah keine Veranlassung.«

»Keine Veranlassung? Da droht Ihnen jemand und Sie sehen keine Veranlassung, uns im Rahmen der Ermittlungen davon zu erzählen?« Brandts Stimme gewann an Schärfe. Entweder war der Vater naiv oder er log. Sein Gefühl sagte ihm, dass es Letzteres war.

»Ja, nein …« Der Vater wirkte unsicher, er druckste herum.

»Was war der Grund, dass Sie uns diese Information vorenthalten haben?«, fragte Aydin in seiner gewohnt freundlichen Art. Es war für Brandt immer wieder erstaunlich, wie ruhig Aydin bei solchen Gesprächen oder Verhören blieb.

Der Vater schluckte, schaute zu Boden und wandte sich dann kurz um, als fürchtete er, dass seine Frau ihnen lauschen könnte.

»Wegen meiner Frau«, antwortete er. Es klang wie ein Geständnis.

»Warum das?«, fragte Aydin.

Der Vater fuhr sich mit der Zunge über die Lippen und sah erneut über die Schulter nach hinten. »Es hätte nur Streit gegeben.«

»Warum wollte sie es nicht?«

»Der Unfall hat meiner Frau sehr zugesetzt. Sie leidet schon lange unter einer Borderline-Störung, dadurch ist sie starken emotionalen Schwankungen ausgesetzt. Der Unfall hat das leider verstärkt, ebenso die Depressionen. Sie ist in ein tiefes Loch gefallen, aus dem sie in den letzten Jahren nur langsam herauskam, dank Therapien und Medikamenten. Dass die Mutter des Jungen ständig vor unserem Haus stand und uns beobachtete, empfand sie als Mindeststrafe, damit sie nicht vergaß, was sie getan hatte. Ich habe auf sie eingeredet, dass wir die Polizei rufen sollten oder dass ich mit der Mutter rede, aber sie wollte es nicht. Sobald ich es ansprach, kam es zum Streit. Hätte ich es Ihnen erzählt, wäre bei uns die Hölle losgewesen. Für meine Frau steht außer Frage, dass nur Lars der Täter sein kann, weil sie ihm noch nie über den Weg getraut hat. Glauben Sie denn wirklich, dass Frau Benz zu so einer fürchterlichen Tat fähig ist?«

»Glauben Sie es nicht?«, entgegnete Brandt.

»Nein, sie ist eine arme Frau und Mutter. Als sie diese Worte sagte, hatte ich nicht das Gefühl, dass sie es ernst meinte, sondern vielmehr verzweifelt war.«

»Verstehe. Wir bedanken uns für Ihre Zeit.«

Brandt sah keine Veranlassung für weitere Fragen, er und Aydin verabschiedeten sich und gingen zum Auto.

»Das ist schon gruselig.«

»Was?«, fragte Brandt.

»Na, das mit Frau Benz. Die steht jahrelang vor dem Haus und beobachtet die Frau, die sie für den Tod ihres Kindes verantwortlich macht, und nach dem Tag, an dem sie mit dem Vater spricht, hört sie auf. Also ich finde das echt unheimlich.«

»Und wenn das ihre einzige Absicht war? Vielleicht hat sie nur darauf gewartet, ihre Botschaft dem Vater oder der Mutter mitzuteilen.«

»Trotzdem spooky. Was ich nicht verstehe: Warum wartet sie zwei Jahre, um Gesa zu ermorden? Und vor allem: warum köpft sie die Tochter?«

»Noch wissen wir nicht, ob sie die Täterin ist.«

»Es spricht aber sehr vieles dafür. Dennoch frage ich mich halt, warum sie die Tochter köpft.«

»Es gäbe einige Gründe, aber ich will mich nicht festlegen«, sagte Brandt, obwohl er unschlüssig war. Noch fehlte ihnen die Aussage der Mutter des toten Kindes.

»Glaubst du nicht, dass sie es war?«

»Ich sagte ja, noch wissen wir es nicht, wir müssen das Gespräch mit ihr abwarten. Bisher wissen wir nur, was der Vater gesagt hat. Was, wenn er uns angelogen hat?«

»Das glaube ich nicht, aber dass er so große Angst vor seiner Frau hat, ist schon heftig.«

»Keine Angst, eher Sorge«, korrigierte Brandt Aydins Worte.

»Na ja, uns diese Information vorzuenthalten, hat wenig mit Sorge zu tun, eher damit, dass er Angst vor einem Streit mit seiner Frau hat«, blieb Aydin bei seiner Position.

»Ich wäre mir da nicht so sicher. Gesas Mutter ist sehr dominant, keine Frage. Aber sie hat starke Depressionen und er wollte bestimmt kein Risiko eingehen. Was man ihm ankreiden kann, ist, dass er uns die Information trotzdem hätte geben müssen. Seine Frau hätte davon ja nie erfahren müssen.«

»Stimmt. So oder so, er steht unter dem Pantoffel seiner Frau.«

»Sprach der Pantoffelheld.«

»Quatsch. Nina und ich führen eine gleichberechtigte Ehe.«

»Das glaubst auch nur du. Deine Frau hat schon die Hosen an.«

»Ganz sicher nicht. Alles Taktik. Es heißt ja nicht umsonst: *happy wife, happy life*.« Aydin grinste.

Brandt ließ den Spruch unkommentiert.

»Was ich mich gerade frage«, sagte Aydin, als es kurz still im Wagen wurde.

»Was?«

»Ob Gesa Klara Benz kannte.«

»Vermutlich nicht.«

»Aber sie hat doch damals noch zu Hause gewohnt, das heißt, sie wird die Frau auch gesehen haben.«

»Möglich, trotzdem werden die Eltern ihr sicherlich nicht erzählt haben, wer sie ist. Und sie war ein Teenager. Sie hat bestimmt nicht darauf geachtet.«

»Was, wenn Gesa mit ihr gesprochen hat?«

»Worauf willst du hinaus?«

»Na ja …«, antwortete Aydin und holte kurz Luft. »Wenn sie sich doch kannten, würde es erklären, warum Gesa in das Auto einer dritten Person gestiegen ist – zu Klara Benz. Immerhin wissen wir, dass sie eher zurückhaltend und vorsichtig war, und wenn weder Mei noch Michelle oder Lars als Täter infrage kommen, sondern Benz, heißt das, dass sie sie kennen musste.«

»Das ist ein Argument. Bleibt aber die Frage, wie Benz wissen konnte, dass sich Gesa und ihr Freund gestritten hatten.«

»Stimmt. Zufall? Oder sie hat die Tochter beschattet, weil sie zerfressen von dem Gedanken war, sie zu töten.«

»Möglich. Das wäre für uns am einfachsten, ansonsten stehen wir wieder ziemlich am Anfang.« Brandt konnte sich kaum vorstellen, dass Benz Gesa beschattet hatte, und wenn, wäre das Zoller und dem überaus neugierigen Nachbarn Pawlowski sicherlich aufgefallen.

Brandt erreichte die Straße in Porz, wo Klara Benz wohnte.

»Ein Einfamilienhaus«, bemerkte Aydin. »Würde passen.«

»Stimmt.« Einen Menschen in einem Einfamilienhaus zu töten und zu köpfen, war einfacher als in einer Mietwohnung, wo neugierige Nachbarn nebenan wohnten.

Brandt parkte das Auto und beide gingen zur Haustür, Aydin klingelte, doch auch nach dem zweiten Klingeln öffnete niemand.

»Vielleicht ist sie auf der Terrasse. Das Wetter lädt dazu ein«, überlegte Brandt.

Aydin nickte und sie gingen um das Haus herum, wo sich ein großes Grundstück anschloss.

»Ein Gartenhäuschen.«

»Interessant. Vielleicht sollten wir uns da mal umsehen. Auf der Terrasse ist sie nämlich nicht.«

»Genau den Gedanken hatte ich auch.«

Sie gingen zum Gartenhäuschen. Die Tür stand offen und sie traten ein. Es war groß genug, um hier ungestört jemanden zu töten.

Brandt suchte den Boden nach Spuren ab, jedoch deutete oberflächlich betrachtet nichts auf ein blutiges Verbrechen hin.

»Nichts«, sagte Aydin und Brandt nickte nur.

Da die Hütte überschaubar war, hatten sie sie schnell durchsucht. Es gab auch keine Hinweise auf einen versteckten Raum oder eine Luke zu einem Keller.

»Lass uns gehen. Nicht, dass wir erwischt werden«, sagte Aydin.

Schweigend verließen sie die Hütte. Draußen ließ Brandt seinen Blick über das große Grundstück wandern. »Sie scheint eine Hobbygärtnerin zu sein«, stellte er fest.

»Warum nicht? Nichts ist gesünder, als Obst und Gemüse selbst anzupflanzen. Hätte ich auch echt Bock drauf, leider haben wir keinen Garten.«

»Du? Dir fehlen der grüne Daumen und die Geduld.«

»Unterschätz' mich nicht.«

Sie gingen zurück zur Haustür. Da hielt ein Fahrzeug am Straßenrand und eine Frau stieg aus.

»Das ist sie«, sagte Aydin. Fischer hatte ihnen neben der Anschrift auch ein Foto von Klara Benz gemailt.

Sie war schmächtig und viel kleiner, als sie auf dem Foto wirkte. Dass diese zierliche, höchstens einen Meter sechzig große Frau Gesa eiskalt ermordet hatte, konnte Brandt sich schwer vorstellen, doch er hatte während seiner Laufbahn als Polizist schon die unmöglichsten Dinge erlebt.

Die beiden Beamten warteten vor dem Haus auf sie.

»Guten Tag, Frau Benz«, machte sich Brandt bemerkbar.

»Ja bitte?«, antwortete sie und schaute zu Brandt auf. Sie wirkte weder erschrocken noch verunsichert, ihr Blick war seltsam gleichgültig.

»Wir sind von der Kriminalpolizei. Das ist mein Kollege Emre Aydin und mein Name ist Lasse Brandt.«

»Von der Kripo? Können Sie sich ausweisen?«

»Selbstverständlich.«

Brandt und Aydin zückten ihre Dienstausweise und reichten sie Benz. Sie schaute sie sehr gründlich an, gab erst Aydin seinen Ausweis zurück, dann Brandt.

»Und warum wollen Sie mich sprechen?«

»Wir sind die leitenden Ermittler im Mordfall Gesa Storm und haben ein paar Fragen an Sie.«

»Verstehe. Ich frage mich nur, warum es so lange gedauert hat, bis Sie zu mir kommen.«

War das bereits das Schuldeingeständnis? War Benz froh, dass der Spuk, das Versteckspiel vorbei war? Es war nicht ungewöhnlich, dass Mörder dem Druck nicht mehr standhielten und am Ende erleichtert waren, wenn sie gefasst wurden.

»Wie meinen Sie das?«, fragte Aydin, er wirkte irritiert.

»Wie ich es sagte. Sie suchen doch den Mörder von der Tochter dieser Mörderin.«

»Haben Sie Gesa Storm ermordet?«

»Kommen Sie doch rein, die Nachbarn müssen ja nicht alles hören.«

In ihren Augen schien es kurz aufzublitzen, als sie das sagte, und ein flüchtiges Lächeln huschte über ihr Gesicht.

Etwas stimmte hier nicht. Brandt war in Alarmbereitschaft. Nicht, dass Benz eine tödliche Überraschung für sie bereithielt.

41

Zoller saß auf der Terrasse einer Bäckerei in Flittard und nippte an seiner Cola. Das Gespräch mit Dr. Glück hatte großen Eindruck bei ihm hinterlassen, es beschäftigte ihn noch immer.

»Er hat recht«, sagte er und schämte sich für seinen Plan, Glück die Kette unterzuschieben.

Als der Arzt ihn bei seinem Einbruch erwischt hatte, hatte er das Schlimmste befürchtet, doch Glück hatte ihm nur die Hand zur Begrüßung hingestreckt, anstatt ihn anzugreifen, ihn auf die Terrasse gebeten, ihm eine Cola spendiert und sich mit ihm über Gesa unterhalten.

Sein schlechtes Gewissen war mit jeder Minute unerträglicher geworden, weil Glück so verdammt empathisch und verständnisvoll gewesen war. Seine strahlend blauen Augen hatten eine Magie, die sich Zoller nicht erklären konnte.

Jeder andere hätte dir einen Einlauf verpasst oder dich bei der Polizei angezeigt, aber er hat mir die Hand hingestreckt und mir zugehört. Keine Vorwürfe, stattdessen Worte des Mutes, der Hoffnung.

Glück hatte ihm sogar angeboten, dass er immer zu ihm kommen könne, falls er jemanden zum Reden brauche, um Gesas Tod besser verarbeiten zu können.

Es war seltsam. Bis zu diesem Augenblick hatte er geglaubt, dass er den Tod von Gesa leicht wegstecken würde, da er für gewöhnlich nur an sich dachte und gut damit gefahren war. Dass dieses Verhalten allerdings nur einen dicken Schutzpanzer aufgebaut hatte, hatte er nicht glauben wollen, aber dann war es einfach aus ihm herausgebrochen. Er gatte geweint, hemmungslos, wie ein Kind. Und was hatte Glück gemacht? Er hatte ihn in die Arme genommen und ihn weinen lassen. Er wusste nicht, wann er von seinem Vater je so in die Arme genommen worden war. Er konnte sich nicht daran erinnern. Sein Vater hatte ihn immer zu Höchstleistungen gepusht, damit er Fußballprofi wurde.

»Du Mistkerl«, wurde Zoller da aus seinen Gedanken gerissen.

Als er sich zu der Stimme drehte, sah er Mei. Sie hatte einen knallroten Kopf und steuerte direkt auf ihn zu. Die halbe Portion schien äußerst verärgert. Natürlich wusste er, warum, dabei hatten sie sich heute für 22 Uhr verabredet, um sich auszusprechen.

»Was hast du dir dabei gedacht, die Polizei zu belügen?«

»Entspann dich bitte und lass uns das in Ruhe bereden.«

»Was habe ich mit dir verlogener Ratte noch zu bereden? Ich habe dich durchschaut. Du möchtest von dir ablenken, aber nicht mit mir.«

»Das tut mir echt leid. Ich verstehe nicht, warum du so aggressiv reagierst, wir wollten uns doch heute Abend treffen. Und ja, du hast recht, es war mein Plan, für den ich mich richtig schäme. Ich werde noch heute die Polizei anrufen und ihnen erzählen, dass du mit Gesas Tod nichts zu tun hast. Ich kann mich nur bei dir entschuldigen.«

Mei war baff, mit so einer Reaktion hatte sie vermutlich nicht gerechnet. Vor dem Gespräch mit Glück hätte Zoller auch sicherlich anders reagiert, er hätte dagegengehalten und so lange auf sie eingeredet, bis sie klein beigegeben hätte. Aber Glück hatte etwas in ihm ausgelöst. Wie lange das anhalten würde, konnte er noch nicht sagen, doch ihm gefiel diese Seite seiner Persönlichkeit.

»Das ist das Mindeste, was du tun kannst«, antwortete sie, ihre Worte hatten deutlich an Schärfe verloren.

»Möchtest du was trinken?«

»Keine Zeit. Muss den Bus kriegen. Soll ich heute Abend zu dir kommen?«

»Nein, ich halte das für keine gute Idee. Was wir da machen, ist weder für dein noch für mein Karma gut. Wir müssen das beenden.«

»Karma? Was ist los mit dir?«

»Ich sehe endlich klar.«

»Was tust du? So kenne ich dich gar nicht. Hast du Fieber?«

»Nein, ich habe die Dinge nie klarer gesehen. Du solltest aufhören, mir nachzulaufen ...«

»Ich laufe dir bestimmt nicht nach«, reagierte sie schnippisch. »Dir tut die Sonne nicht gut.« Bevor Zoller etwas erwidern konnte, ging sie kopfschüttelnd weiter. »Der dreht komplett am Rad«, hörte er sie noch sagen.

Zoller war das egal, er wollte seinen Worten Taten folgen lassen, und er beabsichtigte, von Glücks Angebot Gebrauch zu machen und ihn in den nächsten Tagen aufzusuchen. Mittlerweile hatte er auch keine Angst mehr, dass die Polizei ihn verdächtigte.

»Haben Sie Gesa ermordet?«, hatte Glück ihn gefragt.

»Nein, wir hatten Streit, aber ich bin kein Mörder. Auch wenn ich ein Egoist und Arschloch bin, aber ich bin kein Mörder.«

»Dann machen Sie sich keine Sorgen. Herr Brandt und Herr Aydin sind sehr fähige Ermittler. Legen Sie Ihre Angst ab und gedenken Sie Gesa so, wie sie es verdient hat. Sie hat Sie sehr geliebt«, hatte Glück geantwortet.

Und genau das hatte er jetzt vor. Er würde den beiden Beamten keine Steine mehr in den Weg legen und kooperieren. Dass er zu Glück gegangen war, war ein vorteilhafter Umstand gewesen. Manchmal brachte das Negative eben auch etwas Positives hervor.

Zoller leerte die Flasche, blieb noch eine Weile sitzen, genoss die Sonne, sortierte dabei seine Gedanken und beschloss irgendwann, nach Hause zu gehen.

Als er die Terrasse verließ, blieb er plötzlich stehen. Auf der anderen Straßenseite waren Gesas Eltern.

»Wenn nicht jetzt, wann dann?«, sagte er zu sich, noch beflügelt von dem Gespräch mit Glück.

Er musste einen Moment warten, bis er eine Lücke im Verkehr fand, doch endlich konnte er rüberlaufen und holte die beiden ein.

»Hallo«, machte er sich bemerkbar, als er auf gleicher Höhe wie der Vater war. Die Mutter ging einen Meter vor ihrem Mann.

»Hallo, Lars«, antwortete der Vater.

»Verzeihen Sie, dass ich mich jetzt erst melde. Es tut mir sehr leid, dass Gesa gestorben ist«, stammelte er.

»Danke …« Mehr brachte der Vater nicht heraus, weil die Mutter Storm zur Seite schob.

»Dir tut es leid, dass Gesa gestorben ist? Du verlogener Bastard. Du hast meine Tochter ermordet, und wenn du etwas Männlichkeit in dir hättest, würdest du zur Polizei gehen und dich stellen«, rief die Mutter hysterisch und schubste Zoller weg. Dieser hatte das nicht kommen sehen, er stolperte und knallte mit dem Kopf voran auf den Bordstein.

Sofort wurde ihm schwarz vor Augen und er spürte ein Brennen. Es dauerte einen Moment, bis die Benommenheit wich und er langsam auf die Beine kam. Die Eltern waren nicht mehr zu sehen.

Zoller fühlte sich leicht schwindelig, er betastete seinen Kopf, wo der Schmerz am größten war. Als er seine rechte Hand anschaute, sah er Blut.

»Mist«, fluchte er. Der Schwindel nahm indes immer mehr ab, sodass er nicht davon ausging, dass er größere Verletzungen hatte. Er nahm sein Handy, öffnete die Kameraapp und machte ein Foto von der Wunde. »Nicht schlimm, nur eine Platzwunde.«

Er schaute sich erneut um, konnte die Eltern aber nirgends ausmachen.

»Ich habe alles gesehen«, sprach ihn ein Junge an, der höchstens vierzehn war. »Die Alte war ja wie eine Furie.«

»Weißt du, wo sie hin sind?«

»Keine Ahnung, der Mann hat sie weggezerrt. Wenn du einen Zeugen für die Bullen brauchst, kannst du meinen Namen angeben. Schade, dass ich es nicht gefilmt habe.«

»Nein, alles okay. Ich kenne die Frau. Ist nur eine Platzwunde.«

»Sicher? Sieht nicht gut aus. Schien mir nicht so, als würdet ihr euch kennen.«

»Doch, wir kennen uns. Vergiss das Ganze.« Zoller entfernte sich, er würde nach Hause gehen, um die Wunde zu versorgen. Er fischte ein Taschentuch aus der Hosentasche und presste es auf den Kopf, es wollte nicht aufhören zu bluten.

Als er an seinem Wohnblock ankam, hatte er schon mehrere Taschentücher verbraucht, um die Blutung zu stillen.

»Was ist denn mit dir passiert?«, sprach ihn Pawlowski an, der gerade aus der Haustür trat.

»Beim Joggen unglücklich gestürzt.«

»Das sieht nicht gut aus. Du musst das unbedingt ordentlich und sauber verbinden.«

»Ich müsste noch irgendwo Verbandsmaterial haben.«

»Irgendwo?« Pawlowski schaute ihn verwundert an.

»Sicher bin ich nicht, keine Ahnung, wann ich das letzte Mal Verbandszeug benutzt habe …«

»Komm, ich habe genug. Ich verbinde deine Wunde.«

»Ich möchte dir keine Mühe machen.«

»Tust du nicht. Mach ich gerne.«

Zoller folgte ihm. Es fühlte sich komisch an, er war das erste Mal in der Wohnung seines Nachbarn, während dieser schon häufig bei ihm gewesen war. Eine Art Schamgefühl überkam ihn, das er so noch nie empfunden hatte.

»Du brauchst die Schuhe nicht auszuziehen«, sagte Pawlowski, als sie den Flur betraten.

»Danke.« Pawlowskis Wohnung machte den Eindruck, als wäre sie vor dreißig Jahren eingerichtet und seitdem nicht mehr angefasst worden. Soviel er wusste, war Pawlowski Rentner. Was er gearbeitet hatte, wusste er nicht, es hatte ihn auch nie ernsthaft interessiert und Pawlowski hatte nicht viel über sein Privatleben verraten. Nur dass er wie Zoller begeisterter Fußballer und als Jugendlicher sehr talentiert gewesen sei. Er habe in einer hohen Liga gespielt, aber zum Profi habe es nicht gereicht. Seit seiner Kindheit war Pawlowski wie er FC-Fan. An der Wand im Wohnzimmer hingen einige Utensilien aus dem Fanshop, darunter eine Flagge, ein Schal und ein Trikot mit Autogrammen.

»Mein ganzer Stolz. Das ist das Meistertrikot von 1978. Da haben wir das Double gewonnen. Wenn du dich nicht verletzt hättest, würden wir sicherlich wieder oben mitspielen.«

Zoller nickte nur. Es tat gut zu hören, dass Pawlowski viel von ihm hielt, doch leider würde das für immer Wunschdenken bleiben, er würde niemals Profi sein.

»Nimm auf der Couch Platz, ich hole das Verbandszeug. Wie ich sehe, blutet die Wunde nicht mehr. Ist zum Glück nichts Schlimmes.«

»Glaube ich auch. Danke.«

Pawlowski nickte und verschwand. Zoller ließ seinen Blick durch das Wohnzimmer wandern. Die Einrichtung war eindeutig nicht sein Geschmack. Private Fotos von Pawlowski oder seiner Familie entdeckte er nicht, vermutlich hatte er immer alleine gelebt.

Pawlowski kehrte mit Verbandszeug, Salbe, Pflaster und einer Flasche mit Flüssigkeit zurück.

»Ich muss die Wunde desinfizieren, bevor ich Salbe drauf mache und den Verband anbringe.«

»Ist okay.«

Bei der Flüssigkeit konnte es sich nur um irgendeine Alkohollösung handeln, sie brannte wie verrückt.

Pawlowski säuberte die Wunde, tupfte etwas Wundsalbe darauf und verband ihm den Kopf.

»Das macht einen sehr professionellen Eindruck«, sagte Zoller, als Pawlowski fertig war. Er wurde den Eindruck nicht los, dass sein Nachbar schon öfter Wunden versorgt hatte.

»Ist es auch. Ich habe lange in der Klinik gearbeitet.«

»In einer Klinik?«

»Ja, ich habe im Heilig-Geist-Krankenhaus gearbeitet, bevor ich vor einigen Jahren in Rente gegangen bin.«

»Interessant. Vielen Dank noch mal.«

»Nicht zu danken. Komm morgen noch mal vorbei, damit ich nach der Wunde sehen kann.«

»Mach ich.« Zoller stand auf und reichte Pawlowski die Hand zum Abschied.

»Ich bring schnell das Zeug ins Badezimmer. Warte kurz.«

»Passt schon, ich finde alleine raus.«

»Gut.«

Pawlowski verschwand im Bad, während Zoller zur Wohnungstür ging. Über der Kommode im Flur hing ein Spiegel. Zoller schaute sich rasch den Verband an. Sein Eindruck hatte ihn nicht getäuscht, der Verband sah sehr gut aus.

»Kein Wunder, wenn er in einer Klinik gearbeitet hat«, dachte Zoller laut und beschloss, Pawlowski morgen eine Flasche Wein als Dankeschön zu bringen.

Im Hinausgehen streifte sein Blick die Kommode und blieb an einem Gegenstand hängen, der dort in einer kleinen Schale lag.

42

Etwas stimmte mit Klara Benz nicht. Sie hatte die beiden Beamten in ihr Wohnzimmer gebeten und wirkte wie die Ruhe selbst.

»Wieso haben Sie eben gesagt, dass es so lange gedauert hätte, bis wir zu Ihnen kommen?«, fragte Brandt. Er wollte nicht gleich mit den harten Fragen kommen, er wollte schauen, wie sie reagierte. Wenn sie Glück hatten, würde sie vielleicht ein Geständnis ablegen.

»Das ist doch eindeutig. Die Mutter von Gesa hasst mich und sicherlich wird sie Ihnen bereits gesteckt haben, dass nur ich als Täterin infrage komme. Sie werden die Mutter doch befragt haben, oder?« Sie schaute die Beamten skeptisch an.

Brandts kurze Hoffnung, dass sie ein Geständnis ablegen würde, hatte sich in Luft aufgelöst.

»Und Sie glauben, weil Frau Storm Sie verdächtigt, kommen wir und verhaften Sie?«

»Das nicht, aber ich gehe davon aus, dass Sie mir unangenehme Fragen stellen werden. Ich will Sie nicht anlügen.«

»Dann erzählen Sie uns die Wahrheit.« Brandt war gespannt, was kommen würde.

»Gut.« Sie nickte, holte Luft und atmete hörbar aus. Ihre Augenlider senkten sich und sie wirkte gleichsam entrückt, als würde sie tief in ihre Gedankenwelt abtauchen, dann antwortete sie: »Ich habe sie gehasst. Sie hat mein Kind ermordet. Der Hass in mir war eine nie versiegende Quelle …« Sie unterbrach sich, in ihren Augen schien es zu funkeln und sie befeuchtete ihre Lippen. »Ich wollte, dass sie spürt, welches Leid sie mir angetan hat. Daher habe ich sie beobachtet, war vor ihrem Haus, habe ihr nachgestellt. Sie sollte nie Ruhe finden. Sie können sich nicht vorstellen, wie sehr ich sie gehasst habe.« Wieder hielt sie inne, diesmal wurden ihre Augen feucht. »Sie hat mir mein Baby genommen, wie kann eine Mutter da nicht hassen?«

Erste Tränen liefen ihr übers Gesicht, sie wischte sie mit der Hand weg. Weder Brandt noch Aydin sagten etwas, Benz sollte Zeit haben, auszupacken. Der Ausgang des Gesprächs war völlig offen.

»Sie glauben nicht, wie lange ich überlegt habe, wie ich sie töten kann. Ich war besessen von dem Gedanken, aber es bot sich keine Gelegenheit, sie hat sich in ihrer Wohnung verschanzt, angeblich hatte sie Depressionen, was mir ihr Ehemann, diese Flasche, erzählt hat. Es war ein sehr schwacher Trost für mich. Manchmal habe ich mich für meinen unbändigen Hass geschämt, überlegt, ob es nicht besser wäre, nach vorn zu schauen. Der Tod dieser Mörderin hätte mir mein kleines Kind nicht zurückgebracht. Zudem hat mich mein Hass einsam gemacht. Mein Mann hat sich von mir getrennt, meine Familie ist auf Abstand gegangen, aber ich konnte nicht anders. Ich bin mit dem Gedanken, sie zu töten, aufgestanden und mit demselben Gedanken ins Bett gegangen.«

Benz atmete tief durch die Nase ein und durch den Mund aus. Ihr Blick wirkte verloren, sie schaute ins Leere. »Und dann ist es passiert.«

Sie sah zu Brandt, sie starrte ihn regelrecht an, sagte aber nichts. Sie wirkte wie eingefroren.

»Was ist passiert?« Brandt wurde nervös, war das vielleicht das Geständnis?

Benz sah ihn noch immer unverwandt an, zu keiner Reaktion fähig.

»Was ist passiert?«, wiederholte Brandt. Die Luft knisterte vor Spannung, er wollte, dass sie endlich gestand, Gesa ermordet zu haben.

»Gesas Tod«, sagte sie dann.

Das konnte alles und nichts bedeuten. Aydin warf Brandt einen kurzen Blick zu, er wirkte irritiert und eine Frage schien ihm auf der Zunge zu brennen, aber Brandt gab ihm zu verstehen, dass sie abwarten sollten, was Benz noch von sich geben würde, und sein junger Kollege schien zu begreifen.

»Ich habe in der Zeitung davon gelesen. Als eine Freundin mir bestätigte, dass es Gesa war, empfand ich ein Glücksgefühl, das ich bisher so nicht kannte. Ich lachte, aber ich weinte auch. Endlich wurde der Gerechtigkeit Genüge getan und die Hexe bekam ihre wohlverdiente Strafe. Doch etwas geschah mit mir. Bereits einen Tag später, als ich einen ausführlichen Artikel im Express gelesen hatte und mir wirklich klar wurde, dass jemand Gesa den Kopf abgeschnitten hat, widerte mich meine Einstellung an. Es war nicht Gesa, die mein Kind getötet hat. Wie konnte gerade ich als Krankenschwester mich an diesem barbarischen Mord erfreuen?« Sie schüttelte den Kopf. »Das war nicht richtig. Gesa hatte mit meinem Krieg nichts zu tun. Vor Kurzem noch hätte ich gewünscht, dass sie tot ist, damit die Mutter meinen Schmerz spürt, ja, ich hätte mir sogar gewünscht, dass ich sie töte, aber nun nicht mehr. Ich möchte mich nicht mehr quälen. Gesa ist tot, doch auch das wird mir mein Kind nicht zurückbringen.«

Benz wischte sich die Tränen vom Gesicht. Aydin schaute zu Brandt, dieser gab ihr ein paar Sekunden, um sich zu beruhigen.

»Wo waren Sie zwischen dem 17. Juni um 15 Uhr und dem 18. Juni um 16 Uhr?« Brandt glaubte ihr und wollte ihr keine weiteren Fragen zu dem Thema stellen. Natürlich war es denkbar, dass sie sich das Ganze nur ausgedacht hatte, aber so schätzte er sie nicht ein.

»Ich hatte Donnerstag Schicht bis 23 Uhr und am nächsten Tag wieder ab 14 Uhr. Es ist nur verständlich, dass Sie mich verdächtigen. Sie können das gerne überprüfen.«

Aydin fragte nach den Kontaktdaten der Klinik und notierte sie.

»Danke für Ihre Zeit«, sagte Brandt. Sie verabschiedeten sich von der Frau.

»Wenn Sie Frau Storm sehen sollten, sagen Sie ihr bitte, dass mir ihr Verlust sehr leidtut und ich nicht mehr gedenke, mich in ihr Leben einzumischen.«

Brandt ging darauf nicht ein, er verließ mit Aydin die Wohnung und sie gingen zurück zu ihrem Dienstwagen.

»Wäre auch zu schön gewesen«, sagte Aydin, als sie im Auto saßen.

»Was?«

»Na, dass sie die Tat gesteht. Hätte perfekt gepasst. Ein Einfamilienhaus, dann noch Krankenschwester …«

»Die Suche nach Mördern ist selten einfach. Immerhin hat Gesas Tod offensichtlich etwas in ihr ausgelöst, wodurch sie ihren Hass überwinden kann.«

»Es wäre ihr zu gönnen. Sie ist jung, und so hart der Verlust auch ist, das Leben muss ja weitergehen.«

»Da hast du recht. Wir sollten Zoller noch mal einen Besuch abstatten, ihn etwas härter anpacken. Egal wie wir es drehen, es gibt keinen Beleg dafür, dass Gesa erneut die Wohnung verlassen hat.«

»Stimmt. Aber Fischer hat noch nicht alle Daten vorliegen, und ich frage mich, wo Zoller sie geköpft hat. In seiner Wohnung kann ich es mir schwer vorstellen. Vor allem hätte doch auch ein Nachbar das Geschrei gehört.«

»Deswegen sollten wir ihn etwas härter anpacken.« Brandt war insgeheim fast verzweifelt, weil Aydins Einwände berechtigt waren. Einer Person den Kopf abzuschneiden, war kein leichtes Unterfangen und eine Mietwohnung ein denkbar schlechter Ort dafür. Da sie aber den Torso nicht hatten, war nicht klar, ob der Täter Gesa nicht getötet hatte, bevor er ihr den Kopf abtrennte. Die Rechtsmedizin ging von dieser These aus. Wenn sie nur endlich den Torso finden würden, dann wäre die Wahrscheinlichkeit größer, mehr Spuren zu finden, die sie zu dem Täter führten.

»Ich ruf mal das Krankenhaus an, dann haben wir Gewissheit, ob Benz die Wahrheit sagt.«

»Mach das.«

Aydin wählte die Nummer, die Benz ihnen genannt hatte. Das Gespräch dauerte keine zwei Minuten und brachte die Bestätigung, dass die Frau zu der von ihr angegebenen Zeit Schicht gehabt hatte. »Klara Benz können wir also abhaken.«

Brandt nickte nur und drückte aufs Gaspedal.

Bald waren sie bei Zoller, doch er machte nicht auf.

»Ausgeflogen.«

»Um diese Zeit?« Brandt gefiel es nicht, dass Zoller sein Leben so weiterführte, als wäre seine Freundin nicht ermordet worden.

»Soll ich ihn anrufen?«

»Schau mal in sein Instagramprofil. Vielleicht hat er was gepostet.«

»Gut.« Aydin fischte sein Handy aus der Hosentasche und öffnete die Instagram-App.

»Hallo, Sie wollten aber nicht zu mir, oder?«, sprach sie Ulbrich an, der unbemerkt an sie herangetreten war. In der Hand hielt er eine Tüte.

»Nein, wir wollten zu Lars Zoller.«

»Ist er nicht da?«

»Keine Ahnung, er macht jedenfalls nicht auf.«

»Dann ist er bestimmt noch bei Pawlowski.«

»Wie kommen Sie darauf?«

»Als ich vorhin zum Einkaufen raus bin, habe ich gesehen, wie Lars zu ihm in die Wohnung rein ist. Er hat sich den Kopf gehalten, glaube, er hatte eine Kopfverletzung und

Pawlowski war doch Krankenpfleger, bevor er in Rente ist. Jede Wette, dass er wieder bei Lars geschleimt und ihm die Wunde verbunden hat.«

Brandt horchte auf. »Danke.«

»Sie brauchen mich nicht, oder?«

»Nein, wir versuchen bei Herrn Pawlowski unser Glück. Sicherlich haben Sie nichts dagegen, wenn wir Sie in den Flur begleiten.«

»Ganz und gar nicht.« Ulbrich lächelte, öffnete die Tür und die beiden Beamten traten ein. Während Ulbrich auf den Fahrstuhl wartete, nahmen die Polizisten die Treppe.

Aydin klopfte an die Tür, doch niemand reagierte.

»Beide unterwegs?«

»Kann ich mir schwer vorstellen. Möglicherweise hat Zoller nur keine Lust, uns zu öffnen«, entgegnete Brandt.

»Und Pawlowski?«

»Der kann rausgegangen sein, nachdem er die Wunde versorgt hat. Ist doch schönes Wetter.« Trotzdem klopfte auch er noch einmal an. Als nichts passierte, sagte er: »Komm, lass uns bei Zoller klopfen, so schnell geben wir uns nicht geschlagen.«

Sie traten an Zollers Wohnungstür und Brandt klopfte laut dagegen. Keine Reaktion, auch nicht beim nächsten Versuch.

»Schau mal, ob er auf Insta was gepostet hat.«

»Er hat doch eben schon nichts gepostet.«

»Tu es einfach.« Immerhin waren seitdem einige Minuten vergangen, die Instagramwelt war schnelllebig.

Aydin zog sein Handy heraus und öffnete das Instagramprofil von Zoller, aber er hatte nichts gepostet. »Soll ich ihn anrufen?«

»Mach das bitte.«

Aydin wählte Zollers Nummer. Ein Freizeichen, Zoller nahm nicht ab. Er ließ es weiter klingeln.

»Verdammt«, rutschte es Brandt heraus, er fühlte sich vorgeführt. »Der ist bestimmt in seiner Wohnung.«

»Das glaube ich nicht.«

»Warum?«

Aydin presste sein Ohr an die Wohnungstür. »Man würde das Klingeln hören.«

»Und wenn er das Handy auf lautlos hat, Mr. Neunmalklug?« Kurz überlegte Brandt, ob er sich gewaltsam Zutritt zur Wohnung verschaffen sollte, weil er sein Spezialwerkzeug dabei hatte, aber dass das keine gute Idee war, war ihm im selben Augenblick bewusst.

»Lass uns gehen, bringt ja nichts. Der spielt mit uns. Sobald wir ihn zu fassen kriegen, laden wir ihn ins Präsidium vor.«

»Gut, ich ruf ihn weiter an. Vielleicht geht er ja doch noch entnervt ans Handy.«

»Mach das.« Brandt glaubte es zwar nicht, aber was konnte es schaden?

Auf dem Weg zur Treppe kamen sie an Pawlowskis Wohnung vorbei, Aydin ging einen Schritt hinter Brandt. Plötzlich blieb er stehen.

»Was war das?«, rief Aydin.

»Was?«

»Das Klingeln.«

Brandt kam zu ihm. »Das ist ein Handy.«

»Genau. Das kommt doch aus Pawlowski Wohnung.«

Beide traten an die Wohnungstür, da hörten sie es wieder. »Ist das der Klingelton von Zoller?«

»Werden wir gleich haben.« Aydin beendete den Anruf und das Klingeln erstarb, dann rief er Zoller erneut an und sie hörten den Klingelton.

»Das ist Zollers Handy. Was macht es bei Pawlowski?«, sagte Brandt und hämmerte gegen die Wohnungstür des Nachbarn, aber der reagierte nicht. Nun gab es für Brandt keinen Zweifel mehr, er nahm sein Spezialwerkzeug und gab Aydin ein kurzes Zeichen, der sofort verstand und seine Waffe zückte.

Rasch hatte Brandt die Tür geöffnet und griff ebenfalls nach seiner Waffe, entsicherte sie und beide betraten den Flur. Der Klingelton war nun nicht mehr zu überhören.

Aydin folgte dem Ton und zog hinter einem Schirmständer, in dem zwei Regenschirme steckten, Zollers Handy hervor. »Was geht hier vor sich?«, fragte Aydin irritiert.

»Keine Ahnung. Was, wenn Pawlowski unser Mann ist?«

»Aber wo ist Zoller?«

Brandt musterte den Boden. Er sah Blut, das ließ nur eine Schlussfolgerung zu. »Stell dir mal vor, Zoller hat herausgefunden, dass Pawlowski seine Partnerin ermordet hat, worauf es zum Streit kam. Komm, wir schauen uns in der Wohnung um.« Wachsam nahmen sie sich ein Zimmer nach dem anderen vor.

»Was ist das?«, fragte Aydin irritiert, als sie das zweite Zimmer betraten. An der Wand hingen unzählige Bilder von Lars Zoller.

»Ein durchgeknallter Fan und Nachbar«, antwortete Brandt, er befürchtete das Schlimmste.

Von Zoller fehlte jede Spur. Vermutlich hatte Pawlowski das Handy gar nicht bemerkt und es nicht vernichtet, weil es im Streit oder im Kampf in den Schirmständer gefallen war. Pawlowskis Pech, ihr Glück!

»Soll ich eine öffentliche Fahndung …«

»Nein, Fischer soll das Handy von Pawlowski orten. Danach rufen wir Bender an, wegen der öffentlichen Fahndung.«

Aydin nickte, steckte die Waffe zurück in das Gürtelholster und fischte sein Handy aus der Hosentasche.

»Verzeihen Sie«, hörte Brandt eine Stimme. Als er sich umdrehte, sah er Ulbrich im Flur stehen.

»Was machen Sie hier?«, wurde Brandt laut.

»Ich habe nur die offene Tür gesehen und Sie, ich wollte nicht gaffen«, entschuldigte sich Ulbrich. »Ich war auf dem Weg nach draußen.«

»Wissen Sie, ob Herr Pawlowski noch eine zweite Anschrift hat?« Irgendwohin musste der Nachbar Zoller ja gebracht haben. Er konnte sich schwer vorstellen, dass er ihn in seiner Wohnung getötet hatte.

»Eine zweite Anschrift? Nicht, dass ich wüsste.«

»Mist«, platzte Brandt heraus.

»Ich rufe Fischer an«, sagte Aydin und entfernte sich.

»Glauben Sie, Pawlowski hat Lars ermordet?«

»Ich weiß es nicht. Sie sollten nicht hier sein, wenn Sie uns nicht sagen können, wo sich Pawlowski aufhalten könnte.«

»Vielleicht weiß ich es doch.«

»Was zögern Sie dann, wo ist er?« Brandts Stimme war laut und aggressiv, die unbekümmerte Art von Ulbrich nervte ungemein. Er wirkte, als wäre nichts Dramatisches geschehen.

»In seinem Gartenhäuschen. Da geht er gerne hin. Er ist Mitglied in so einem Kleingärtnerverein.«

»Wo?«

Ulbrich nannte ihm die Anschrift.

43

Zoller fühlte sich benebelt, gleichzeitig durchzog ein Schmerz seinen Körper. Etwas brannte. Es war die Wunde, die Pawlowski ihm mit dem Messer zugefügt hatte.

Als er die Kette von Gesa in der kleinen Schale gesehen hatte, war er kurz zu keiner Regung fähig gewesen. Als er sich beruhigt hatte, hatte er die Kette herausgenommen und im selben Moment gespürt, wie etwas Scharfes in seinen Körper eindrang. Er hatte sich reflexartig umgedreht und Pawlowski weggeschubst.

Danach war es zu einem Kampf gekommen, an das meiste davon konnte er sich nicht mehr erinnern. Nur, dass ihm immer schwindeliger geworden war und er plötzlich zu Boden stürzte. Sicherlich hatte er dabei das Bewusstsein verloren. Was anschließend geschehen war, wusste er nicht.

Jetzt saß er gefesselt auf einem Stuhl und kam langsam wieder zu sich, der Nebel lichtete sich, aber die Schmerzen blieben. Nein, sie wurden intensiver. Er tastete nach der Stelle, wo es am meisten schmerzte, und spürte einen Verband.

Der Freak hat die Wunde versorgt, schloss er angewidert und schaute an sich herunter. Ein großer weißer Verband klebte an seiner linken Seite, darum herum war er mit Mullbinden verbunden. *Ich muss hier weg, bevor der Psycho mich tötet.* Zoller versuchte die Fesseln zu lösen, es gelang ihm jedoch nicht.

»*Mist*«, wollte er fluchen, aber auch das konnte er nicht. Er wollte schreien, doch ein fetter Knebel in seinem Mund schluckte jeden Laut.

Ich will nicht sterben. Erst recht nicht so, dachte er ängstlich.

Er spürte, wie sich Panik in ihm breitmachte. Das Letzte, was er jetzt gebrauchen konnte, war eine Panikattacke, aber die Vorahnung wurde immer stärker.

Seine Stirn begann zu glühen, seine Handflächen wurden nass, der Knebel in seinem Mund schien anzuschwellen und ein erdrückendes Gefühl umfing ihn. Die Wände wurden lebendig, zu Wandsoldaten, sie lachten ihn aus und hielten Speere in ihren dünnen Händen. Sie kamen immer näher.

»Wer hilft dir jetzt?«, glaubte er zu hören, wie sie ihn verhöhnten.

Zoller konnte nichts sagen. Trotz der aufkommenden Panikattacke versuchte er sich noch immer krampfhaft von den Fesseln zu lösen, nur wollte es nicht gelingen.

Atemübung!

Das war die einzige Möglichkeit, weglaufen konnte er nicht.

Er atmete langsam durch die Nase ein, hielt die Luft an und atmete langsam aus, immer wieder. Die Wandsoldaten schien das nicht zu beeindrucken, sie kamen näher, aber Zoller versuchte sich nicht aus der Fassung bringen zu lassen, sich nur auf seinen Atem zu konzentrieren.

Stetig langsam durch die Nase einatmen, kurz den Atem anhalten und durch die Nase ausatmen. Es half!

Zoller beruhigte sich. Das Schwitzen ließ nach, auch das Feuer in seinem Körper und das Gefühl der Enge. Die Wandsoldaten verschwanden, zurück blieben die schlichten Wände.

Die Tür öffnete sich und Bruno Pawlowski trat ein. Zoller wackelte wie verrückt an seinem Stuhl, versuchte zu brüllen, aber der Knebel verschluckte seine wütende Angst.

»Beruhig dich«, sagte Pawlowski, er wirkte entspannt. »So wird das mit uns beiden nichts.«

Zoller fühlte sich verhöhnt, doch er war machtlos. Er musste ruhig bleiben, dann würde es ihm vielleicht gelingen,

Pawlowski dazu zu bewegen, den Knebel zu lösen. Anschließend könnte er versuchen, den durchgeknallten Nachbarn mit seinem Charme vor einer Dummheit zu bewahren.

»Sehr gut. Schön, dass du auf mich hörst.« Pawlowski machte einen Schritt auf ihn zu. »Ich wollte das hier nicht, ich hoffe, du glaubst mir. Ich mochte dich wirklich, Lars, und ich konnte mein Glück kaum fassen, als du in meinen Wohnblock gezogen bist. Ich habe dich schon bewundert, bevor du mich überhaupt kanntest. Du hast mich an meine Jugend erinnert. Ich war damals auch talentiert, nur waren die Talentscouts zu meiner Zeit nicht so ausgebildet wie heute, sie haben mein Talent nicht erkannt. Diese Idioten.« Pawlowski hielt inne.

»Warum musstest du diese verdammte Kette finden? Warum?« Seine Stimme wurde lauter. »Ich hatte das Gefühl, dass wir gerade erst anfingen, uns zu verstehen. Ohne Gesa und die anderen Frauen. Nur ich war für dich da. Nur ich habe gesehen, wie du wirklich bist. Verdammt, warum hast du die Kette gefunden?« Er atmete schwer und stierte Zoller an.

»Es tut mir wirklich leid, dass ich dich fesseln musste. Ich wünschte, das hier wäre nicht geschehen. Aber du weißt, dass es deine Schuld ist. Du hast die Kette …« Pawlowski unterbrach sich. »Ich weiß, was du denkst. Warum hat er die Kette bloß aufgehoben, richtig? Also willst du nicht alle Schuld auf dich nehmen?« Pawlowski holte Luft, dann setzte er wieder an. »Ich verstehe dich. Vermutlich wäre das auch mein Gedanke. Aber ich kann dir keine Antwort darauf geben, ich musste die Kette einfach behalten. Vielleicht war es nicht klug, dass ich sie in die Schale gelegt habe. Ehrlich gesagt, habe ich sie da vergessen und nicht mehr daran gedacht. Der Jüngste bin ich schließlich nicht mehr. Und ich habe auch nicht daran gedacht, dass du mich je besuchen und deine Nase in Dinge stecken würdest, die dich nichts angehen. Du müsstest mir dankbar sein, dass ich dich von diesem Miststück befreit habe. Sie war nicht gut zu dir, wie auch die anderen Frauen nicht gut zu dir waren. Es sollten doch nur wir beide sein.«

Pawlowskis Atem wurde immer schneller, seine Augen stachen geradezu hervor, er schien vollkommen unzurechnungsfähig. Zoller hatte keine Idee, wie er ihn dazu bekommen sollte, ihm den Knebel abzunehmen, aber er musste irgendetwas tun, anderenfalls wäre er gleich ein toter Mann. Warum sonst hatte dieser Psycho ihn gefesselt?

Zoller versuchte, mit den Händen zu verstehen zu geben, dass er den Knebel loswerden wollte.

»Was möchtest du?« Immerhin schien Pawlowski zu kapieren, dass Zoller eine Bitte hatte.

»Knl«, presste Zoller hervor, dabei wies er, so gut es ging, mit dem rechten Zeigefinger nach oben.

Pawlowski nickte, dann lachte er. »Der Knebel stört?«
Zoller nickte.

»Es tut mir sehr leid, das kann ich nicht machen. Du weißt, dass ich Gesa getötet habe, töten musste. Es bricht mir das Herz, aber ich kann dich nicht am Leben lassen. Ich weiß nur nicht, ob ich dich bloß töten werde …« Pawlowski unterbrach sich, trat an die Kühltruhe und öffnete sie. »Gesa ist dir näher, als du glaubst.« Dann holte er ein Messer aus der Truhe.

Panik machte sich in Zoller breit, weil er wusste, was das bedeutete. Der Wahnsinnige würde ihn gleich töten.

»Es tut mir wirklich sehr leid.« Pawlowski griff erneut in die Truhe und hielt nun auch noch eine Säge in der Hand. »Ich verspreche dir, dass ich deinen Kopf nicht in einen Abfallbehälter werfen werde, dafür bedeutest du mir zu viel. Gesa war Müll, deswegen. Ich kann es nicht versprechen, aber vielleicht schaffe ich es, deinen Kopf zu konservieren.«

Zoller rüttelte noch heftiger am Stuhl und kippte damit um. Der Gedanke, dass dieser Psycho ihm gleich den Kopf vom Körper abtrennen würde, ließ ihn komplett durchdrehen.

»Wieso sträubst du dich so dagegen? Wenn es mir gelingt, deinen Kopf zu konservieren, wirst du immer bei mir sein.«

Pawlowski machte einen Schritt auf Zoller zu und hob den Stuhl auf, dann griff er seinen Kopf. Zoller versuchte sich zu wehren, aber als er das kalte Metall an seinem Hals spürte, erstarrte er und war zu keiner Regung mehr fähig.

44

»Pawlowski hatte ich überhaupt nicht auf dem Schirm«, sagte Aydin, während Brandt sein Dienstfahrzeug über die Autobahn Richtung Vingst lenkte.

»Nicht nur du.«

»Macht irgendwie keinen Sinn …«

»Wieso? Hast du das Zimmer mit den Bildern von Zoller vergessen? Und überhaupt, seit wann handeln Psychopathen sinnvoll?«

»So meinte ich das nicht. Aber auf mich wirkte er nicht wie jemand, der als Täter infrage käme. Da war die Mutter des toten Kindes schon verdächtiger.«

Brandt verstand, worauf Aydin hinauswollte.

»Hoffentlich hat er Zoller noch nicht getötet«, fügte Aydin sorgenvoll hinzu.

»Hoffentlich ist er in seinem Gartenhäuschen.« Brandt wollte sich die Situation gar nicht ausmalen, wenn sie Pawlowski dort nicht finden würden.

Fischer war schon dabei, Pawlowskis Handy zu orten, Bender hatten sie noch nicht wegen der öffentlichen Fahndung angerufen. Sie wollten sich erst selbst in der Kleingartenkolonie umschauen. Sie hatten Fischer nur gebeten, die Kollegen von der Streife zu informieren, falls Pawlowski ihnen über den Weg liefe.

Nach einer Weile hatten sie die Kolonie erreicht, Brandt parkte.

»Sollen wir erst nach seinem Auto schauen?«, fragte Aydin.

Ulbrich hatte ihnen verraten, dass Pawlowski einen

alten Ford Focus Kombi fuhr, doch wie Brandt bereits vermutet hatte, fanden sie ihn nicht auf dem öffentlichen Parkplatz.

Das Gelände war groß, größer als Brandt angenommen hatte, und es gab einige asphaltierte Straßen. Welche davon zur Hütte von Bruno Pawlowski führte, wussten sie nicht.

»Wir sollten uns im Vereinshaus erkundigen«, schlug er Aydin daher vor. Das Gebäude war nicht zu übersehen.

Als sie vor der Tür standen, kam die Ernüchterung. Es war geschlossen.

»Müssen wir uns also durchfragen«, sagte Aydin. »Das Wetter ist super, kann mir schwer vorstellen, dass niemand in der Anlage ist.«

»Ich auch nicht.« Brandt ging schnellen Schritts voraus, Aydin schloss auf.

Die erste Person, die ihnen über den Weg lief, sprachen sie an.

»Bruno Pawlowski? Der Name sagt mir leider nichts«, sagte der junge Mann und ging weiter.

Brandt sprach die nächste Person an.

»Tut mir leid, aber ich kenne hier noch niemanden. Ich habe das große Glück gehabt, dass ich vor einem Monat ein Gartenhäuschen bekommen habe. Die Warteliste ist sehr lang.«

Brandt hörte gar nicht zu Ende zu und lief weiter. Angespannt prüfte er die Umgebung, immerhin bestand die Möglichkeit, dass er Pawlowskis Auto sah.

Eine ältere Frau kam ihnen entgegen und diesmal sprach Aydin sie an.

»Den guten Bruno? Natürlich kenne ich ihn. Was wollen Sie von ihm?« Sie wirkte reserviert und zeigte damit, dass sie Pawlowski mochte.

»Wir sind von der Kölner Kriminalpolizei und müssen unbedingt mit ihm sprechen.«

»Mit Bruno? Was hat er denn mit der Polizei zu schaffen? Er ist doch ein durch und durch anständiger Mann.«

»Sagen Sie uns nur, welche seine Hütte ist.«

»So nicht, junger Mann«, reagierte sie scharf und warf Brandt einen strengen Blick zu. »Können Sie sich überhaupt ausweisen?«

Brandt war jetzt schon genervt, zeigte aber trotzdem seinen Ausweis, sie hatten ja keine andere Wahl. Die Frau schaute sich den Ausweis sehr genau an.

»Sagen Sie uns endlich, welche Hütte die von Pawlowski ist«, ermahnte Brandt die Frau, seine Geduld nicht auf die Probe zu stellen.

»Nicht so hektisch, ich bin doch kein Sprinter. Immer diese Hetze. Auf die eine Minute kommt es bestimmt nicht an. Ich bin mir sicher, dass das Ganze ein Missverständnis ist. Folgen Sie mir bitte, ich bringe Sie zu ihm.«

»Nein, das tun Sie nicht. Sagen Sie uns nur, wo sein Gartenhaus steht«, entgegnete Brandt einen Tick schärfer als beabsichtigt. Die ältere Frau zuckte kurz zusammen. Sie konnte nicht wissen, dass Brandt es nur gut meinte, da sie nicht wussten, ob Pawlowski bewaffnet war oder nicht.

»Man kann das auch anständig sagen«, konnte sich die Frau einen Kommentar nicht verkneifen, nannte den beiden Beamten aber die Stelle, wo das Häuschen stand.

Brandt und Aydin rannten los.

»Sein Auto«, sagte Aydin.

Das Gartenhaus von Pawlowski gehörte zu den wenigen, die direkt mit einer Asphaltstraße verbunden waren, es war auch deutlich größer als die benachbarten.

»Waffe entsichern. Ich geh vor, du …«

»Ich bin dein Backup. Ich weiß«, beendete Aydin Brandts Vorgaben.

Brandts Anspannung stieg und er sah, dass auch Aydin nervös war. Er fand das nicht schlimm, das erhöhte die Aufmerksamkeit, denn sie wussten nicht, was sie erwartete. Beide hielten ihre Waffe in der Hand und waren bereit, zu schießen, wenn die Situation es erforderte.

Behutsam versuchte Brandt, die Eingangstür zu öffnen. Verschlossen. Er legte sein Ohr an die Tür und lauschte. Pawlowskis Stimme war zu hören. Eine weitere konnte er nicht ausmachen. Er schaute kurz zu Aydin. Sein Kollege schüttelte den Kopf und gab ihm damit zu verstehen, dass anklopfen keine gute Option war, mussten sie doch damit rechnen, dass Pawlowski Zoller in seiner Gewalt hatte.

Die Holztür war nicht robust, ein kräftiger Tritt und sie würde aus den Angeln fallen.

Brandt zögerte nicht. Er holte aus und trat mit dem rechten Fuß gegen die Tür. Ein lautes Geräusch, dann schlug die Tür nach innen und Brandt machte einen schnellen Schritt in die Hütte.

Pawlowski stand neben Zoller, er hatte ein Messer an dessen Hals gesetzt.

»Lassen Sie das Messer fallen, sonst erschieße ich Sie«, rief Brandt.

Pawlowski zuckte zusammen, hielt das Messer jedoch in Position, die Angst stand ihm ins Gesicht geschrieben. Seine Stirn war übersät von kleinen Schweißperlen.

»Hauen Sie ab«, brüllte er. »Das hier geht Sie nichts an.«

»Lassen Sie das verdammte Messer fallen«, forderte Brandt. Keine zwei Meter trennten sie von Pawlowski, Brandt konnte jedoch kein Risiko eingehen. Immerhin hatte Pawlowski schon Gesa den Kopf abgeschnitten, er war unberechenbar.

Aydin machte zwei Schritte nach links.

»Hauen Sie ab! Ich bin kein Mörder!«, rief Pawlowski.

In Brandts Ohren klang das wie Hohn.

»Herr Pawlowski, bitte legen Sie das Messer weg. Nur so können wir Ihnen helfen«, sagte nun Aydin.

»Mir helfen? Wie wollen Sie mir helfen? Wann hat mir der Staat je geholfen? Das hier hätte nicht sein müssen. All das hätte nicht sein müssen. Glauben Sie, ich wollte sie töten? Glauben Sie, ich will das hier? Verstehen Sie nicht? Ich bin Lars.«

Ich bin Lars, hallte es in Brandt nach. War das der Grund, warum Pawlowski so vernarrt in Zoller war, weil er glaubte, sie wären gleich? Immerhin wussten sie, dass Pawlowski wie Zoller ein talentierter Fußballer gewesen war. Hatte er sich in dem Jüngeren wiedererkannt?

Aydin machte einen halben Schritt auf Pawlowski zu. »Wir verstehen Sie. Sie mögen Lars doch, oder?«

»Ja, natürlich. Lars ist ein guter Junge. Aber Gesa, diese Fotze, hat das nicht eingesehen. Er ist jung, er muss ab und zu einen wegstecken. Er ist ein Mann. Warum verstehen die Frauen das nicht?«

Nun gab es keinen Zweifel mehr, Pawlowski hatte Gesa getötet. Seine Augen waren weit aufgerissen, sein Blick irr. Zoller hingegen war entsetzlich blass, Schweißflecken hatten sich auf seinem Hemd gebildet und sein Gesicht wirkte angstverzerrt.

»Wenn Sie Lars mögen, wollen Sie ihm doch nicht wehtun, oder?«

»Nein, nein. Aber er hat geschnüffelt, dieser Hund. Ich war immer gut zu ihm. Er war wie ein Sohn für mich, aber er hat geschnüffelt. Er weiß alles. Wie kann ich ihn am Leben lassen?«

Was Pawlowski sagte, bestätigte Brandts Vermutung. Pawlowski war nicht bei klarem Verstand. Immerhin wussten auch sie nun Bescheid, dass er ein Mörder war.

»Menschen machen Fehler. Lars ist noch jung, er macht ebenso Fehler. Sie werden es bereuen, wenn Sie ihn töten. Das wäre, als würden Sie alles töten, woran Sie glauben. Ihre Liebe zum Fußball, zum FC.« Aydin machte einen weiteren Schritt auf Pawlowski zu.

Brandt wusste nicht, ob Aydins Worte zu dem Psychopathen durchdrangen. Er wusste nur eines: dass er die Gelegenheit nutzen würde, ihn zu erschießen, wenn es Aydin gelänge, Pawlowski für eine Sekunde abzulenken.

»Der FC und Fußball bedeuten mir alles. Ich habe doch nichts anderes. Sie haben mir schon meine Frau genommen, aber den Fußball kann mir keiner nehmen«, erwiderte Pawlowski. Sein Blick hatte sich verändert, er wirkte nachdenklich, geradezu kummervoll und wie entrückt. Das Messer in seiner Hand war ein wenig herabgesunken, er hatte wohl unbewusst den Griff ein wenig gelockert.

Noch ein Stück, dann schieße ich, dachte Brandt und hoffte, dass es Aydin gelänge, weiter zu diesem Wahnsinnigen durchzudringen.

»Dann lassen Sie das Messer fallen«, setzte Aydin an. »Für Ihre Frau und für den FC. Wenn Sie Zoller töten, töten Sie nicht nur ihn, sondern auch Ihre Liebe zum FC und zu sich selbst. Zoller sind Sie.«

Pawlowskis Hand zitterte, seine Lippen bebten und seine Augen wurden feucht. Das Messer hing lose in seiner Hand.

Brandt witterte seine Chance und wollte schießen, aber Aydin war schneller. Er machte einen schnellen Schritt auf Pawlowski zu und schubste ihn zur Seite. Der hatte das nicht kommen sehen und stürzte zu Boden, das Messer fiel ihm aus der Hand. Aydin kickte das Messer mit dem rechten Fuß weg, dann hielt er die Waffe auf Pawlowski gerichtet. »Keine Bewegung, Sie sind festgenommen, wegen Verdacht des Mordes an Gesa Storm.«

Pawlowskis Gegenwehr war vorbei. Er weinte nur noch und hielt die Hände schützend vor den Kopf.

45

»Gute Arbeit«, lobte Bender.

»Danke«, antworteten Brandt und Aydin synchron. Sie saßen im Büro ihrer Chefin.

»Pawlowski hatte wohl keiner von uns auf dem Schirm.«

»Irgendwie nicht. Er war der neugierige, aber hilfsbereite Nachbar, dem niemand so eine Tat zugetraut hätte«, sagte Brandt. »Dass er zwei Menschen tötet, zerstückelt und einfriert, ist schon krank.«

Sie hatten in der großen Tiefkühltruhe Leichenteile menschlicher Körper gefunden. Die Spurensicherung war, mit Unterstützung der Rechtsmedizin, noch dabei, sie zu identifizieren. Pawlowski hatte vor Ort zugegeben, dass es sich bei den eingefrorenen Leichen um Gesa Storm und seinen Gartenhausnachbarn Hans Scherbe handelte.

»In jedem von uns wohnt ein Dämon«, kommentierte Bender. »Dr. Glück kann sich bei euch bedanken.«

»Warum?«

»Wenn ihr den Fall nicht so schnell aufgeklärt hättet, wären wir um eine Durchsuchung nicht herumgekommen.«

Keiner der beiden nahm dazu Stellung, stattdessen sagte Brandt: »Wir müssen gleich das Geständnis fixieren. Hast du noch was für uns?«

»Nein, ich denke, der Rest sollte jetzt Routine sein. Ihr habt bis Ende der Woche Sonderurlaub.«

»Das ist sehr nett, aber uns wäre es lieber, wenn du uns unseren August-Urlaub garantierst«, erwiderte Brandt.

»Warum sollte ich das nicht? Ihr habt ihn euch verdient.«

»Danke«, antworteten beide.

»Und jetzt ab mit euch zu Pawlowski. Ich will das Geständnis und euch danach erst nächste Woche wieder im Präsidium sehen.«

Beide bedankten sich erneut und verließen das Büro.

»Wir haben schon eine tolle Chefin. Auch wenn sie meckert, am Ende hält sie immer zu uns.«

»Das stimmt.«

Aydin stoppte vor der Küche. »Wir sollten einen Kaffee für Pawlowski mitnehmen.«

»So jemand verdient keinen Kaffee«, motzte Brandt, kam aber mit in die Küche, weil er wusste, dass sie einen gesprächigen Pawlowski brauchten, und Kaffee konnte manchmal Wunder bewirken.

Aydin holte drei Becher aus dem Hängeschrank und füllte sie mit Kaffee, da betrat Kramer die Küche.

»Möchtest du auch einen?«, fragte Aydin.

Brandt schüttelte in Gedanken nur den Kopf, das würde er aus Aydin nie herausbekommen. Zuvorkommenheit war Teil seiner DNA.

»Gerne. Danke.« Kramer wirkte nachdenklich. »Ich muss mich bei euch entschuldigen.«

Brandt schüttelte sich innerlich. Hatte der Fallanalytiker das eben ernsthaft gesagt oder spielte ihm sein Gehör einen Streich?

»Wofür?«, fragte Aydin.

»Dafür, dass ich Dr. Glück in Verdacht hatte. Es sprach wirklich viel für ihn und es war mein Fehler, dass ich Pawlowski nicht auf dem Schirm hatte. Das war sehr gute Ermittlungsarbeit von euch.«

»Danke.« Aydin freute sich sichtlich und reichte Kramer seinen Kaffeebecher.

»Dafür nicht. Auch wenn wir unsere Meinungsverschiedenheiten haben, wisst ihr, dass ich nur professionell bin. Es ist nichts Persönliches.«

Keiner der beiden antwortete und Kramer verließ die Küche.

»Was war das denn eben?«, bemerkte Aydin.

»Ein seltener, lichter Moment. Glaub ja nicht, dass der sich ändert.«

»Ich weiß nicht. Ist immerhin ein Anfang.«

»Du und dein Mitgefühl, das wird sich genauso wenig ändern. Komm, lass uns zu Pawlowski gehen.«

Aydin wollte etwas erwidern, das sah Brandt ihm an, aber er sagte nichts, stattdessen folgte er Brandt zum Verhörraum.

Ein Kollege wartete vor der Tür. Beide grüßten ihn und betraten den Raum, wo Pawlowski am Verhörtisch saß. Sein Blick war auf die Tischplatte gesenkt. Als er die beiden Beamten bemerkte, schaute er sie mit glasigen Augen an, als wäre er gar nicht bei ihnen. Ein Körper ohne Seele.

»Möchten Sie einen Kaffee?«, fragte Aydin, nachdem sie Platz genommen hatten.

»Danke.« Pawlowskis Stimme war schwach, er nahm den Becher von Aydin entgegen und gönnte sich einen Schluck. Noch immer wirkte er, als wäre er nicht ganz da.

Jeder Funke Lebenswillen war verschwunden. Brandt hoffte nur, dass Pawlowski die Morde gestehen würde und sich das Verhör nicht in die Länge zog.

Er klärte Pawlowski über die Formalitäten auf, dann begann Aydin mit dem Verhör.

»Erzählen Sie uns bitte, warum Sie Gesa Storm ermordet haben.«

»Ich wollte sie nicht töten, das müssen Sie mir glauben«, begann Pawlowski. »Ich bin kein Mörder.« Er hielt inne, trank einen Schluck Kaffee und fuhr fort. »Sie hat nicht zu Lars gepasst. Ich konnte nicht nachvollziehen, was ein hübscher Mann wie er mit so einem Mauerblümchen wollte. Sie hat versucht, ihn zu verändern. Auch wenn sie so ruhig erschien, war sie manipulativ. Lars hat das nicht bemerkt, aber ich schon. Ich bin nicht dumm. Es heißt ja nicht umsonst: Stille Wasser sind tief.«

Er schwieg erneut, trank einen Schluck Kaffee und fuhr sich mit der Zunge über die Lippen. Er wirkte müde, als wäre er um Jahre gealtert. Brandt wusste aus den Unterlagen, dass er einundsiebzig Jahre alt war, und bis vor Kurzem hatte er rein äußerlich gar nicht so alt gewirkt, aber in diesem Moment sah er aus, als wäre er deutlich über achtzig.

»Was ist an dem Abend geschehen, als sich Herr Zoller mit Gesa gestritten hat?«, fragte Brandt, da Pawlowski noch immer gedankenverloren schwieg. Brandt wollte das Verhör nicht unnötig in die Länge ziehen, daher wollte er nicht warten, bis der Verdächtige wieder etwas sagte.

»Lars und Gesa haben sich gestritten. Ich habe Gesa im Hausflur gesehen, mit ihrer Sporttasche, und sie zu mir gebeten. Ihr einen Tee gekocht. Sie war völlig aufgelöst, hat schlimme Dinge über Lars gesagt. Dinge, die nicht stimmten. Sie war zornig und enttäuscht zugleich. Ich habe verständnisvoll getan, dabei war ich so wütend auf sie. Weil sie übertrieb, weil sie nicht verstand, dass Lars ein Mann ist, der nur seine Hörner abstoßen will.«

Pawlowski richtete sich auf, atmete hörbar ein und aus und fuhr fort: »Dennoch habe ich ihr geholfen. Sie wusste nicht, wohin, da habe ich ihr angeboten, dass sie in meinem Gartenhaus schlafen könne, bis sie sich beruhigt hätte. Sie nahm das Angebot an. Meinte, sie werde sich am nächsten Tag eine andere Bleibe suchen, aber ich habe ihr gesagt, dass sie so lange bleiben könne, wie sie es für nötig hielte. Dass sie sich Zeit lassen solle.«

Endlich hatten sie die Antwort, wo Gesa an diesem Abend gewesen war.

»Und warum haben Sie sie getötet?«

»Ich habe sie nicht getötet«, antwortete Pawlowski, sehr zur Überraschung von Brandt. »Es war ihre Schuld.«

»Warum war es ihre Schuld?«, kam Aydin ihm mit einer Frage zuvor. Brandt hoffte, dass der Nachbar nicht anfing, Spielchen mit ihnen zu spielen.

»Weil sie sich nicht beruhigte, nicht beruhigen wollte. Ich war am Donnerstag bei ihr in der Hütte und sie hatte immer noch kein Einsehen, dass sie die Schuld an dem Streit trug. Stattdessen machte sie Lars schwere Vorwürfe. Wer war sie, dass sie jemandem wie Lars Vorwürfe machte? Er ist ein Jahrhunderttalent. Nur diese dämliche Verletzung hat ihn zurückgeworfen. Mit ihm wären wir wieder Meister geworden.« Pawlowski hielt inne und befeuchtete seine Lippen. »Sie wollte sich gar nicht mehr beruhigen und fing schließlich an, sogar mich zu beschuldigen, dass ich auf Lars stehen würde. Dass ich ein Homo wäre. Sie hat mich so unglaublich wütend gemacht, dass ich keinen anderen Ausweg wusste, als ihr das Messer ins Herz zu rammen. Sie hat es verdient, sie wollte keine Ruhe geben. Ich hatte keine Wahl, verstehen Sie? Ich hatte keine Wahl. Sie hat mich provoziert, mich beleidigt. Ich bin keine Schwuchtel. Ich bin ein Mann.«

»Und warum haben Sie ihr den Kopf abgetrennt und ihn in einen Abfallbehälter geworfen?«

»Weil ich sie demütigen wollte. Sie war nichts im Gegensatz zu Lars, der ist ein Jahrhunderttalent, trotzdem hat sie sich aufgespielt, als wäre sie alles. Und sie hätte mich nicht beleidigen dürfen. Ich wollte ihr doch helfen, aber sie hat keine Dankbarkeit gezeigt. Ich habe sie nur an ihren rechtmäßigen Platz geschafft, in die Gosse.« In Pawlowskis Augen funkelte es.

Hier sprach ein Verrückter. Seine Erklärung ergab für Brandt keinen Sinn, aber darüber zu diskutieren, wäre müßig.

»Warum haben Sie Ihren Nachbarn in der Kleingarten-kolonie getötet und zerstückelt?« Brandt hatte genug über den Mord an Gesa erfahren. Um den Rest sollte sich der Staatsanwalt kümmern.

»Weil er neugierig war und kein Nein akzeptieren wollte. Er hätte alles in Gefahr gebracht, genau wie Lars. Hans zu töten, war nicht schwer. Ich habe seine Art schon immer gehasst. Jeder in der Kolonie hat ihn gehasst, weil er sich dauernd aufgespielt hat, als würde ihm der Verein gehören. Und er hat sich ständig bei mir durchgeschnorrt, nie hat er zurückgegeben, was er sich geliehen hat. Mich nie zu einem Bier bei sich eingeladen, immer nur Steaks, Wurst und Bier bei mir abgegriffen. Ein Bastard war er. Ihn zu töten, war meine Bürgerpflicht.« Pawlowskis Augen blitzten erneut gefährlich auf. Brandt sah nur Hass darin. »Lars wollte ich gar nicht töten, das müssen Sie mir glauben. Er ist ein guter Junge, aber er hat die Halskette gesehen, und ich hatte Angst, dass er mich verrät. Ich habe ihn immer gedeckt, aber er hätte mich verraten. Verstehen Sie, warum ich auch ihn töten musste?«

»Ich verstehe nur eins: dass Sie ein kranker Psychopath sind und hoffentlich für immer weggesperrt werden.« Brandt stand auf und gab Aydin ein Zeichen, ihm zu folgen. Das Verhör war beendet.

»Ich bin kein Psychopath. Ich musste sie töten!«, rief Pawlowski ihnen nach.

46

Zwei Tage später ...

»Ich hoffe, ich störe wirklich nicht«, sagte Brandt, als er Glück gegenüber auf dessen Terrasse Platz nahm.

»Sie stören nicht. Wie kann ich Ihnen helfen?« Glück hatte ihm bereits etwas zu trinken angeboten, aber Brandt hatte abgelehnt.

»Wir haben den Mörder. Das wollte ich Ihnen nur persönlich sagen.«

»Verstehe. Damit sind die internen Ermittlungen gegen mich eingestellt.«

»Es gab nie welche. Aber es wäre gelogen, wenn ich sagen würde, dass kein Kollege Sie verdächtigte.«

»Allzu verständlich. Immerhin hatte ich Kontakt zu Gesa und das auch kurz vor ihrem Tod. Sie war emotional schnell beeinflussbar und als Mediziner wäre es mir ein Leichtes gewesen, sie zu manipulieren.« Glück warf Brandt einen etwas genaueren Blick zu. Er wirkte nachdenklich. »Aber das ist doch nicht der einzige Grund, warum Sie mich ohne Ihren besten Freund aufsuchen.«

Brandt fühlte sich ertappt. Er hatte bestimmte Fragen, auf die er sich Antworten erhoffte, daher hatte er Aydin nicht mitgenommen.

»Sie haben recht«, gestand Brandt. Es hatte keinen Sinn, um den heißen Brei herumzureden oder Glück etwas vorzumachen.

»Was beschäftigt Sie?«

»Der Abend, als ich aus dem Koma erwachte.«

»Erzählen Sie mir davon.«

»Ich halte mich für keinen Menschen, der an Wunder

glaubt, auch nicht an Übersinnliches.« Brandt hielt inne, er überlegte, wie er es formulieren sollte, ohne als Verrückter oder Nerd abgestempelt zu werden, denn es war ihm sehr wichtig, was Glück von ihm hielt.

»Seien Sie unbesorgt, das würde ich niemals über Sie denken.«

»Danke.« Brandt presste kurz die Lippen zusammen. Die nächsten Worte fielen ihm nicht leicht. »Obwohl ich im Koma lag, habe ich gespürt, dass Sie da sind. Sie haben eine Energie ausgestrahlt, die ich mir nicht erklären konnte. Und dann habe ich gespürt, wie Ihre Hand meine Brust berührte. Ein warmer, gelber Strahl durchströmte meinen Körper. Ich sah diesen gelben Schweif und plötzlich fühlte ich mich leicht und glücklich. Erinnerungen an meine Kindheit, an meine Freunde zogen durch meine Gedanken und Leben kehrte in den toten Körper zurück. Ich sah aber auch Sie, wie die Energie Sie auslaugte. Sie wirkten schwach und erschöpft, sehr erschöpft. Dann verließen Sie den Raum, meine Freunde traten ein und ich öffnete die Augen.«

Glück antwortete nicht sofort, dann lächelte er. Seine Augen strahlten ein Blau aus, das an Reinheit nicht zu überbieten war. Brandt bekam eine Gänsehaut.

»Es schmeichelt mir sehr, dass Sie so gut über mich denken. Aber sicherlich wissen Sie, dass Patienten auch im Koma ihre Umgebung wahrnehmen, dass bestimmte Gehirnregionen noch aktiv sind und es zu chemischen Reaktionen kommt, die Menschen oft als Nahtoderfahrungen beschreiben. Das grelle Licht, der Tunnel oder, wie in Ihrem Fall, der gelbe Schweif, das alles sind nur chemische Reaktionen Ihres Gehirns. Wir Mediziner sprechen in diesem Zusammenhang auch von einer Funktionsstörung des Gehirns, weil wir bis heute keine Antwort darauf haben, was da genau geschieht. Aber sicherlich hat das Ganze weder mit Wundern noch mit Übersinnlichem zu tun. Ich verspreche Ihnen, dass ich nicht über magische Kräfte verfüge, die es mir erlauben, Menschen von den Toten zurückzuholen. Und wenn wir ehrlich sind, glauben Sie doch gar nicht an so einen Hokuspokus. Sie glauben wie ich an die Wissenschaft.« Glück schwieg und warf Brandt erneut einen intensiven Blick zu.

»Sie haben recht. Ich tue mich schwer damit, da sind Emre und Walter anders gestrickt. Aber dieses Gefühl war da und es fühlte sich verdammt echt an.«

»Weil Ihr Gehirn es Sie glauben lassen wollte. Tun Sie mir bitte einen Gefallen.«

»Welchen?«

»Erzählen Sie das nicht Ihren Freunden. Sie sind sehr leichtgläubig, was diese Dinge anbelangt. Ich möchte, dass man mich als das sieht, was ich bin: ein Mediziner. Ich wünschte, ich könnte Menschen mit meinen Händen heilen, aber das ist leider nicht so. Nur die moderne Medizin und die Forschung können kranke Menschen gesund machen. Vertrauen Sie weiterhin Ihrem Verstand, dann werden Sie auch bald verstehen, dass es die moderne Medizin und Ihr Lebenswille waren, die Sie am Leben gehalten haben, und kein Wunder.«

»Ich werde es niemandem erzählen. Sie haben recht. Danke, dass Sie sich Zeit für mich genommen haben.«

»Dafür nicht.«

Brandt verabschiedete sich von Glück. Er fühlte sich erleichtert, weil er diese offenen Fragen angesprochen hatte, und wenn er ehrlich zu sich war, hatte er keine andere Antwort von ihm erwartet. Es von Glück persönlich zu hören, war dennoch sehr wichtig für ihn. Brandt wollte sich nicht ausmalen, wie er reagiert hätte, wenn Glück etwas anderes geantwortet hätte.

»Es gibt keine Wunder, nur die Wissenschaft. Und wenn wir uns etwas nicht erklären können, liegt es daran, dass die Wissenschaft noch keine Antwort darauf gefunden hat«, sagte er zu sich, als er in sein Auto stieg. Gleichzeitig wanderten seine Gedanken zu Rémy, diesem selbstlosen jungen Straßenmusiker, der für Walter und Emre ebenso etwas Übersinnliches ausstrahlte wie Dr. Glück. Allein deswegen durfte er den beiden niemals von seiner Nahtoderfahrung erzählen. Glück hatte recht.

Er startete den Motor und fuhr los. Walter und Aydin erwarteten ihn im Imbiss, zu einer Currywurst und einem kühlen Bier.

»Moin, Jungs«, grüßte Brandt, als er den Grill betrat. Aydin und Walter unterhielten sich sehr angeregt.

»Du kommst gerade richtig. Die Currywurst ist perfekt gegrillt«, sagte Walter und nahm sie vom Rost.

»Ich weiß, bin halt ein Profi.«

»Wie war es bei Glück?«, fragte Aydin, da Brandt ihm verraten hatte, dass er zu ihm wollte.

»Ganz entspannt. Er ist sehr erleichtert, dass sich die Vorwürfe gegen ihn als haltlos erwiesen haben. Er lässt euch grüßen.«

»Danke. Du hättest ihn mitbringen sollen«, antwortete Walter und reichte Brandt seinen Teller mit der Currywurst und einem Stück Toastbrot, dazu die Spezialsoße.

»Hätte ich machen sollen. Habe nicht daran gedacht«, gestand Brandt. »Hast du noch ein Pils?«

»Leider nur Kölsch. Der Lieferant ist nicht gekommen.«

»Dann nehme ich ein Wasser. Dieses Spülwasser kann man ja nicht trinken.«

Walter lachte herzhaft auf. »Jetzt hatte ich dich.« Er öffnete den Kühlschrank und holte eine Flasche Pils heraus, öffnete sie und reichte sie Brandt.

»Ganz sicher nicht. Ich muss kein Bier trinken.« Brandt war bemüht, sich nicht anmerken zu lassen, dass es Walter tatsächlich gelungen war, ihn auf die Schippe zu nehmen.

»Na, das sah aber nicht so aus. Walter hat dich geleimt«, kam Aydin seinem Freund zu Hilfe und lachte.

»Es sei euch gegönnt, da stehe ich drüber.« Brandt musste schmunzeln, die Fröhlichkeit seiner besten Freunde war ansteckend. Er spießte ein Stück von der leckeren Currywurst auf seine Gabel, tunkte sie in die Spezialsoße und ließ sie in seinem Mund verschwinden. Der unglaubliche Geschmack entschädigte ihn für jeden Scherz, den seine Freunde auf seine Kosten machten.

»Aydin hat mir eben erzählt, dass es der Nachbar war.« Walter gönnte sich einen Schluck aus seiner Kölschflasche.

»Genau. Diesen Pawlowski hatten wir gar nicht auf dem Schirm. Er machte immer den Eindruck, als wäre er nur einer dieser neugierigen Nachbarn, die sich für das Leben anderer interessieren. Aber dem war nicht so.«

»Wie meinst du das?«

»Na ja, er war vernarrt in Zoller. Hatte ein Zimmer voller Bilder von ihm und auf seinem Rechner hat Fischer jede Menge Videos über Zollers Fußballkarriere gefunden, ebenso Fotos. Pawlowski hat alles über ihn gesammelt«, erklärte Aydin.

»Sehr ungewöhnlich, oder? Normalerweise sind doch jüngere Leute Stalker.«

»Nicht unbedingt, aber oft liegt dem Stalking ein sexuelles Interesse zugrunde. Daher stalken eher Frauen Männer und umgekehrt. Bei Pawlowski war es seine Besessenheit vom FC, dem Fußball und dem größten Talent, das der FC in seinen Augen jemals hatte, sich jedoch leider so schwer verletzte, dass seine Karriere ruiniert war. Pawlowski steigerte sich in diesen Wahn noch mehr hinein, als Zoller zu ihm in den Wohnblock zog. Der Fußball war für ihn ein Weg, mit dem Verlust seiner Frau zurechtzukommen.«

»Ist sie gestorben?«

»Ja, vor knapp zehn Jahren. Ein Betriebsunfall. Sie hat in

einem Sägewerk gearbeitet und ist irgendwie zwischen die Sägeblätter gekommen.«

Walter verzog das Gesicht. »Das ist heftig.«

»Auf jeden Fall. Pawlowski hat das den Boden unter den Füßen weggezogen. Soweit Fischer herausgefunden hat, war Pawlowski danach nicht mehr derselbe. Er ließ sich hängen – Alkohol, starke Depressionen. Er wurde in eine Nervenklinik eingewiesen, mehrmals. Seit Jahren bekommt er Tabletten gegen seine Depressionen und Panikattacken.« Aydin unterbrach sich und schaute auf den Grill. »Die Rindswurst da sieht so was von bereit für mich aus. Sie lächelt mich regelrecht an.«

»Dann sollst du sie bekommen.«

»Danke.« Aydin grinste. »Das Erstaunliche ist: Man hat es Pawlowski nicht angesehen. Er wirkte völlig normal, wie ein Rentner halt, der nichts mit seiner Zeit anzufangen weiß.«

»Das ist leider eine der negativen Eigenschaften von Depressionen. Oft kriegt das Umfeld gar nicht mit, dass jemand an Depressionen leidet, weil die betroffene Person es hervorragend versteht, es zu verheimlichen. Depressionen werden in unserer Gesellschaft noch immer nicht ernst genommen, sie werden vielmehr belächelt. Wobei man hinzufügen muss, dass Pawlowski Tabletten gegen seine Depressionen nahm. Vermutlich haben wir deswegen nichts bemerkt«, antwortete Brandt.

»Oder er war ein guter Schauspieler«, gab Aydin zu bedenken.

»Pommes?«, fragte Walter.

»Gerne.«

»Dein Bauch freut sich, ist die zweite Portion Pommes«, kommentierte Brandt.

»Na und? Lass den Jungen. Immerhin habt ihr gerade einen Psychopathen verhaftet. Er hat es sich absolut verdient«, hielt Walter zu Aydin. »Dass Pawlowski große Probleme hatte, leuchtet mir ein, aber warum hat er Gesa ermordet?«

»Pawlowski hat sie gehasst, sie als direkte Konkurrenz gesehen und geglaubt, sie könnte Zoller von ihm entfremden. Ausschlaggebend war der Streit zwischen Zoller und Gesa, er hat ihr angeboten, dass sie in seinem Gartenhaus übernachten kann, damit sie sich dort beruhigt und zu Zoller zurückkehrt. Gegenüber dem Staatsanwalt hat er allerdings zugegeben, dass er gehofft habe, dass sie sich von Zoller trennen würde. Wollte sie aber nicht, sie wollte Zoller eine zweite Chance geben. Es kam zum Streit im Gartenhaus und Pawlowski hat sie erstochen. Dann hat er die kranke Idee gehabt, ihren Kopf abzutrennen und ihn in einen öffentlichen Abfalleimer zu werfen, um der Welt zu zeigen, was er von ihr hielt.« Brandt trank einen Schluck Bier.

»Kranker Mist«, entfuhr es Walter. »Der Spruch: ›Die wahren Feinde sind dir oft näher, als du glaubst‹ hat sich hier wirklich bewahrheitet.«

»Leider. Aber das war noch nicht alles. Er hat auch seinen Gartenhausnachbarn getötet, weil der zu neugierig wurde, als er ein Gespräch mit ihm in seiner Hütte hatte. Er hat seinen Kopf im Waldgebiet Wahner Heide entsorgt, wo sich viele Wildschweine tummeln. Für Pawlowski war sein Nachbar keinen Deut besser als diese Wildschweine. Sie sollten sich an seinem Kopf zu schaffen machen«, führte Aydin aus.

»Der Mann scheint es mit der Symbolik zu haben«, kommentierte Walter angewidert. »Gut, dass ihr den Mistkerl gefasst habt.«

»Zoller hatte Glück. Wären wir eine Minute später erschienen, hätte Pawlowski auch ihn getötet.«

»Aber hat der Nachbar nicht das Blut auf dem Boden der Hütte gesehen? Blut lässt sich sehr schwer von Holz entfernen. Oder wurde er überrumpelt?«

»Gute Frage. Er hat es nicht gesehen, weil Pawlowski einen Teppich über die Blutflecken gelegt hatte, er hatte sich gar nicht erst die Mühe gemacht, die Blutspuren, die beim Zerhacken von Gesas Leiche auf dem Holzboden zurückblieben, zu entfernen. Vermutlich, weil er nicht damit gerechnet hatte, dass jemand sein Gartenhäuschen betritt und unter den Teppich schaut. Ebenso hat er die Körperteile in einer großen Tiefkühltruhe gelagert, aus demselben Grund. Es wäre natürlich auch möglich, dass er die Tat in dem Moment einfach ausgeblendet hat, als der Teppich auf dem Holzboden lag. Die Antworten darauf werden irgendwann vermutlich die Psychologen geben.«

»Kranke Welt. Ich bin nur froh, dass euch nichts geschehen ist.«

»So schnell sind wir beide nicht kleinzukriegen. Aber genug von Zoller und Pawlowski. Viel wichtiger ist doch, dass wir endlich unseren Urlaub planen können«, erwiderte Brandt.

»Das stimmt, und ihr wisst nicht, wie erleichtert ich bin, dass ihr den Fall aufgeklärt habt, ich bin so was von urlaubsreif.«

»Nicht nur du«, antwortete Aydin und grinste. Er hob sein Bier und alle stießen an.

Walter strahlte am meisten, Brandt freute das. Seine Freunde glücklich zu sehen, machte auch ihn glücklich.

– Ende –

Anmerkungen des Autors

Auch der zwanzigste Fall der Kölner Kripo hatte es in sich. Hand aufs Herz, ab wann wussten Sie, dass der Nachbar der psychopathische Mörder ist?

Bevor ich auf den Inhalt zu sprechen komme, möchte ich Ihnen ein kleines Geheimnis anvertrauen. Der Nachbar sollte gar nicht der Mörder sein, sondern Klara Benz, die Mutter des toten Kindes.

Als ich das Buch plante, war es absolut eindeutig, dass nur sie es sein konnte, hatte sie doch noch eine Rechnung mit der Mutter offen. Aber je weiter die Geschichte fortschritt, desto mehr Konturen bekam Bruno Pawlowski und dann macht es »Klick«. Es konnte nur der Nachbar sein. Er ist der perfekte Mörder, niemand traut so jemandem eine derart brutale Tat zu. Warum? Weil ihn niemand wirklich kennt.

Und jetzt kommt das Interessante. Mal ehrlich: Kennen Sie Ihren Nachbarn? Kennen Sie ihn wirklich?

Ich wohne in einem Mehrfamilienhaus, in dem auf meiner Etage mehrere Personen leben. Und ich will ehrlich sein, ich kenne meine Nachbarn nicht. Mehr Kontakt als ein Hallo und ein kleines Pläuschen habe ich mit ihnen nicht.

Was mich auch seit jeher fasziniert ist die Tatsache, dass man von der äußeren Erscheinung eines Menschen nicht unmittelbar auf dessen Seelenleben schließen darf. Gerade wenn es um psychische Krankheiten wie Depressionen geht, die hier im Buch eine große Rolle spielen.

Depressionen sind inzwischen eine Volkskrankheit, daher verwundert es mich umso mehr, dass diese Krankheit in der Öffentlichkeit noch immer ein Tabuthema ist oder verharmlost wird.

Wenn die Psyche, die Seele krank ist, ist damit nicht zu spaßen. Den davon betroffenen Menschen muss man helfen, doch für Außenstehende ist es leider nicht leicht, herauszufinden, dass eine solche Erkrankung vorliegt. Vor Jahren habe ich einen guten Freund verloren, aufgrund seiner Depressionen. Bis heute frage ich mich, warum seiner Familie, seinen Freunden und mir nicht aufgefallen ist, dass er so krank war.

Die einzige Antwort, die ich darauf habe, ist: Weil er sich geschämt hat, diese Krankheit öffentlich zu machen. Und warum hat er sich geschämt? Weil er vermutlich annahm, dass man ihn nicht ernst nehmen würde.

Ein Teufelskreis, den wir als Gesellschaft durchbrechen müssen. Wir müssen viel öfter über solche Krankheiten sprechen, sie enttabuisieren. Nur so gelingt es uns, Betroffenen zu helfen, und ich hoffe, dass ich mit diesem Buch einen kleinen Denkanstoß in diese Richtung leisten kann.

Ein weiteres wichtiges Thema ist die Gewalt gegen Frauen. Auch darüber schreibe ich immer wieder in meinen Büchern, weil dies ebenfalls ein Thema ist, das bis heute von unserer Gesellschaft nicht ernst genug genommen wird. Gewalt ist nie eine Lösung. Und wenn ein Mann glaubt, dass er Gewalt anwenden muss, um sich durchzusetzen, ist er ein Feigling. Solche Männer gehören für mich gebrandmarkt und öffentlich bloßgestellt.

Einige von Ihnen werden sich sicher fragen, ob die Figur Lars Zoller nicht etwas unrealistisch wirkt, weil er so empathielos ist und nur an seine Befindlichkeiten denkt. Aber glauben Sie mir, es gibt noch empathielosere Menschen als ihn, die erst ihr Wohl und dann das Wohl ihrer Nächsten im Sinn haben.

Diese Menschen verstehen es hervorragend, andere zu manipulieren, ihnen die Kraft auszusaugen, indem sie nur an ihr Wohlergehen denken. Dazu gehören vor allem Narzissten. Google liefert jede Menge Beispiele, wobei ich mir vorstellen kann, dass auch Sie Beispiele in Ihrem Bekanntenkreis haben.

Mein Ratschlag: Diese Menschen sofort in die Schranken weisen, ihnen ihre Grenzen aufzeigen oder den Kontakt abbrechen. Menschen, die Ihnen nicht guttun, haben in Ihrem Leben nichts zu suchen.

Ich weiß, dass das nicht einfach ist, aber für Ihr Wohlbefinden ist das eine sehr gute Lösung.

Zum Schluss noch zwei Dinge, die sich nach der Veröffentlichung meiner Bücher wie ein roter Faden durch manche Reaktionen der Leserinnen und Leser ziehen und mich etwas irritiert zurücklassen.

Erstens: Warum nicht zu allen offenen Punkten Antworten geliefert werden. Meine immer gleiche Antwort ist: Weil es im echten Leben auch nicht anders ist und ich es langweilig finde, wenn ich auf alles eine Antwort geben würde. Könnte ich machen, möchte ich aber nicht.

Das zweite, viel wichtigere Thema ist, dass ich selbst nach so vielen Büchern immer wieder Nachrichten bekomme mit dem Vorwurf, ob ich homophob wäre oder ob nicht auch in mir ein Psychopath schlummern würde, weil ich so kranke Ansichten in meinen Büchern äußern würde.

Leute, mal halblang! Ich schreibe Krimis, keine Lovestorys. Und sehr WICHTIG: Ich schreibe aus der Perspektive von Tätern oder anderer handelnder Personen, nicht aus meiner eigenen als Autor/Privatperson. Wenn dann ein Psychopath seine kranken Gedanken teilt, muss ich sie auch so niederschreiben, alles andere wäre geradezu lächerlich. Ein Beispiel aus diesem Buch: Wenn Lars Zoller Homosexuelle nicht mag, dann ist es eine Eigenschaft von Lars Zoller und hat rein gar nichts mit meiner persönlichen Einstellung zu tun. Trotzdem muss ich es in den Kapiteln, in denen Zoller das erzählt, auch so schreiben.

Ist das wirklich so schwer nachvollziehbar?

Ich bin ein sozial-liberaler Kosmopolit, und Minderheiten, egal welche, kommen in meinen Büchern durch die Bank gut weg, weil ich es für wichtig erachte, dass man Minderheiten eine Stimme gibt. Weil auch ich zu einer Minderheit zähle.

Aber wenn eine Romanfigur über Minderheiten herzieht, dann nicht, weil dies meine Meinung widerspiegelt oder ich solches Gedankengut teile, sondern weil es für die Geschichte notwendig ist, weil der fiktive Charakter so ist.

Ich hoffe, dass diese Trennung zwischen ausgedachten Figuren und deren Meinung auf der einen und mir selbst als Autor und Mensch auf der anderen Seite nachvollziehbar und klar geworden ist. Am Ende ist es ja nur mein Ziel, spannende und realistische Geschichten zu schreiben.

Genug dazu.

Sicherlich werden sich einige von Ihnen fragen, was es nun mit Dr. Glück auf sich hat. Hat er Brandt von den Toten zurückgeholt oder war es Brandts Überlebenswille, der ihn ins Leben geholt hat?

Dr. Glück hat Brandt eine Antwort geliefert, mit der Brandt sehr gut leben kann. Aber wie sieht es mit Ihnen aus?

Glauben Sie Glück oder meinen Sie, er möchte Brandt mit seiner Erklärung ruhigstellen, weil er doch nicht der ist, für den er sich ausgibt?

Ich finde diese Figur ungemein spannend und er wird in den nächsten Folgen noch mehr Raum erhalten.

Zum Abschluss noch ein kleiner Wink zu Mads Johannsen. Haben Sie den Hinweis auf die Figur aus dem Ostsee-Krimi gleich erkannt? Nur so viel: Da die drei Freunde Urlaub an der Ostsee machen werden, ist es sehr wahrscheinlich, dass es im nächsten Krimi (entweder im Küsten- oder im Köln-Krimi) eine Begegnung der Protagonisten geben wird.

Wie genau?

Lassen Sie sich überraschen.

Sollten Sie Fragen, Anregungen, Kritik oder Lob haben, kontaktieren Sie mich gern auf meiner Facebook-Autorenseite.

Bis dahin,

Ihr *Salim Güler*

Über den Autor

Salim Güler, aufgewachsen in Norddeutschland, studierte in Köln Wirtschaftswissenschaften und promovierte an der TU-Chemnitz.

Schon als Schüler begann er mit dem Schreiben von selbsterfundenen Geschichten und diese Leidenschaft ließ ihn bis heute nicht los.

In seinen Romanen finden sich immer wieder gesellschaftlich aktuelle Themen, die er geschickt in eine fiktive und hoch spannende Geschichte einzubetten versteht.

Seine Bücher landen regelmäßig in den Bestsellerlisten der Amazon und Bild Verkaufs-Charts. Mit mehr als 1 Million verkaufter Bücher gehört er zu den beliebtesten und erfolgreichsten Krimi- und Thriller-Autoren Deutschlands.

Güler ist sehr am Austausch mit seinen Leserinnen und Lesern interessiert und freut sich daher über jeden Kontakt, entweder über Facebook oder über seine Homepage.

www.salim-gueler.de

https://www.facebook.com/salim.gueler.autor

https://www.instagram.com/salimgueler